# イノベーションの研究

## 生産性向上の本質とは何か

大橋 弘

財務省財務総合政策研究所

［編著］

一般社団法人 金融財政事情研究会

# はじめに

　本報告書は、財務総合政策研究所において2017年9月から2018年1月にかけて行われた「イノベーションを通じた生産性向上に関する研究会」の研究成果を取りまとめたものである。

　人口減少や財政制約など日本経済を取り巻く様々な課題を乗り越えて、より力強い経済成長を達成するには、イノベーションが欠かせない。本研究会では、イノベーションを通じて、生産性向上を目指すための方策について、技術・労働・国際貿易など多角的且つ専門的な知見から提言し、日本経済の更なる活性化に繋げるための一助になることを目的とした。

　現在、機械学習やビッグデータといった新たな技術が世界的にも浸透してきており、付加価値が創出・収益化される場やプロセスが大きな構造変化を見せている。新たな市場が生まれて、伝統的な市場が挑戦を受けると共に、情報通信技術によって需要者や「個」の力が、世の中に与える影響力も日増しに強くなってきている。本報告書では、こうしたわが国の社会・経済を取り巻く環境変化の中で、イノベーションを生産性の向上と経済成長に繋げるために必要な視点を、各章にて考察している。本研究会で得られた知見を一言でまとめるとすれば、機械学習やビッグデータといったイノベーションを果敢に取り込みながら、付加価値の創出とその収益化との間の循環(プロセス)を回復する取組が産官学に求められるということだろう。そのためには、国内外に目配りの効いた「攻め」と「守り」の両面における政策の重要性は論を俟たない。既存の法・規制体系が見直されるべき領域が確実に広がっていく中で、本報告書は、わが国の政策の方向性や企業戦略のあり方などを考える上で、多くの示唆を提供するものに仕上がったと感じている。イノベーションを通じた生産性の向上とわが国の更なる経済成長に向けて、研究会に活発な議論

を提供して下さったメンバー、及び研究会に話題提供を頂いたスピーカーの諸先生方に御礼を申し上げたい。最後に、本研究所総務研究部の奥愛総括主任研究官には、本研究会のアイディアを、本書の出版という形で巣立つまでに育てて頂いた。彼女の控えめな尽力があって初めて、研究会も体をなし得た点をここに記し、メンバーを代表して、最大限の感謝を申し上げる。

2018年3月

「イノベーションを通じた生産性向上に関する研究会」座長

大橋　弘（東京大学大学院経済学研究科教授）

「イノベーションを通じた生産性向上に関する研究会」メンバー等

(役職は2018年3月末現在)

座長
　大橋　　弘　　東京大学大学院経済学研究科教授

メンバー（50音順）
　加藤　雅俊　　関西学院大学経済学部准教授
　清田　耕造　　慶應義塾大学産業研究所・大学院経済学研究科教授
　滝澤　美帆　　東洋大学経済学部教授
　山田　　久　　株式会社日本総合研究所理事／主席研究員

特別講演（50音順）
　安宅　和人　　ヤフー株式会社CSO（チーフストラテジーオフィサー）
　高木聡一郎　　国際大学グローバル・コミュニケーション・センター准教授／主幹研究員、研究部長
　森　　正弥　　楽天株式会社執行役員、楽天技術研究所代表、楽天生命技術ラボ所長
　吉川　　洋　　立正大学経済学部教授、財務省財務総合政策研究所名誉所長

財務省財務総合政策研究所
　土井　俊範　　財務省財務総合政策研究所長
　成田　康郎　　財務省財務総合政策研究所副所長
　酒巻　哲朗　　財務省財務総合政策研究所副所長
　目黒　克幸　　財務省財務総合政策研究所総務研究部長
　小平　武史　　財務省財務総合政策研究所総務研究部総務課長
　奥　　　愛　　財務省財務総合政策研究所総務研究部総括主任研究官
　橋本　逸人　　財務省財務総合政策研究所総務研究部主任研究官
　木村　遙介　　財務省財務総合政策研究所総務研究部研究官
　小見山拓也　　財務省財務総合政策研究所総務研究部研究員

| | | |
|---|---|---|
| 柴田　愛 | 財務省財務総合政策研究所総務研究部研究員 |
| 髙橋　秀行 | 財務省財務総合政策研究所総務研究部研究員 |
| 渡部　恵吾 | 財務省財務総合政策研究所総務研究部研究員 |
| 青山　愛 | 財務省財務総合政策研究所総務研究部総務課研究企画係長 |
| 藤平　雅之 | 財務省財務総合政策研究所総務研究部総務課研究企画係 |

# 目　次

**総論** 生産性向上と新たな付加価値の
創出に向けての視点　　001
大橋　弘　東京大学大学院経済学研究科教授

## I　生産性の現状

**第1章** （講演録）生産性向上に向けた需要創出　　033
吉川　洋　立正大学経済学部教授、財務省財務総合政策研究所名誉所長

**第2章** 生産性・イノベーション関係指標の国際比較　　047
酒巻　哲朗　財務省財務総合政策研究所副所長

**第3章** 日本の生産性の現状、
生産性向上に向けた取り組み　　069
滝澤　美帆　東洋大学経済学部教授

**第4章** 日本企業の海外展開と生産性、
イノベーション　　097
清田　耕造　慶應義塾大学産業研究所・大学院経済学研究科教授

## II　イノベーションを通じた価値の創出

**第5章** スタートアップ企業の成長
―創業活動を通した経済活性化へ向けて―　　125
加藤　雅俊　関西学院大学経済学部准教授

| 第6章 | 生産性向上のための働き方改革<br>～国際比較からのインプリケーション～ | 161 |

山田　久　株式会社日本総合研究所理事／主席研究員

| 第7章 | 特許からみる産業構造の変化とイノベーション | 203 |

木村　遥介　財務省財務総合政策研究所総務研究部研究官

| 第8章 | （講演録）ブロックチェーンと生産性向上 | 227 |

高木　聡一郎　国際大学グローバル・コミュニケーション・センター准教授／主幹研究員、研究部長

## Ⅲ　イノベーションを通じた価値の収益化

| 第9章 | （講演録）専門家を無力化させる<br>「個別化」時代の衝撃 | 245 |

森　正弥　楽天株式会社執行役員、楽天技術研究所代表、楽天生命技術ラボ所長

| 第10章 | （講演録）"シン・ニホン" AI×データ時代における<br>日本の再生と人材育成 | 255 |

安宅　和人　ヤフー株式会社CSO（チーフストラテジーオフィサー）

| 第11章 | （講演録）イノベーションに挑む<br>日本のロジスティクス | 269 |

小笠原　渉　元財務省財務総合政策研究所総務研究部研究員

| 第12章 | 「価値の創出」と<br>「価値の収益化」による生産性向上 | 281 |

奥　愛　財務省財務総合政策研究所総務研究部総括主任研究官
橋本　逸人　財務省財務総合政策研究所総務研究部主任研究官

（執筆者の所属・肩書きは2018年3月末時点のもの）

## 総論

# 生産性向上と新たな付加価値の創出に向けての視点

大橋 弘[1]

---
[1] 東京大学大学院経済学研究科教授

## 要　旨

　わが国は、人口減少やインフラの老朽化といった国内の課題のみならず、地球温暖化といった国際的な課題等、大きな構造的難題に直面している。本章では、こうした課題の解決に向けて生産性向上や付加価値創出の観点から取り組むべき視点を提供する。まず既存の生産性指標の課題と限界を論じつつ、生産性を向上させるために企業が行ってきたコスト削減やシェア確保が、人口減少等の構造的な変化に対応し切れていないことを指摘する。人口減少下で経済を活性化させ、付加価値を創出するためには、(1)ビッグデータや機械学習などといった基幹技術のイノベーションを積極的に取り入れること、及び(2)サービス提供におけるシステム化・標準化という二つの視点が求められる。他方で、こうした視点を踏まえたプラットフォームというビジネスモデルは、新たな情報の非対称性を生み出すことによって企業間格差を拡大する恐れがあり、公正な競争基盤の確保と健全な産業育成の点から政策的な対応が必要である。最後に、わが国が直面する構造的な課題に対して、公益的な目的を達成するためには、自由化・規制緩和もさることながら、制度や規制を再設計する視点も重要である点を指摘する。

# 1．はじめに

　わが国は、国内・国外の様々な構造的課題に直面している。まず生産労働力の減少や少子高齢化といった人口構造の変化に起因する問題がある。国立社会保障・人口問題研究所の推計によると、2030年のわが国の人口は現在の1億2,000万人強から10％ほど減少し、更に2060年には約3割も減少するとされている。人口が減少する中で経済活力を維持しようとすれば、新たな需要を作り出して市場を拡大することや、少ない労働力で生産を維持するといった生産性向上の取組が求められる。また地理的に見ると、都市化が更に進む一方、地方の過疎化は深刻化する。平均寿命が伸びるなかで、元気な高齢者が増えると同時に、日常的に医療や介護、生活支援を必要とする高齢者が増えることも確実である。更には認知症や独居老人の数が増えることを鑑みれば、わが国が高齢化に割かねばならない資源は、高齢化のスピード以上に増加するものと予想される。

　社会資本ストックの老朽化も深刻である。高度成長期以降に整備された道路橋、トンネル、河川、下水道、港湾等について、今後20年で建設後50年以上経過する施設の割合は加速度的に高くなる。例えば、橋長2メートル以上の橋で建設年度が明らかな約40万橋についてみると[2]、昨年末時点で50年以上を経過した道路橋は25％弱であったものが、2023年には約36％、2033年には約61％となると試算される。社会資本の維持管理・更新をシステマチックに行いながら、人口減少・地方経済の活力にあわせて社会資本ストックが提供するサービス水準を維持していくことは大きな課題である。コンパクト・プラス・ネットワーク等の取組を充実・強化させて、インフラの機能転換、用途転用等による社会資本の有効活用を行うことも重要だ。

---

[2] なお、道路橋のうち、建設年度が不明なものが少なくとも30万橋以上存在すると言われている。国土交通省（2017：p.6）。

国際的な課題に眼を転じると、例えば地球温暖化に向けた対応が挙げられる。世界全体の平均気温の上昇を2℃以内に抑え、今世紀後半に人為的な温室効果ガスの排出を実質ゼロにすることを謳ったパリ協定は、一部の国において逆行する動きが見られるとはいえ、世界の低炭素社会の構築に向けた大きな推進力になっている。パリ協定のもと、わが国は2050年に温室効果ガスの80％削減という長期的な目標を掲げるが、従来の取組の延長ではその達成は容易ではなく、抜本的な排出削減に向けての取組が求められている。この他にも、防衛・安全保障や難民・移民問題など、わが国が検討すべき急を要する難題は山積している感がある。

　上記の課題への対応いかんで、今後のわが国の経済・社会のあり様や、国際社会における立ち位置は大きく変わってしまう。例えば、人口問題に対して積極的な対応を取らなければ、都市部では高齢化に伴う人手不足が深刻化する一方で、地方では雇用消失が現実化し、地域間格差は埋めがたいほどに拡大することが懸念される。老朽化した社会資本ストックについても、人口動態にあわせて身の丈に合ったインフラ縮減や機能の高度化を図りつつ、残すべきインフラに対してはしっかりした維持管理・更新が求められる。地球温暖化に対して、国民の生活水準や経済成長に資するような取組ができなければ、単にエネルギー価格の上昇を招くばかりでなく、安定供給とエネルギー安全保障に亀裂を生むことにもなりかねない。ESG投資やグリーンボンドをはじめとして、環境対策を「コスト」ではなく「ベネフィット」として捉えようとする国際的なビジネスの流れにわが国が取り残されることのないような対策が求められる。

　上述したような人口構造・社会資本ストック・環境エネルギーに代表される課題は、わが国が一朝一夕に解決できるものではない。解決に求められる時間軸を意識しながら、産官（場合によっては学）が連携して戦略的な思考を持ちつつ、ぶれない政策の方向性を打ち出すことが求められる。経済主体のインセンティブを最大限に生かしながら、生産性の向上やイノベーションの創出を促すことで、直面する課題を乗り越える工夫が必要だ。

本章は、次のように構成される。第2節では生産性を取り上げる。まず労働生産性に注目しつつ、生産性指標に内在する問題点を経済学的な観点から論じる（2.(1)）。次に労働生産性に代わるセカンド・ベストの指標として全要素生産性を紹介し、全要素生産性から見たわが国の現状について触れる（2.(2)）。最後に、生産性向上に向けた課題の一つとして、わが国の「量に頼る」マーケティングの手法の問題と、「付加価値に見合った価格」をつけることの重要性について論じる（2.(3)）。

　「付加価値に見合った価格」を考える上で重要となるのは、成熟化した需要家ニーズを深掘りするような付加価値を創出することである。消費者ニーズを精緻に捉え、解析するイノベーションとして、最近注目されるのがビッグデータや機械学習である（第3節）。本節では、プラットフォームというビジネスモデルに言及しつつ、プラットフォームがデジタル空間で形成されていることから生じる経済学的な含意を論じる。プラットフォームは生産性を向上させるだけでなく、産業構造を一変させることを通じて、企業の利潤格差を拡大させうる点を指摘する。

　上記を踏まえ、生産性向上と付加価値の創出に向けて、わが国に求められる取組について3点論じる（第4節）。第1は、ビッグデータ時代に対応した取組である。人口減少下において、付加価値に応じた価格付けをするには、積極的にビッグデータや機械学習を取り入れる必要がある。他方で、プラットフォームというビジネス形態は、競争政策や産業政策としても重要な論点を提起しており、従来とは異なる次元の情報収集と知見が行政には求められる。第2は、製造業を含めて産業のサービス化が加速化する中で、サービス内容の標準化・システム化が求められる点である。わが国の企業は、顧客対応に優れているが故に、人的資本の質に頼る傾向が強く、結果としてサービスをシステム化することが多くの場合できていないと思われる。国際認証等の取得も視野に入れて、海外展開も目指したシステム思考を取り入れていく必要がある。第3は、制度・規制の再設計への取組の重要性である。人口減少下において公益目的を達成するためには、自由化や規制緩和だけで

なく、再規制を行うこともときに必要である。また投資の予見性を高めるためには、企業が直面する事業リスクをどうするかが課題になる。長期的な課題に対しては、政治や興論の動向に影響されないような政策立案の仕組みを形成することが重要である。EBPM（エビデンスに基づく政策立案）もそうした点に貢献しうる視点だろう。最後はまとめである（第5節）。

## 2．生産性指標

　わが国では、生産性というと労働生産性を想起することが多いのではなかろうか。労働生産性とは、労働者1人当りが生み出す成果であり、付加価値額を労働投入量（労働者数またはのべ労働時間）で除したものとされる（日本生産性本部（2017））。日本生産性本部で公表されているOECD（欧州経済協力機構）の国際比較によると、わが国の労働生産性はOECD諸国のなかでは、2016年では20位であり、過去20年間においてもその順位はほぼ変わらない。わが国は生産性が低いという一般的な認識は、このOECDの統計においても裏付けられているといえる。しかし労働生産性は、生産性の測定指標として問題があることも古くから指摘されている。次の第1項では、問題点の中でも2つの論点に触れておきたい。

### (1) 労働生産性指標に対する批判的検討

　まず労働生産性の分子について考えたい。分子に付加価値額を用いる場合、ここに価格の要素が含まれることから、アウトプット（生産・販売量）を一定にして、価格を上げれば労働生産性の指標が改善する。労働生産性に限らず、一般的に生産性が上昇するとは、同じ生産要素の投入のもとで、より多くの生産・販売量を生み出せるようになるということである[3]。そこで生産性は、そもそも価格とは関係のない指標であり、価格を単に引き上げる

---

[3] あるいは同じ生産・販売量をより少ない生産要素の投入で生み出せるようになることとも言える。

のみで生産性が向上するというのは、定義に問題があるからだといえる。付加価値額を生産性の分子に用いていることによって、産業が寡占化・独占化すると生産性が上がったり、儲けることが生産性を上げたりすることが統計上生じうるのだ[4]。

　他方で、労働生産性に限らず、生産性の指標には付加価値額が広く用いられているのは、データ利用の限界から来ているものと想像される。生産・販売される物理的な量（例えば鉄鋼でいえば、生産や販売に係る鉄鋼トン数[5]であり、電力であればkWhやkW）がデータでは捕捉できないことも多く、その場合には付加価値額を使わざるをえない。付加価値額を生産性指標の分子に用いることによって生じるバイアスについて、Klette and Griliches（1996）によって明示的に指摘され、それ以来、バイアスの解消のために様々な取組がなされているが[6]、未だに実務的には付加価値額を用いることが多く、生産性指標の解釈には注意を要する。

　労働生産性がもつ二つ目の問題は、この指標は本来みるべき生産性の一断面を切り取ったものに過ぎないという点である。生産活動を行うにあたっては、労働のみが生産要素として使用されるわけではなく、資本や土地など他の生産要素も投入されて初めて生産が可能となるのが通常である。例えば農業を取り上げると、その労働生産性はどのような農機具（鋤や鍬、トラクター等）を用いるのか、あるいは栽培設備（ハウス栽培、工場栽培等）を有するのかという資本ストック量によっても異なりうる。また生産法人形態（例えば、個人事業なのか株式会社なのか）や農地の利用形態（耕作地が自分の土地か、他人から借り受けた土地か）によっても、労働生産性は影響を受けると考えられるだろう[7]。

---

4　なおやや論点がずれるが、一般的に市場構造の寡占化が生産性を向上させるか否かは議論のあるところである。この点については、大橋（2014）を参照のこと。
5　物理的な生産・販売量を用いて鉄鋼の生産性を計測した分析例としてNakamura and Ohashi（2008）がある。
6　新たな手法を提示した最近の研究として、De Loecker and Warzynski（2012）を参照のこと。

仮に資本蓄積の深化に応じて、労働の限界生産性が低減するのであれば、資本蓄積の深化の程度を調整せずに労働生産性を国家間で比較することは乱暴とも考えられ、そうした国際比較から導き出される政策的含意にも限界があることに留意すべきだろう。

## (2) 全要素生産性

上記で説明した労働生産性の持つ問題の2番目を解消する一つの指標が、全要素生産性（以下、TFPとよぶ）である。TFPとは、労働のみならず、生産に必要とされる主要な生産要素（資本等）を勘案した上で、それらの生産要素が生み出す生産量の増加以外の要素を量的に表わした指標である。一般的には、資本や労働の質、イノベーションなどといった、生産要素としてデータで捉えられていないが、生産増に貢献するような因子を総合したものをTFPとよぶ。

TFPは、労働生産性と異なり、労働のみならず、他の主要な生産要素の投入量も考慮していることから、前項で指摘した労働生産性の問題点を解消しており、生産性の指標としても望ましい性質を持つ。他方で、TFPの測定単位は指数化されており、労働生産性のように労働者一人（あるいは一時間）当りが生み出す付加価値（円）や生産量（鉄鋼ならばトン数）というような分かりやすい指標ではないことから、TFPのレベル感をイメージしにくい。こうした事情から、TFPを指標として用いるときには、変化率で表現することが多い。

OECD諸国でTFPの変化率（10年移動平均）をここ20年余りで比べてみると、確かに日本の生産性は大きく低下したが、2000年代に入ると他のOECD諸国のTFPは低位に収斂してきており、逆にわが国のTFPはやや高めにも見える（図表1）[8]。

戦後におけるTFPの日米間のギャップを分析したJorgenson, Nomura, and

---

[7] 例えば生産法人形態や農地の利用形態が、投資誘因を変化させるならば、農業の生産性にも影響を与えると考えられる。

図表1　TFPの国際比較

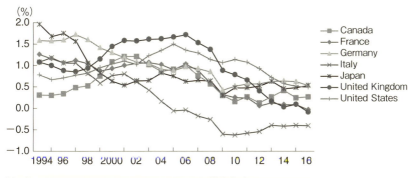

（出所）　OECD, Multifactor productivityより筆者作成。

Samuels（2016）によると、製造業における日米間のTFPギャップは1980年代に入ってからはほぼ0となり、そのとき以降、わが国のTFPが米国のTFPよりも2割ほど低い状態が続いている（図表2上）。この日米TFPギャップの大宗は、非製造業部門に起因する。雇用数でウェイト付けして寄与度を確認すると、非製造業の中でも卸・小売業が最も大きく、次にその他のサービス業、金融・保険業と続いていることが分かる（図表2下）。

　全要素生産性は必ずしもイノベーションの程度を示しているわけではないことは留意すべきである。Gordon（2016）は空調、抗生物質、高品位テレビや家電機器といった過去の画期的な発明を取り上げながら、こうした画期的な技術発明がなされた1870年から1970年の100年余りが特殊な世紀であり、今後は社会・生活を大きく変えるようなイノベーションを生み出すことは難しいとの主張を展開している。この主張の根拠は、1970年代以降のTFPが伸び悩んでいるためであり、それは図表1からも見て取れるところだ。しかしTFPはイノベーション以外の要素でも変化しうることも、また事実である。例えば、Hsieh and Klenow（2009）は、資源配分を最適化するだけで

---

8　なお国内に目を向けると、都道府県格差は、1970年と2010年との比較では縮小傾向にある（徳井（2017））。

図表2　日米TFPギャップ

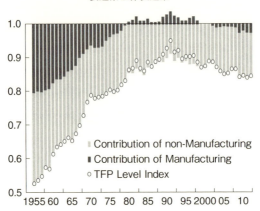

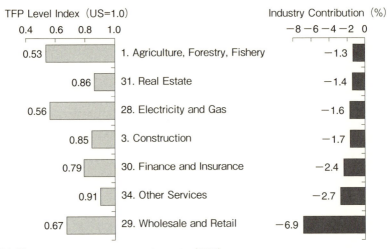

（出所）　Jorgenson, Nomura and Samuels（2016）.

（イノベーションの創出とは関係なく）、中国・インド各々で40％以上のTFPの上昇が起こりうることを示している。以上の点から、TFPの動きをもって、イノベーションの程度を評価するには限界があることが分かるだろう[9]。

## (3) 生産性向上に向けたわが国の課題

　わが国では生産性指標として労働生産性を強調するがあまり、生産性の向上とは、賃下げやリストラをすることでコストを削減することとの誤ったイメージが企業経営者を中心に強く持たれてきてしまったのではないかと思われる。この（労働）生産性に対するイメージは、以下で述べるような市場拡大期にわが国が経験してきた販売手法と親和性が強かった点も、上記の生産性の誤ったイメージを固定化するのに一役買ったのではないかと思われる。この点を以下で詳述してみよう。

　人口が増加し市場規模が拡大する局面では、シェア確保や売上げ増といった量的拡大を追求するマーケティング手法が有効であった。今日のシェアを拡大することが、明日の消費者に対するブランド認知度を高める有力な方法と考えられ、またそうした方法をとることで、企業は一定程度の成功を収めてきた。このマーケティング手法は、消費者一人当りの付加価値を切り詰めることにはなるものの、一人当りの付加価値額の減少を、量の拡大で補填をすることができたのが市場拡大期における状況であった。

　しかし量の拡大を見込めない人口減少下において、市場拡大期と同じマーケティング手法をとることは、シェア維持のための持久戦と安値競争という悪循環に陥ってしまう。経済産業省（2013）では、CMO（チーフ・マーケティング・オフィサー）のような職種を重要視せず、時代に合わせたマーケティング手法の開発を怠ってきたことを、アパレル産業を例に指摘している。付加価値を犠牲にする販売手法を、市場の拡大が見込めなくなった時期においても見直さずに維持し続けたことが、物価の下落と賃金の低迷を長期化させるというデフレ傾向を固定化させたのではないかとの指摘は、ミクロ

---

9　なお詳細を論じないが、TFPは測定単位の問題以外にも、生産性の指標として問題を有する。例えば、定義上TFPは他の生産要素をコントロールした結果の残差に相当することから、生産関数の当てはまりの良し悪しや、欠落変数の存在に応じて、TFPの値が変化してしまう傾向があるなどといった点である。

的な視点でマクロ事象を説明しようとする点で多少の無理はあるものの、ストーリーとしては一定程度の説得力をもっているように思われる。

今時の人口減少下において、国内消費市場を活性化するためには、「付加価値に見合った価格」を消費者に提供するような事業環境を作り出す必要がある。もちろん、単に価格を上げればよいということを主張しているわけではない。当然ながら、価格を上げるために、談合や事業者間の協調などといったカルテルが許されるわけではない。

「付加価値に見合った価格」には、二つの考え方がある。一つ目は、低価格に頼ることなく、成熟化した需要家ニーズを更に深掘りするような付加価値を創出することである。ビッグデータの登場と機械学習の急速な進展によって、消費者ニーズを精緻に捉え解析するイノベーションが登場しており、そうしたイノベーションをビジネスモデルに取り入れる姿勢が求められる。これは、シュンペーターの言うところのプロダクト・イノベーションや、それを生み出すための組織イノベーションに相当するだろう[10]。

「付加価値に見合った価格」における二つ目の考え方は、既存の価格付けに関する点である。従来の商慣習において、わが国の企業は顧客に対する適応能力が高く、顧客に応じた細やかな対応ができてしまうが故に、オーダーメイドのサービスを過剰に提供したりするなどといった対応が取られてきたのではないか。これはわが国の企業が顧客のニーズを丁寧に汲み取り、柔軟な対応ができるからこそ可能であり、わが国が誇るべき企業の対応能力であることは間違いない。他方で、優れた顧客対応能力を持つがために、サービスを標準化することができず、ビジネス規模をグローバルに拡大させることに出遅れたのではないかとの指摘がある[11]。サービス提供のシステム化を行うという、いわばプロセス・イノベーションを通じて価格付けを行うこと

---

10 他方で、プラットフォームの登場は、プロダクト・イノベーションや組織イノベーションだけでは説明できない経済現象を生み出している点を4．(2)にて述べる。
11 いわゆる「イノベーションのジレンマ」に似た現象と言える。

も、デフレ脱却とグローバル展開を考える上では、重要な論点と思われる。

こうした二つの点での「付加価値に見合った価格」を作り出すためには、社会・経済システムを現状の「量に頼ったデフレ均衡」から、将来に向けて望まれる「付加価値に見合った脱デフレ均衡」へとグローバル（広域的）にジャンプさせる必要がある。システムの均衡は、フォーカルポイントとしてローカル（局所的）に安定的であることから、その均衡は一企業が行動を起こしても容易に変わらない。経済における多くの主体（企業や消費者）が同時に新しい均衡へ移行するという意思を持って初めて、均衡の移行が可能になる。そのためには、新たな制度や規制のあり方も積極的に再検討されるべきであり、その点で政府の果たすべき役割は大きい。

以降では、まず次節にて「付加価値に見合った価格」の第1の考え方で述べた、ビッグデータや機械学習について、その経済学的な含意を述べることにしたい。その上で、第4節では、本節で提起された問題意識を踏まえて、生産性向上に向けたイノベーション創出の取組とその方向性について試論を述べたい。

## 3．ビッグデータを廻るトレンドと経済学からの含意

英エコノミスト（2017年5月6日）は「20世紀の経済成長が石油によってもたらされたのと同様に、21世紀の成長の源はビッグデータである」と述べた。ビッグデータが利用可能になった背景には、(1)モバイルやGPS等のワイヤレスやセンサー技術の発達と(2)クラウドによる分散化されたデータの集積が可能になったという二点が挙げられる。こうした技術の登場によって、非構造化されたデータも含め、データが安価に、且つ大量に収集・蓄積ができるようになった[12]。収集されたビッグデータは、それを活用するための技術

---

12　ビッグデータの定義は様々だが、一般的に4つのV（volume, velocity, variety and value）を有するデータを指すとされる（OECD（2016））。

革新を促すことになる。その技術がAI（人工知能）・IoT（モノのインターネット）であり機械学習であるといえるだろう。今では画像・音声認識や言語翻訳などの技術が日々進歩を遂げて、われわれ人間と同等かそれ以上に高度化している。例えばアルファ碁に代表されるように、専門家がAIに破れる時代が到来しているのである。こうした技術の急速な発展には、米中などの巨大なIT企業が巨額の資金を投じて、機械学習の技術水準を大きく加速化させている点が大きく寄与しているようだ。データの量が機械学習の精度を高め、それが更なるビッグデータのニーズを生み出すという好循環が生まれている。

　ビッグデータの登場によって、これまで可視化することのできなかったストックの稼働状況が「見える化」されるようになった。例えば、民間住居や自家用車といった物的資本だけでなく、人的資本の稼働状況も可視化され[13]、インターネットを介して第三者に伝達をすることが可能になった。こうしたストックの稼働状況に代表される「見える化」の深化は、これまで利用可能でありながらも顕在化させることができなかった供給余力を利用可能なものとし、その余力を効率的に活用するためにモバイルを通じて需要を喚起する工夫が生み出されるようになった。「プラットフォーム」とよばれるビジネスモデルの登場である。

　事業者は、プラットフォーム上で、例えば供給余力を持つ民間住居の所有者と、その供給余力を活用したいと考える需要家（例えば訪日観光客）をマッチングさせるサービスを提供することで、空きストックに対する需要を顕在化させ、ストックの有効活用を提案するようになった。これは、ストックの所有と利用をアンバンドルするイノベーションであると言い換えることができる[14]。

　なおプラットフォームというビジネスモデルは、決して新しいものではない。需要と供給をマッチングさせる場であるプラットフォームは、物理的な

---

[13] フリーランスといった新たな働き方の登場はデジタル空間におけるプラットフォームの登場に拠るところが大きい。Weil（2014）も参照のこと。

場としては市場やデパートがその一例になる。Evans（2003）によれば、プラットフォームとは、異なる経済主体をつなぐ場であると共に、ネットワーク効果を有する性質をもつことが知られている[15]。店舗と消費者という異なる二つの経済主体が、市場やデパートという場に集まることで売買の接点を持っている。この場は、消費者が大勢集まれば、出店する店舗も増え、また出店数が増えれば、場を訪れる消費者数も増えるという点で、二つの経済主体の間には正の相互依存関係が存在する。これをネットワーク効果という[16]。

ビッグデータを介するプラットフォームが、市場やデパートと異なるところは、取引の場がデジタル空間であるという点にある[17]。その経済学的な含意は少なくとも2つある。ひとつは、デジタル空間では、（市場やデパートに代表される）リアルな空間と比較してネットワーク効果が強く働く傾向があることから、市場が勝者によって独占されやすくなる点、もう一つは、プラットフォームが新たな情報の非対称性を生み出すという点である。

プラットフォームがネットワーク効果を有する点は先に述べたとおりである。民間住居であれば、民間住居の所有者は、プラットフォームを通じて多くの利用者があれば、そのプラットフォームに自らの住居を登録しようとするだろうし、より多くの登録があれば、より多くの利用者がそのプラットフォームを訪れることになる。ここには正のフィードバック効果が存在することから、市場競争における1位とそれ以外との間のシェアの差が、ネットワーク効果がない場合と比較して広がる傾向がある。更に、プラットフォー

---

14 社会に行動変容をもたらした過去のイノベーションを振り返ると、その多くはアンバンドル化を促してきたことが分かる。例えば、携帯電話はコミュニケーションの場を特定の場所（固定電話のある場所）からアンバンドルしたと見なせるし、またVTR（ビデオカセットレコーダー）はテレビ視聴を時間帯からアンバンドルしたと見なすことができる。大規模公開オンライン講座（MOOC＝ムーク）は、教育を教室という空間からアンバンドルしたといえるだろう。

15 他の文献においても、定義はほぼ同じである。

16 正確には「間接的ネットワーク効果」という。「二面性市場」と呼ぶこともある。

17 そこで以下では「デジタル・プラットフォーム」と表現することもある。

ムがデジタル空間で行われている場合には、地理的な場所等でサービスを差別化することが難しく、ビジネスにスケールが働きやすいため、勝者の一人勝ち（A winner takes all）が生じやすくなる。

デジタル・プラットフォームが、市場やデパートなどといったリアルな空間でのプラットフォームと異なる点は他にもある。その1つは、デジタル・プラットフォームに参加する事業者にとって、そのプラットフォーム上で他の事業者がどのような活動を行っているかを観察することが困難な点である。プラットフォーム上での事業者が経験する成功事例や失敗事例は、その具体的な成果（売上高、顧客満足度など）と共に、プラットフォームの運営者には観察できるものの、プラットフォームに参加する他の事業者に成功・失敗事例が共有されることはなく、そのためにプラットフォーム運営者とプラットフォーム参加事業者との間に、情報の非対称性が生まれることになる。もちろんリアルなプラットフォームにおいても、情報の非対称性は存在するものの、どのような事業者がプラットフォームに参加し、どのような事業を行っているかは、同じ物理的な場で活動するなかで観察できることを思えば、デジタル・プラットフォームが生み出す情報の非対称性は大きい。

プラットフォームに参加する事業者のノウハウが、プラットフォーム運営者に共有されて、プラットフォーム全体の事業改善等に活用されるならば、参加事業者がノウハウを持つことの優位性は消失することになる。このとき、プラットフォームに参加する事業者は自らの事業をプラットフォーム上で差別化することが難しくなり、その事業はコモディティ化する可能性が高い。デジタル空間でのプラットフォームでは、このコモディティ化のスピードがリアル空間よりも断然速いと考えられる。

これらのデジタル・プラットフォームの特徴は、経済学的には、企業利潤の格差に対して大きな含意をもつ。ノウハウを収集して効率性を高めるプラットフォーム運営者は、収益性を高め続けられるものの、プラットフォーム参加事業者は、その事業がコモディティ化していけば、高い収益性を維持することは困難になり、プラットフォームの運営者と参加事業者との間の収

益性に格差が生じる。デジタル空間でのプラットフォームでは、この格差がより深刻化する傾向がある。実際に、2006年と2015年との間で利益（EBIT）をIT産業と鉄鋼産業で比較をしてみると、IT産業での利潤の寡占化が上昇するスピードが格段に早いことが見て取れ、企業利潤の格差の拡大が顕著である可能性を裏付けるものと考えられる（図表3）。

更に指摘すべきは、ビッグデータが社会・経済活動における重要な生産要素としての位置づけを強めるにつれて、従来からわが国が強みとしている自動車や家電が、情報を得るための端末としての役割を担うようになる点である。例えば、自動車であれば、移動の手段（及び運転・保有することの効用を満たす道具）という従来の役割だけでなく、移動情報や車内での会話をデータとして収集したり、周りの交通状況や路面の状態についての情報を収集したりするための手段としても重視される可能性がある。自動車がデータ収集のための端末としての役割を強め、ビッグデータにして解析することでマネタイズ（monetize）するようなビジネスモデルが確立されると、自動車は消費者に買ってもらう以上に、乗ってもらうことが重要になる。より多くの人に乗ってもらうために、自動運転技術の向上やシェアリングの普及が重視さ

図表3　産業構造の変化：IT及び鉄鋼（2006、2015）

上位3社集中度

| IT | 2006 | 2015 | 上昇率 |
|---|---|---|---|
| 日本 | 38.4 | 47.5 | 23.7% |
| U.S. | 49.2 | 64.1 | 30.3% |

| Steel | 2006 | 2015 | 上昇率 |
|---|---|---|---|
| 日本 | 58.0 | 67.4 | 16.2% |
| U.S. | 36.0 | 48.1 | 33.6% |

上位3社EBIT

| IT | 2006 | 2015 | 上昇率 |
|---|---|---|---|
| 日本 | 827 | 2,491 | 201.2% |
| U.S. | 5,914 | 27,844 | 370.8% |

| Steel | 2006 | 2015 | 上昇率 |
|---|---|---|---|
| 日本 | 10,804 | 4,001 | −63.0% |
| U.S. | 5,258 | 483 | −90.8% |

注）　上位3社集中度とは、各市場の占有率が最も高い上位3社の市場占有率（％）の和。
（出所）　Capital Qより筆者作成。

注）　EBITとは支払金利前税引前利益（Earnings before interest and taxes）の略。単位はMillion US dollars.

れうると共に、ビッグデータ解析からの収益を内部補助してでも、ハードの価格を安くして自動車を（保有ではなく）利用する人口を増やそうという誘因が高まってくる可能性がある。

　このようにイノベーションを通じた生産性向上は、社会・経済における需要家や企業の行動の変容を通じて、産業構造を大きく変化させる力を持っている。またこうしたイノベーションや生産性の向上を進めることが、わが国における企業の収益性向上や経済成長に直接的に繋がらない可能性もある。グローバルに進展するイノベーションの流れを取り込みながら、いかにわが国社会の厚生増大に繋げていくかが、いま企業に求められる戦略であり、国の政策に期待される視点であろう[18]。

## 4．イノベーションを通じた生産性向上に向けた3つの取組

　これまでの本章の議論を踏まえ、本節ではイノベーションを通じた生産性向上に向けた取組について3つの点から私見を述べる。

### (1)　ビッグデータ時代に対応した取組

　1950年代に、白黒テレビ・洗濯機・冷蔵庫の家電3品目が三種の神器としてもてはやされた。当時のようにモノに対する需要が旺盛だった時代には、工夫をせずとも規格品を薄利で大量に売りさばく「量に頼る」マーケティングで、企業は十分な収益を得ることができた。また市場が拡大する中では、将来の顧客の獲得に注目して、モノは売り切ってしまうことで企業は経営的にも成り立つことができた。

　しかし人口減で需要が頭打ちする中では、「量に頼る」経営では立ち行か

---

[18]　デジタルプラットフォームとSociety 5.0との関係については大橋（2018）を参照のこと。

なくなることを第2節で議論した。モノを売り切りにせず、モノの販売を通じて顧客との接点を維持し続けることで、次の取引へと繋げていくような企業戦略が求められる。このような販売方式は、決して目新しいものではない。例えばコピー機の販売において、コピー機本体を安価にして、トナーの販売で稼ぐビジネスモデルは既に広く見られていたところである。

　コピー機と違い、ビジネスモデルとして新しい点は、第3節で述べたようにビッグデータの登場と機械学習の急速な進展によって、需要家のニーズをより細やかに、且つリアルタイムで把握することができるようになった点だ。例えば、航空機エンジンを開発するGeneral Electric（GE）社は、エンジンの稼働状況をリアルタイムで把握していることが知られている。ビッグデータ解析の中で事前にエンジンの故障確率を予測して、エンジンに不具合が生じる前にメンテナンスを行うような取組をすることで、保守修繕をエンジンの販売とパッケージにした商品を提供しているのだ。製造業の強いわが国においても、売り切りモデルから、データを通じた「製造業のサービス化」を意識することが求められている。こうしたビジネスモデルの転換をきっかけにして、「付加価値に応じた価格」へマーケティング手法を適正化していくことが求められるだろう。

　他方で、第3節でも触れたように、ビッグデータと機械学習を廻って、プラットフォームを中核とするビジネスモデルが登場する中で、プラットフォーム運営者と参加者との間の収益格差が拡大する傾向が見られる。この収益格差は、複数のプラットフォームが競争する環境が整備されていれば、一定程度の幅で抑制されるものと思われる。なぜならば、利潤格差が拡大し、プラットフォーム参加者が運営者によって過度に「搾取」されるような事態になれば、プラットフォーム参加企業は別のプラットフォームに乗り換えるだろうからである。他方で、デジタル・プラットフォームではネットワーク効果が強く働くことから、勝者が一人勝ちする傾向があり、複数のプラットフォーム間の競争環境は自生的には成り立ちにくいことも事実である。またプラットフォーム運営者も、様々な契約条件を通じて、プラット

フォーム参加企業を囲い込もうとする誘因があるだろう。

　プラットフォーム運営者が市場支配力を形成・維持・強化しやすい市場環境であることを念頭に置いて、政府はプロアクティブに競争環境の整備に取り組むべきだろう。そもそもプラットフォームにおける企業間取引は、第三者からうかがい知れないことも多く、競争当局への通報・申告にも多くを期待することはできない。競争政策の執行体制をデジタル時代に合わせて刷新・強化することが求められるだろう。市場環境の整備という公益的な目的は産業の健全な発展と両輪をなすものであることに思いを致せば、この問題は競争政策の問題のみならず、産業政策や通商政策の問題としても捉えられてしかるべきだろう[19]。

## (2) 標準化・システム化への取組

　わが国におけるサービス業の生産性が低いことがしばしば言及されることを第2節にて触れた。他方で、例えば物流を取り上げると、わが国で顧客の運送サービスに対する不平・不満が多いかと言うと、決してそのようなことはなさそうだ[20]。わが国の物流は、荷主のニーズに細やかに対応すると共に、受取人との接点をしっかり個別に大切にするという点で、顧客ニーズにしっかりと向き合っているとの評価が一般的である。逆に、顧客が見えすぎているが故に、荷主に対して過剰なサービスが日常化したり、オーダーメイドでのサービスで個別の改善を続けたりという物流サービスが提供されることを2．(3)にて言及した。他方でUnited Parcel Service（UPS）やDHLといった欧米のグローバル物流企業は、サービスを標準化することで、グローバルでも容易にアウトソースできる体制を構築していることが分かる。UPSやDHLはわが国のように顧客に対して個別の細やかな対応をしない代わり

---

[19] 欧州委員会は2018年に「オンライン仲介サービスにおけるビジネスの公正性・透明性の促進に関する規制」（European Commission（2018））を示し、プラットフォーム運営者と関連事業者との取引上の立場を公平にすべき等の理念を提起している。
[20] 運送サービスとは違い、決済においては、2018年夏に、ヤマトHD子会社ヤマトコンビニエンスによる法人向け引越代金の過大請求が明らかにされている。

に、徹底的にシステム化を行うことで合理的・効率的な物流サービスの提供を可能としている。

こうしたわが国のサービス提供の姿は、物流だけに止まらない。旅館やレストランなども、サービス提供をシステム化するよりも、人的な細やかな配慮と心遣いで補っている部分が大きい。しかしこうした国内の人的資本の質に依存した日本型サービス提供は、そのままの形でサービスをグローバルに大規模展開することは難しいのではないかと想像される。また国内の生産労働人口が減少する中で、わが国が誇る人的資本の質的レベルを国内で再生産することも困難になれば、日本型サービスの品質も維持できなくなるだろう。人的資本の維持・確保に余裕がなくなる前に、グローバル展開を視野に入れた国際標準化を見据えつつ、行政も巻き込んだ形でサービスのシステム化・標準化を図っていくべきだ。こうした点は、共通のルールに基づくデータ記述など、データプロファイルの標準化にも当てはまる。競争領域と非競争領域とを峻別して、非競争領域では幅広い連携を産官が協調して行っていくことが重要である。

### (3) 制度・規制の再設計への取組

#### ① 公益目的を達成するための規制の見直し

これまでの成長戦略では、自由化や規制緩和、民営化の中で、市場メカニズムの積極的な活用が称揚され、行政改革や地方分権が推し進められた。これまでの人口増加・経済成長を前提としたもとでは、市場メカニズムを重視して規制緩和を進めていくことは、経済を活性化する上で大切な視点であった。

人口減少下においても、自由化や規制緩和の視点は、依然として重要である。起業やイノベーションの活性化を妨げるような規制は緩和されることが望ましいし、事前規制と事後規制の間のリバランスを行うことで、まず新たな事業をやってみるという社会的な雰囲気を醸成することも重要である。サンドボックス制度などがそれに相当するものだろう。

他方で、需要が減少する分野では、いずれ供給が過剰になっていくことから、自由化や規制緩和の効果は、今後低減していくことが見込まれる。逆に問題になるのは、過剰になる供給をいかに効率化するかという視点である。

　例えば、社会資本インフラで考えてみよう。人口減少社会を迎えて、地方都市や郊外を中心に空き家だけでなく、空き地も拡大している。登記簿上で所在の確認できない土地も、宅地地帯で約13％も存在することが明らかになっており、土地管理を放棄するような事例も表面化している。空き家・空き地問題の解決において、最大の問題の一つは、登記簿から所有者が直ちに判明しない点にある。これは、不動産需要が超過していることを前提としてわが国の登記制度ができているために、不動産登記が義務化されていないからである。つまり、人口が増加していく社会では、土地を不要とする国民が出てくることは想定しえず、不動産登記は対抗要件で十分機能すると考えられたのである。しかし人口減少下において土地は供給超過であり、対抗要件主義の登記制度は機能不全の寸前まで来ているようにみえる。

　都市計画についても同様である。わが国の都市計画は、そもそも施設や土地が足りないことを前提に制度設計がなされており、そのために土地利用に関するゾーニング規制は緩やかである。こうした緩やかな都市計画制度は、人口が増加し土地に対する需要が高いときには、柔軟性のある制度として意味があった。しかし居住人口が減少する局面になると、規制の緩やかな都市計画制度は、住民の居住地や活動範囲を制限できないことから、逆にインフラの維持管理コストを高めることになる。また人口が増加し、施設が不足しているときには、施設ごとに行政の縦割りで施設管理を行うことが効率的だったと思われるが、人口減少下においては、施設の多機能化や広域での連携など、機能区分・行政区画を超えた横串を刺して繋げる視点、そしてそうした取組で優良な事例を標準化・システム化して横展開する努力が求められる。こうした標準化・システム化の取組には、自由化・規制緩和とは違い、公益的な目標を達成するための再規制を設けるような仕組みも考える必要が出てくる。

競争的な事業環境下において、公益目的を達成するために国の役割は重要である。具体的な例として、働き方改革でも注目される建設業を取り上げてみよう。従来、建設業においては社会保険の未加入率が高かった。これには諸説あり、社会保険の負担分だけ給料に上乗せすることを希望する労働者の存在や、負担分を入札額に反映させることで、仕事を取ろうとする事業者の存在などが指摘されてきた。しかし若手労働者の人材不足が深刻化すると、雇用保険や厚生年金への未加入がまん延しているようでは若い人は建設業に就職しないとの意識が業界に高まった。しかし、この未加入問題を個々の会社の判断で解決することは難しい。なぜならば、社会保険に加入する企業はコスト増を被ることになるからである。競合他社が同様に社会保険に加入しない限り、社会保険に加入する企業は競争上、劣位に置かれてしまうために、業界としては若手入職者を増やすために社会保険に加入した方が良いと思いながらも、社会保険未加入を選択してしまうことになる。社会保険未加入という均衡から、社会保険加入という均衡へと移行することは、国による規制によって達成される必要があったのである。国土交通省は、社会保険未加入問題に2012年から取組を始め、2017年度には下請け従業員にも保険加入を徹底させると共に、未加入業者には建設業許可も出さないというところまで、社会保険未加入企業に対する規制を拡大することに成功している。

② 事業リスクに対する視点

　財務省の法人企業統計によると、2016年度の企業の内部留保（利益剰余金）は過去最高の400兆円に上ったという。これはわが国のGDPのおおよそ7割に迫る規模である。連続増益にも拘わらず、設備投資に慎重な姿勢をとる企業が多く、リスクを避ける内向きの姿勢が経済の停滞をもたらすと危惧する声もある。

　事業の予見性が確保されないと、企業は十分な投資を行わないと言われる。事業の予見性に影響を与える要素には色々あると思われるが、ここでは事業の予見性を悪化させる事象を総称して事業リスクと呼ぶことにする[21]。この事業リスクには、ミクロとマクロのレベルが考えられる。両者の違い

は、それほど明確ではないが、ここでは企業レベルで対応できる事業リスクをミクロ、国家レベルで対応できる事業リスクをマクロとよぶことにしよう[22]。

まずミクロから考えたい。企業は持続可能な形で事業を行うために、何らかの形で事業リスクをヘッジすることを考える。もちろん、産業によっては事業リスクを制度的に遮断するようなメカニズムが存在するところもある。例えば、電気やガスといった公益事業での事業リスクは、総括原価方式を通じて消費者に負担させてきた。事業にかかるコストに一定の事業報酬率を加えたものを料金として消費者に課すことによって、事業リスクを遮断した形で、公益事業に求められる安定供給やユニバーサルサービスを支障なく提供する体制が取られてきた。

2016年度には電気、そして翌年度にはガスにおいて小売全面自由化が始まったが、自由化の世界では事業者はユニバーサルサービスなどの供給義務を負わない代わりに、総括原価方式で消費者に事業リスクを負担させることはできなくなる。公益事業規制が外れた世界では、企業は創意工夫の中で、事業リスクを分散することが求められる。事業リスクの分散の仕方は企業で様々だろう。例えば、ある企業は事業の多角化を考えるかもしれないし、原材料の価格変動が事業リスクの過半を占めるような企業では、先物などの資本市場にてリスクのヘッジを考えるかも知れない。アウトソース（外部委託）する事業範囲を拡大することで、事業リスクを軽減することも考えられる[23]。

他方で、事業リスクにはマクロも存在する。エネルギーとして、火力発電を例に挙げてみよう。わが国では2016年度に消費した一次エネルギーの約9割が化石燃料であり、なかでも「エネルギー基本計画」において2030年度に

---

21 よく知られるように、フランク・ナイトは確率によって予測できる「リスク」と、確率的事象ではない「不確実性」とを区別している。ここでは前者を主に念頭に置いているが、後者もきわめて重要な概念である。
22 ここでは、企業と国以外の主体が直面するリスクは、議論を簡単にするために触れないことにする。

発電燃料の26％を石炭で確保するとしている。他方で、環境省では石炭火力発電の新設・リプレースに対して厳しい態度を環境アセスメントにおいてとっており、政府の中での統一的な見解が見られていないようにもしばしば見受けられる。併せて、地球温暖化の道筋を決めたパリ協定が発効し、二酸化炭素の排出量が多い石炭火力に対して厳しい目が向けられており、石炭事業の継続に対して世論の風当たりが強まっている。

　わが国は、石炭火力の発電効率を高めるために、これまで研究開発も含めて多大な投資を行ってきた。微粉炭を用いながら、超々臨界圧の上を行く技術（A-USC）を開発し、また灰の減容化や二酸化炭素の地中化（CCS）などに投資をすることで、環境適応を図ってきた。またこうした石炭火力の高度技術を新興国に対して輸出することで、依然として石炭火力に頼らざるを得ない新興国の環境問題の緩和に協力してきた。しかし国内・海外における石炭火力に対する対応が不確実な中においては、企業も投資や研究開発を積極的に行うことは難しい状況にある。

　Luttermer and Samwick（2017）は、経済主体がリスクに対して十分な保険をかけることができない状況において、政策の不確実性は経済主体の厚生を低下させることを実証的に示した。サーベイなどを用いることにより、年金受給額の変動リスクに対して消費者が負担しても良いと考えるプレミアムは、平均受給額の10％程にも上ると報告している。

　冒頭でも述べたように、人口減少やインフラ老朽化、環境問題といったわが国の国民や企業が個々に対処できない課題に対して、政府が大きな方針を示すことは、マクロにおけるリスクを軽減し、予見性を回復させるためにも重要である。こうした大きな方針は、ぶれてしまっては企業も長期的な回収を必要とする投資を行うことは困難になる。長期的な課題に対しては、政治

---

23　Weil（2014）によると、米国企業においては、清掃の外部委託から始まり、これまで企業の内部で行っていた業務を徐々にアウトソースすることで、雇用を可変費化してきた歴史があることを説明している。わが国において労働分配率が低下しているが、事業リスクを雇用にしわ寄せしている可能性もある。実体解明に向けて今後の研究が待たれる。

や輿論の動向に影響されないような政策立案の仕組みが形成されることが望まれる。

# 5. まとめ

わが国では、これまで生産性向上をリストラや賃下げと結びつけて考える企業経営者も多かった。市場規模の拡大の中での「シェア拡大主義」を、市場規模が縮小に転じつつある時期に至っても標榜し続けてきたことが、コスト削減を生産性向上の手段とする「がまんの経営」にし、企業経営者のマインドをいわゆる「内向き」のものにしてしまったのではないかと推察される。

AIやIoTといった基幹技術（General purpose technology）のイノベーションが登場する中で、経済社会を取り巻く環境は大きく変わる兆しを見せている。もちろん基幹技術の登場で生産性がすぐに向上するわけではない。例えばDavid（1990）によれば、電力の発明が動力や照明などの生産性に結びつく形で利用化されるまでに半世紀を要したことが知られている。これは、1990年代における米国でのコンピュータに対する投資が、生産性指標の改善に繋がらないことを指摘した「ソローのパラドックス」と類似している[24]。

電力と言った過去のイノベーションと、現在進行する基幹技術のイノベーションとの違いは、AIやIoTといった技術がビッグデータを介して補完的に規模拡大する点である。このネットワーク効果に加えて、基幹技術をプラットフォームとして取り入れた者と、そうでない者との間に大きな富の格差を急速に生み出しやすい。既にこうした点は、EBIT等の会計指標に顕れはじめており、経済のサービス化が更に進行するにつれて、企業間の格差のみならず、中央と地方との格差、資本家と労働者との格差（具体的には労働分配

---

[24] このように発明が生産性の向上に結びつくまでの時間的な遅れを経済学的に説明する理論に学習効果がある。既存の技術を捨てて、発明による新たな技術を学ぶためには、ある程度の時間を要するというものである（Nakamura and Ohashi（2008））

率の悪化）にも繋がることになるのではないかと懸念される[25]。

　第4次産業革命やSociety5.0を推進するという「攻めの政策」は、同時にその副作用を最大限抑制するための「守りの政策」とセットで初めてバランスを保つことができる。わが国では、「攻めの政策」メニューは充実してきたが、「守りの政策」についての議論は十分だろうか？　基幹技術が社会インフラとして組み込まれれば、それを使わなければ生活や経済活動が営めないという点で、公益性を帯びたボトルネックを有することになる。強大な規模と資金力を持つ企業が有するボトルネックに対して、各国の懸念が高まる中、わが国も早晩「守りの政策」をしっかり検討しなければ、生産性向上と付加価値の創出から生まれる富を国内に環流させることが困難になるであろう。

【参考文献】

大橋弘（2014），『プロダクト・イノベーションの経済分析』，東京大学出版会。

大橋弘（2018），「"Society 5.0"におけるデジタルプラットフォーム」日立東大ラボ『Society（ソサエティ）5.0：人間中心の超スマート社会』6章2節所収，日本経済新聞社。

経済産業省（2013），『消費インテリジェンスに関する懇談会報告書～ミクロのデフレからの脱却のために～』平成25年6月。

国土交通省（2017），『社会資本メンテナンス戦略小委員会（第3期）開催までの経緯及びこれまでの維持管理・更新に係る国土交通省の取り組みについて』第19回メンテナンス戦略小委員会（第3期第1回）配付資料3　www.mlit.go.jp/common/001216222.pdf（2018年1月10日アクセス）

徳井丞次（2017），「生産性の地域間格差」，『経済セミナー』8・9月号。

日本生産性本部（2017），『労働生産性の国際比較　2017年版』（2017年12月20日）www.jpc-net.jp/intl_comparison/intl_comparison_2017_press.pdf（2018年1月10日アクセス）

---

[25] 同様の論点は、無形資産の観点からもHaskel and Westlake（2018）によって提起されている。

David, Paul, A. (1990), "The Dynamo and the Computer: An Historical Perspective on the Modern Productivity Paradox", *American Economic Review* 80 (2), pp. 355-61.

De Loecker, Jan and Frederic Warzynski (2012), "Markups and Firm-Level Export Status", *American Economic Review* 102(6), pp. 2437-71.

European Commission (2018), Regulation on promoting fairness and transparency for business users of online intermediation services (https://ec.europa.eu/digital-single-market/en/news/regulation-promoting-fairness-and-transparency-business-users-online-intermediation-services), 2018年9月24日アクセス

Evans, David S. (2003), "The Antitrust Economics of Multi-Sided Platform", *Yale Journal on Regulation* 20, pp. 325-81.

Gordon, Robert (2016), *The Rise and Fall of American Growth: The U.S. Standard of Living Since the Civil War*, Princeton University Press.

Haskel, Jonathan, and Stian Westlake, (2018), *Capitalism without Capital: The Rise of the Intangible Economy*, Princeton University Press.

Hsieh, Chang-Tai, and Peter J. Klenow (2009), "Misallocation and manufacturing TFP in China and India", *Quarterly journal of economics* 124(4), pp. 1403-48.

Jorgenson, Dale W., Koji Nomura, and Jon D. Samuels (2016), "A Half Century of Trans-Pacific Competition: Price Level Indices and Productivity Gaps for Japanese and U.S. Industries, 1955-2012", in D. W. Jorgenson, et al. (eds.), *The World Economy—Growth or Stagnation?* Chapter 13, pp. 469-507, Cambridge University Press.

Klette, Tor J., and Zvi Griliches (1996), "The Inconsistency of Common Scale Estimators when Output Prices Are Unobserved and Endogenous", *Journal of Applied Econometrics* 11(4), pp. 343-61.

Luttmer, Erzo F. P., and Andrew, A. Samwick, 2018, "The Welfare Cost of Perceived Policy Uncertainty: Evidence from Social Security", *American Economic Review* 108(2), pp. 275-307.

Nakamura, Tsuyoshi and Hiroshi Ohashi (2008), "Effects of Technology Adoption on Productivity and Industry Growth", *Journal of Industrial Economics* 56(3), pp. 470-499.

Organisation for Economic Co-operation and Development (OECD) (2016), *Big Data: Bringing Competition Policy to the Digital Era*, Directorate for Financial and Enterprise Affairs Competition Committee. Background note by the Secretariat. November 29-30.

Weil, David (2014), *Fissured Work Place: Why Work Becomes So Bad for So Many and What Can Be Done to Improve It*, Harvard University Press.

# I

## 生産性の現状

# 第1章

# （講演録）生産性向上に向けた需要創出

吉川 洋[1]

---

[1] 立正大学経済学部教授、財務省財務総合政策研究所名誉所長

## 要　旨

　日本は急激な人口減少と同時に高齢化が進んでいる。人口減少と高齢化は、社会保障・財政に深刻な問題を生み出す。しかし「日本は人口が減少するためGDPがマイナス成長となることは自然だ」といった議論は間違っている。経済は人口によって規定されるものではない。

　日本経済が成長するためには生産性が鍵を握る。生産性が向上し、経済が成長するためにはイノベーションが必要となる。イノベーションは、新しいモノ、新しいサービス、新しいセクターの登場に寄るところが大きい。新しい技術から新しいモノ、サービスが登場すると、それを反映して産業構造は変化する。また、生産性向上には情報力も不可欠である。情報を活用して新しい需要を創出することが重要である。イノベーションは、民間企業、政府がともに取り組まなければならない課題である。

## 1．人口減少と高齢化と経済成長との関係

　日本は人口減少と同時に高齢化が進んでいる。日本の人口は、今から約100年前の大正時代の頃には約5,000万人だったが、100年かけて現在の1億2,000万人となった。国立社会保障・人口問題研究所によれば、100年後の2115年の将来人口は5,055万人になると推計されている。日本は今後、極端な人口動態を経験することになる。人口減少・高齢化の下で、財政・社会保障等は多くの困難に直面することが考えられる。

　しかしながら、一方で「人口が減少するため、GDPのマイナス成長は自然だ」という議論は間違っている。人口が減少に向かうことは1970年代末から明らかだった。しかし、1980年代後半のバブル時期は、人口が減少するから日本経済は駄目だという話はいっさいなく強気論だけだった。バブル崩壊後の1990年代もそれほど言われず、2000年代に入ってから人口減少が日本経済の問題として多く取り上げられるようになったが、人口減少だから日本経済はマイナス成長になるという人は少なかった。ところが最近では、年を追うごとに人口減少だから日本経済はマイナス成長と言う人が増えている。しかし、経済は人口によって規定されるものではない。

　1870年以降の人口と実質GDPの推移をみると、日本は高度成長時代の1955年から1970年代初頭の間、人口は1.2％増であったにもかかわらず実質GDPは10％上昇し、一人当たりのGDPの伸びを示す労働生産性が年々約9％上昇していた[2]（図表1）。

　日本では、人口が減るから日本は駄目だという悲観論が強い。図表2で示した人口減少ランキングを見ると、日本は15位、ドイツは19位であり、ドイツは日本と並ぶ人口減少大国である。ドイツで役人、財界人、学者と意見交

---

[2] 中国も数年前までGDPが年率10％成長していたが、その時の人口増加率は1％、労働生産性が毎年9％上昇していたのであり、日本の高度経済成長時と数字の伸びが偶然にも同じであった。

図表1　人口と経済成長1870-1994：日本

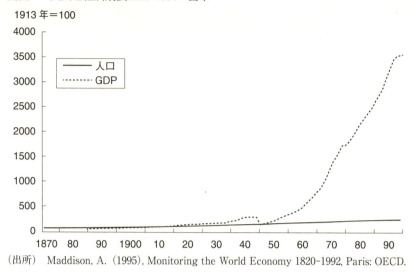

（出所）　Maddison, A.（1995）, Monitoring the World Economy 1820-1992, Paris: OECD.

換すると、人口減少は問題視しているが、それが理由で経済成長できないと考える人はおらず、ドイツの技術力は世界のトップ水準でイノベーションの潜在力は衰えていない、だからこれからもドイツ経済は成長できる、と考えていた。

　日本は人口が減少していくが、2060年時点での生産年齢人口は、現在のヨーロッパ主要国の生産年齢人口と同程度である。日本は人口が減少する上に高齢者が多くなり現役世代が減少するからイノベーションを起こすのが難しいという人もあるが、もしそうであれば、現在既にドイツ、フランス、イギリスではイノベーションを起こすのは難しいはずだが、彼らはそのようにとらえておらず、イノベーション力があると自信を持っている。日本は今後も十分イノベーションを起こすだけの現役世代の数はある。

　また、人口が減少すると消費が減るのではないかとの見方があるが、これは同じ値段で同じモノを売り続けるという前提に立った議論である。人口が減少する中で消費が増えるのは、付加価値の上昇を反映して単価が上がって

図表2　人口減少率ランキング（2015-2020年平均変化率）

| 順位 | 国名 | 変化率 |
|---|---|---|
| 1 | ブルガリア | −0.8 |
| 2 | ルーマニア | −0.7 |
| 3 | リトアニア | −0.6 |
| 4 | ラトヴィア | −0.5 |
|  | ウクライナ | −0.5 |
| 6 | バミューダ | −0.4 |
|  | クロアチア | −0.4 |
|  | ハンガリー | −0.4 |
|  | ポルトガル | −0.4 |
|  | セルビア | −0.4 |
| 11 | アンドーラ | −0.3 |
|  | ベラルーシ | −0.3 |
|  | ボスニア・ヘルツェゴビナ | −0.3 |
|  | エストニア | −0.3 |
| 15 | アルバニア | −0.2 |
|  | ギリシャ | −0.2 |
|  | **日本** | **−0.2** |
|  | モルドヴァ | −0.2 |
| 19 | グルジア | −0.1 |
|  | **ドイツ** | **−0.1** |
|  | マルティニーク（仏） | −0.1 |
|  | ポーランド | −0.1 |
|  | プエルトリコ | −0.1 |
|  | ロシア | −0.1 |
| 25 | キューバ | 0.0 |
|  | イタリア | 0.0 |
|  | モンテネグロ | 0.0 |
|  | スロベキア | 0.0 |
|  | スペイン | 0.0 |
| 30 | アルメニア | 0.1 |

| | |
|---|---|
| チリ | 0.1 |
| チェコ | 0.1 |
| レバノン | 0.1 |
| マケドニア | 0.1 |
| スロベニア | 0.1 |
| トルコ | 0.1 |
| バージン諸島（US） | 0.1 |

（出所）　The Economist, Pocket World in Figures 2017 Edition.

いったり、新しいモノやサービスが生じることに寄る。

## 2．生産性向上と経済成長を生み出すイノベーション

### (1)　イノベーションによる生産性向上と経済成長

　日本経済の成長会計でTFP（全要素生産性）が極めて大きな役割を果たしていることからもわかるとおり、日本経済が成長するためには生産性が鍵になる（図表3）。生産性が向上し、経済が成長するためにはイノベーションが必要となる。イノベーションは、新しいモノ、新しいサービス、新しいセクターの登場に寄るところが大きい。

　TFPは供給側で資本・労働の投入量で説明できる以上の付加価値の伸びを表しており、供給側で何らかの改善がある場合、TFPは上昇する。具体的な例として、高齢者用の紙おむつを取り上げる（図表4）。高齢者用の紙おむつの場合、供給側の条件はこれまでと変わらないのに、需要側のアイディアにより付加価値成長が生まれている。つまり、アイディア一つで需要を創出することができることがわかる。

図表3　実質経済成長率、潜在成長率とその寄与度

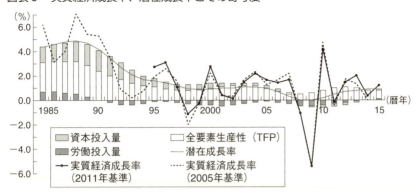

(参考) 全要素生産性 (TFP) の平均上昇率

| 1986〜1995年 | 2.0% |
|---|---|
| 1996〜2005年 | 1.0% |
| 2006〜2015年 | 0.8% |
| 過去30年平均 (1986〜2015年) | 1.3% |
| 過去20年平均 (1996〜2015年) | 0.9% |

(注1)　実質経済成長率は、「2015（平成27）年度国民経済計算（2011年基準・2008SNA）及び「2014（平成26）年度国民経済計算（2005年基準・1993SNA）（内閣府）
(注2)　潜在成長率とその寄与度は、2017年4-6月期四半期別GDP速報（1次速報値）ベースの内閣府推計。
(出所)　厚生労働省社会保障審議会年金部会　2017年10月6日　資料から一部抜粋。

図表4　紙おむつの出荷推移

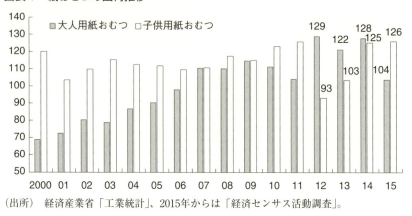

（出所）経済産業省「工業統計」、2015年からは「経済センサス活動調査」。

## (2) イノベーションによる産業構造の変化と経済成長

　新しい技術から新しいモノ、サービスが登場すると、それを反映して産業構造の変化が生まれる。日本経済における産業構造の変化の度合いを表す指標（変動指標 $\sigma_1$、$\sigma_2$）と経済全体の平均実質成長率（$\rho$）の関係をみると、高い経済成長は産業構造の大きな変化を伴っていることがわかる。日本の経済成長率は低くなっていることから、それに伴って産業構造の変化も小さくなっていることが分析結果から明らかになっている（図表5）。こうした変動が生じなければ、経済は停滞してしまうことになる。

# 3．情報力と生産性

## (1) イギリスの情報力

　19世紀の初頭から第一次世界大戦までの約100年の間のイギリスでは、経常収支で膨大な黒字を出し続けた。しかしながら、この間、貿易収支はずっと赤字を続けていた。サービス収支の黒字が、貿易収支の赤字を上回ること

**図表 5　部門シェアの変化とマクロ的な成長の関係[3]**

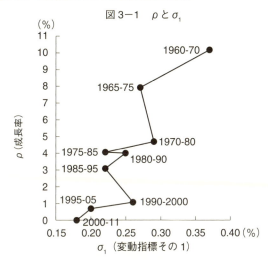

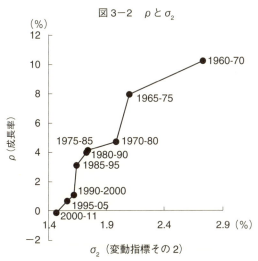

(出所)　吉川・安藤「経済成長と産業構造の変化」RIETI DP 17-J-042。

図表 6　イギリスの経常収支の推移（1831-1913）

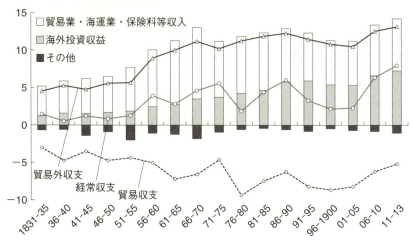

（注1）　1851年、1871年でGNP推計方法が変更。
（注2）　Imlah（1958）表4及びMitchell（1980）表K1（原典はDeane（1968）及びFeinstein（1972）による）より作成。
（出所）　内閣府「第9回経済社会構造に関する有識者会議」（2012年6月5日）資料。

で、経常収支の黒字を出し続けたのである。サービス収支の黒字は、海運収入、商社の収益、あるいは保険料であった。これが意味するのは、イギリスは単に自国の貿易のみを行っていたのではなく、世界の貿易全体のインフラストラクチャーを提供していたのであり、イギリスの海軍力と、情報力がこれを可能にしたのである。

　幕末の日本において、フランスは最後まで幕府に肩入れしたが、イギリスは薩長が勝つことを見極めた。イギリスは驚くべき情報力を発揮して、世界

---

3　$\rho$ は平均実質成長率であり、各プロダクトの最終需要額の総額（実質GDP相当）について、経過年数間の平均成長率を算出したものである。$\sigma_1$、$\sigma_2$ は産業業構造の変化をプロダクトのレベルから積算した指標であり、$\sigma_1$ は「各シェアの変化の二乗和÷2÷経過年数」の平方根により、$\sigma_2$ は「各シェアの変化の絶対値の和÷2÷経過年数」により、計算されたものである。$\sigma_2$ は $\sigma_1$ よりも計測のぶれが小さくなるよう改善した指標である。

の隅々までの情報を入手していた。これが広い意味でイギリスのマクロの生産性を支えていたといえる。イギリスは情報という点で国が大きな役割を果たしており、個々の企業の生産性とは次元の異なるところでマクロの生産性を支えていた。その結果が膨大な経常収支の黒字として現われていたのである。

## (2) 日本のイノベーション衰退の危惧

日本のイノベーションの衰退が危惧されている。ISバランスをみると、2000年代に入ってから日本で貯蓄超過幅が上昇しているのは「非金融の法人部門」となっている（図表7）。企業の利益剰余金は1998年以降急激に増加し、2016年度は過去最高の約406兆円を計上しており、企業が剰余金、現預金をかなり保有している（図表8）。

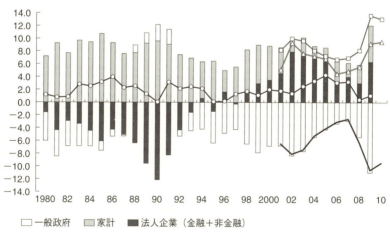

図表7　制度部門別の純貸出（＋）／純借入（－）　対名目GDP比（％）

（注）　内閣府「国民経済計算確報」より作成。特殊要因調整済み。
（出所）　内閣府「第8回経済社会構造に関する有識者会議」（2012年5月10日）資料。

図表8　利益剰余金（内部留保）・売上高の企業規模別推移

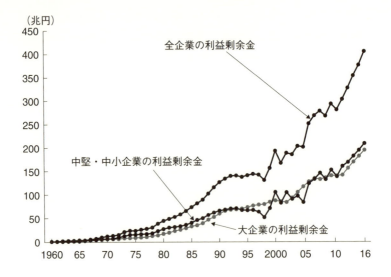

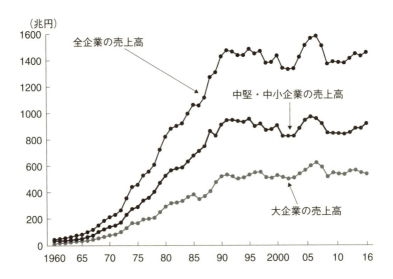

（注）　大企業は資本金10億円以上。中堅・中小企業は資本金10億円未満の企業。
（出所）　財務省「法人企業統計」（年次別調査）。

(3) 港湾ランキングから考察するこれからの日本の課題

　イノベーションは、民間企業だけの話ではなく、政府も取り組まなければならない課題である。一例として世界の港湾ランキングをみると、1980年は、神戸、横浜、東京と3港がランクインしていたが、2006年時点ではトップ20に入る日本の港は一つもなかった。2016年時点になると日本の港はさらに順位を落としている。その理由は、コンテナ船が大きくなったにもかかわらず、スーパー港湾整備がされなかったため、コンテナ船が入って来られなくなったからである。港町の繁栄が失われれば、その港町に所在する様々なセクターで民間企業がいくら努力しても生産性を上げることはできない。2016年の港湾ランキングの上位はほとんどが中国だが、先進国の港でもロッテルダム（オランダ）やハンブルク（ドイツ）、ロサンゼルス（米国）は順位を落としながらも健闘している。政府がやるべきことをやらないと、マクロの生産性向上は望めないといえる。

図表9　世界の港湾ランキング

**1980年** (単位：TEU/1000)

| | 港名 | 取扱量 |
|---|---|---|
| 1 | ニューヨーク／ニュージャージー（米国） | 1,947 |
| 2 | ロッテルダム（オランダ） | 1,901 |
| 3 | 香港（中国） | 1,465 |
| 4 | 神戸 | 1,456 |
| 5 | 高雄（台湾） | 979 |
| 6 | シンガポール | 917 |
| 7 | サンファン（プエルトリコ） | 852 |
| 8 | ロングビーチ（米国） | 825 |
| 9 | ハンブルク（ドイツ） | 783 |
| 10 | オークランド（米国） | 782 |
| ⋮ | | |
| 13 | 横浜 | 722 |
| ⋮ | | |
| 16 | 釜山（韓国） | 634 |
| ⋮ | | |
| 18 | 東京 | 632 |
| ⋮ | | |
| 39 | 大阪 | 254 |
| ⋮ | | |
| 46 | 名古屋 | 206 |

**2006年** (単位：TEU/1000)

| | 港名 | 取扱量 |
|---|---|---|
| 1(2) | シンガポール | 24,792 |
| 2(1) | 香港（中国） | 23,230 |
| 3(3) | 上海（中国） | 21,710 |
| 4(4) | 深圳（中国） | 18,469 |
| 5(5) | 釜山（韓国） | 12,030 |
| 6(6) | 高雄（台湾） | 9,775 |
| 7(7) | ロッテルダム（オランダ） | 9,600 |
| 8(9) | ドバイ（アラブ首長国連邦） | 8,923 |
| 9(8) | ハンブルク（ドイツ） | 8,862 |
| 10(10) | ロサンゼルス（米国） | 8,469 |
| ⋮ | | |
| 23(22) | 東京 | 3,665 |
| ⋮ | | |
| 27(27) | 横浜 | 3,200 |
| ⋮ | | |
| (34) | 名古屋 | 2,491 |
| (39) | 神戸 | 2,262 |
| ⋮ | | |
| (51) | 大阪 | 1,802 |

**2016年（速報値）** (単位：TEU/1000)

| | 港名 | 取扱量 |
|---|---|---|
| 1(1) | 上海（中国） | 37,130 |
| 2(2) | シンガポール | 30,900 |
| 3(3) | 深圳（中国） | 23,979 |
| 4(4) | 寧波-舟山（中国） | 21,560 |
| 5(6) | 釜山（韓国） | 19,850 |
| 6(5) | 香港（中国） | 19,580 |
| 7(8) | 広州（中国） | 18,885 |
| 8(7) | 青島（中国） | 18,000 |
| 9(9) | ドバイ（アラブ首長国連邦） | 14,772 |
| 10(10) | 天津（中国） | 14,500 |
| 11(12) | ポートケラン（マレーシア） | 13,183 |
| 12(11) | ロッテルダム（オランダ） | 12,385 |
| 13(13) | 高雄（台湾） | 10,465 |
| 14(14) | アントワープ（ベルギー） | 10,037 |
| 15(15) | 大連（中国） | 9,614 |
| 16(16) | 厦門（中国） | 9,414 |
| 17(18) | ハンブルク（ドイツ） | 8,910 |
| 18(19) | ロサンゼルス（米国） | 8,857 |
| ⋮ | | |
| 21(20) | ロングビーチ（米国） | 6,775 |
| 22(22) | ニューヨーク／ニュージャージー（米国） | 6,250 |
| ⋮ | | |
| (30) | 東京 | 4,735 |
| ⋮ | | |
| (59) | 神戸 | 2,801 |
| (52) | 横浜 | 2,781 |
| (56) | 名古屋 | 2,658 |
| (60) | 大阪 | 2,216 |

（注1）　2006年、2016年の表の中にある（ ）は前年の順位。
（注2）　2016年分の日本に関する取扱量は国土交通省調べ。
（出所）　国土交通省「世界の港湾別コンテナ取扱個数ランキング」

# 第2章

# 生産性・イノベーション関係指標の国際比較

酒巻　哲朗[1]

---

1　財務省財務総合政策研究所副所長

## 要　旨

　人口減少・高齢化の下で経済成長を実現し、生活水準を向上させるには、生産性の上昇が必要である。日本のような一定程度の高い技術水準を実現した経済において持続的な生産性向上を図るには、新しい製品・市場の創造を中心としたイノベーションを活性化することが重要である。イノベーションを通じた生産性向上の方策を検討する上で、主要な先進国との比較により日本の位置付けや課題を検討することは有用と考えられる。

　2000年代以降の日本の労働生産性の伸びはOECD平均をやや下回る程度であり、労働投入の減少が生産性を押し上げている点で他の先進国と異なる動きを示している。1990年以降の日本の実質GDP成長率はOECD諸国の中でも低位にあり、労働投入が減少する一方で、資本投入や全要素生産性の伸びはそれを補うほどには高くない。イノベーションを直接捉える指標として、イノベーションを実現したと考える企業の割合は主要先進国の中では比較的低く、引用数の高い研究論文の比率も必ずしも高くない。

　イノベーションを生み出す背景要因として、R&D支出の水準（GDP比）は先進国の中で上位にあり、研究者数の割合も比較的高い。一方、研究論文に占める国際的な共同研究は他の先進国と比較して活発でない。また、製品市場における規制や補助金・税などの公的支援は主要な先進国の中で平均的な水準にある。日本では高水準のR&D投資などが、実際のイノベーションの実現や経済成長などの成果に必ずしも結びついていないことが課題である。

## 1. はじめに

　日本では、今後人口減少・高齢化が急速に進展することが見込まれているが、そうした中でも経済成長を実現し、生活水準を向上させるには、生産性の上昇が必要である。人口減少・高齢化に伴う労働投入の減少は生産を押し下げる要因となるが、生産性が大きく上昇すれば、高い経済成長を維持することができる。

　国全体の生産性指標としては、GDPを総労働時間で除した時間あたり労働生産性や、実質GDP成長率から労働投入、資本投入の寄与を差し引いた全要素生産性が広く使われている。労働生産性、或いは全要素生産性は、新しい製品の開発や生産工程への新技術の導入といった、いわゆるイノベーションの他、労働密度を高めることや、生産性の高い産業への生産要素のシフト、労働生産性の場合には投資による資本ストックの増加などによっても上昇しうる。しかし、日本のような一定程度の高い技術水準を実現した経済において持続的な生産性向上を図るには、イノベーションを活性化することが不可欠である。

　イノベーションは経済活動の様々な場面で生み出される可能性があるが、一般的な整理としては、新しい製品を開発する「プロダクト・イノベーション」、新しい生産工程等を導入する「プロセス・イノベーション」、新しいマーケティング手法を導入する「マーケット・イノベーション」、新しい組織運営手法を導入する「組織イノベーション」がある[2]。AI、IoTなどの新技術を活用した財・サービスが次々と登場する時代背景に鑑みれば、特にプロダクト・イノベーションによる新しい製品・市場の創造により生産性向上を図ることが重要と考えられる。なお、イノベーションが経済成長に結びつくには、生み出された財・サービスの価値が市場で実現されることが前提で

---

[2] OECDとEurostatが作成する企業のイノベーション調査に関するガイドラインでも、この４つの形態のイノベーションが対象となっている。詳細は第３節を参照。

ある。イノベーションの活性化を図る際には、単に新技術を利用するだけでなく、消費者・企業のニーズを捉え、価値を実現していく視点が重要である。

イノベーションを通じた生産性向上の方策を検討する上で、主要な先進国との比較により日本の位置を確認し、課題を検討することは有用と考えられる。本章では、主にOECDが公表している生産性やイノベーションに関する国際比較指標を用いる。以下、第2節で生産性指標、第3節でイノベーションに関する指標、第4節でイノベーションを生みだす背景要因となる指標について、日本の状況を検討する。第5節は簡単なまとめである。

## 2．生産性指標の動向

### (1) 生産性指標の定義

生産性の指標には様々なものがあるが、国全体の指標として広く使われる時間当たり労働生産性と全要素生産性の上昇率を主要先進国と比較する。

時間当たり労働生産性は、GDPを総労働時間で除した指標である。時間当たり労働生産性の上昇は持続的な経済成長のために不可欠であり、就業者個人にとっても労働時間を増やさずに高い所得を獲得し、或いは所得水準を落とさずにより多い自由時間を得ることで生活水準の向上につながる。以下では、生産性上昇率の動向を比較するため実質ベースの数値を用いる。

全要素生産性の上昇率は、実質GDPの伸び率から、労働投入の伸びと資本投入の伸びの寄与を差し引いて算出される。労働生産性は、資本投入の増加によっても上昇するが、全要素生産性はすべての生産要素の影響が除かれるため技術進歩を表す指標とされる。全要素生産性はイノベーションの活性化によって上昇するが、計算上は残差として算出されるため、イノベーション以外の要因の影響も含まれることに留意が必要である。

OECDの生産性指標における生産性の計算式は図表1の通りである。全要

**図表 1　OECD の生産性指標の定義**

〈時間当たり労働生産性（実質ベース）〉
労働生産性＝実質GDP／総労働時間

〈全要素生産性の増減率〉
実質GDP成長率のうち、労働投入、資本投入の伸びで説明できない残差として把握。

$$ln\left(\frac{MFP^t}{MFP^{t-1}}\right) = ln\left(\frac{Q^t}{Q^{t-1}}\right) - ln\left(\frac{X^t}{X^{t-1}}\right)$$

$$ln\left(\frac{X_t}{X_{t-1}}\right) = \frac{1}{2}(s_L^t + s_L^{t-1})ln\left(\frac{L^t}{L^{t-1}}\right) + \frac{1}{2}(s_K^t + s_K^{t-1})ln\left(\frac{K^t}{K^{t-1}}\right)$$

MFP：全要素生産性　　Q：GDP　　L：労働投入の指数　　K：資本投入の指数
　　$s_L$　$s_K$は労働コスト、資本コストのシェア

（出所）　OECD Compendium of Productivity Indicators 2017に基づき作成。

素生産性の計算における労働投入は総労働時間が用いられる。資本投入は、各国の財別投資データを用いてOECDが推計した資本サービスの指数が用いられる。ICT関係資本とそれ以外の資本別に推計されている。

## (2)　時間当たり労働生産性上昇率の比較

図表 2 は、主要先進国の時間当たり労働生産性の上昇率を比較したものである。比較対象はG7諸国と北欧諸国、オランダ、アジアの先進国である韓国としている。長期的な傾向をみるため、1990年代、2000年以降の平均を示した。

1990年代と2000年以降を比較すると、先進国では全体的に労働生産性の伸びが低下していることが指摘できる。OECD平均でみると、90年代は2％程度であったものが、2000年以降の平均では1％強程度に低下している。その中で日本の労働生産性上昇率は、1990年代にはOECD平均をやや上回っていたが、2000年以降の平均ではOECD平均をやや下回り、相対的な位置が低下している。

図表2　時間当たり労働生産性の年平均伸び率

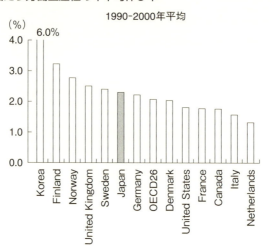

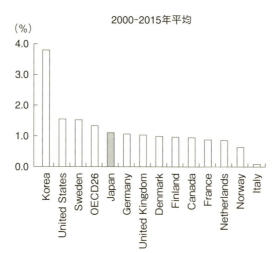

（出所）　OECD Productivity Statistics Databaseにより作成。OECD26は対象とした年にデータが存在する26か国の値。

　労働生産性の上昇率を分子である実質GDPの寄与度、分母である総労働時間の寄与度に分解したものが図表3である。総労働時間が増えると労働生

図表3　時間当たり労働生産性の年平均伸び率の内訳

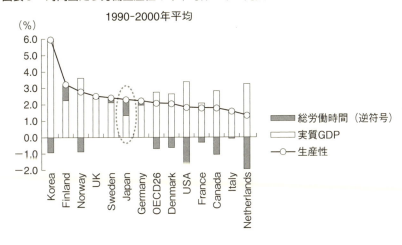

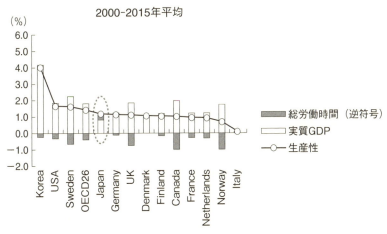

(出所)　OECD Productivity Statistics Databaseにより作成。OECD26は対象とした年にデータが存在する26か国の値。

産性が下がる方向に作用するので、寄与度は逆符号で表示している。これによると、多くの国では総労働時間の寄与はマイナスであり、総労働時間の増加が生産性を押し下げているのに対し、日本では他の先進国と異なり、総労

働時間の減少が生産性を押し上げる形となっている。これは日本の就業者数の増加が他の国に比べて低いことを反映しており、バブル崩壊後の日本の雇用情勢の悪化が影響しているとみられる。

### (3) 全要素生産性上昇率の比較

図表4は、実質GDP成長率を労働投入、資本投入、全要素生産性の寄与度に分解したものである。労働生産性と同じく、1990年代と2000年以降の平均を示している。資本投入の寄与はICT関係資本とそれ以外に分けて表示している。これによると、日本の1990年代以降の実質GDP成長率は他の先進国と比較して低い。労働投入の減少が成長率を押し下げており、資本投入や全要素生産性の伸びがそれを補えていない姿になっている。資本投入の寄与は、90年代は比較的高かったが、2000年以降はかなり小さくなっており、投資の伸びが低いことを反映していると思われる。全要素生産性の伸びはやや高まっているが、イノベーションの活性化の影響とみなせるかどうかについては、例えば第3節でみるような他のイノベーション関係指標の動向など、様々な観点から検討する必要がある。

## 3. イノベーションの実現状況

本節では、イノベーションの状況を直接捉える指標として、企業調査によるイノベーション実現率、イノベーションにつながる新しい情報である研究論文の状況をみる。

### (1) イノベーション実現率

企業のイノベーション活動の実態を把握するため、OECDとEurostat（欧州委員会統計局）が策定したイノベーションに関するデータの収集及び解釈のためのガイドライン（オスロ・マニュアル）に準拠した企業に対する統計調査が各国で実施されている。日本では、文部科学省が「全国イノベーショ

図表4　実質GDP成長率の寄与度分解

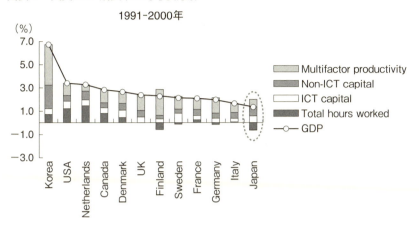

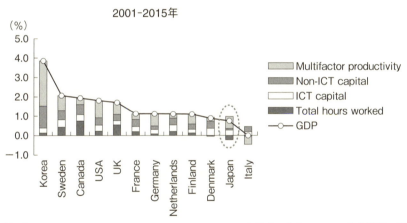

（出所）　OECD Productivity Statistics Databaseにより作成。毎年のデータを各期間で単純平均したもの。

ン調査」として実施している。

このガイドラインでは、以下の4つの形態のイノベーションが対象とされている[3]。

・プロダクト・イノベーション：自社にとって新しい又は大幅に改善され

た製品・サービスの市場への導入
・プロセス・イノベーション：新しい又は大幅に改善された生産工程・配送方法の自社内における導入
・マーケティング・イノベーション：新しいマーケティング方法の自社内における導入
・組織イノベーション：企業の業務慣行、職場組織又は社外関係に関する新しい方法の自社内における導入

　図表5はOECDが収集・公表しているデータ等を用い、企業のイノベーション活動の状況を比較したものである。イノベーションの形態に関わらず、イノベーションを実現した企業の割合をみると、日本は主要先進国の中では低めの数値になっている。プロダクト・イノベーション、プロセス・イノベーションを実現した企業の比率も比較的低位にある。

　この調査は国際比較可能な枠組みで実施されたものであるが、実際の調査では、イノベーションの有無は、その定義を提示した上で各企業の回答者によって自己評価される。このため、回答者の認識が結果に影響している可能性があり、国際比較においては国民性が反映されている可能性がある。米谷(2012)では、オスロ・マニュアルに示されたイノベーションの詳細な分類ごとに具体的な事例を設定し、日米独のインターネットモニターを対象として、それぞれの事例をイノベーションと認識するか調査している。その結果によれば、ある事例をイノベーションと思う程度はアメリカで最も高く、次いでドイツ、日本の順になる傾向がみられている。

　上記の調査結果にはこうした国民性が反映している可能性があることに留意する必要があるが、データからは日本の企業のイノベーションはあまり活発ではないとみられる。

---

3　イノベーションの定義は、文部科学省（2016）「第4回全国イノベーション調査統計報告」の記述を参考とした。

図表5　イノベーションを実現した企業の比率（2010〜2013年）

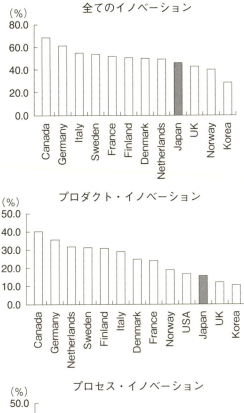

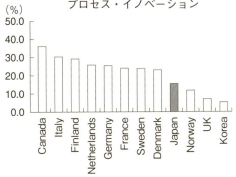

（出所）　OECD Innovation Indicators 2015等により作成。プロダクト・イノベーションに関する米国の数値は、文部科学省（2014）「第3回全国イノベーション調査報告」による2008〜2010年の数値。

## (2) 研究論文数でみたイノベーション状況

イノベーションの状況を把握する指標として、研究論文の数や引用数が用いられる。論文は数だけでなく質も重要であり、引用数の多い論文は質が高いとみなされる。研究論文はイノベーションにつながる重要な情報であり、質の高い論文を数多く発表している研究者が多い国では、イノベーションも活発である可能性が高いと考えられる。

図表6は、オランダのエルゼビア社が提供する大規模な論文の抄録・引用情報のデータベースを使ってOECDが分析した国別の論文数を示したものである。2003年〜2012年の論文数、そのうち引用数の上位10%に入るものの内訳を示すとともに、その比率を折れ線グラフで示した。論文数はアメリカが圧倒的に多いが、中国が近年その数を急増させており、2位となっている。日本は、論文数は比較的多いが、引用数の多い論文の比率はそれほど高くない状況にある。

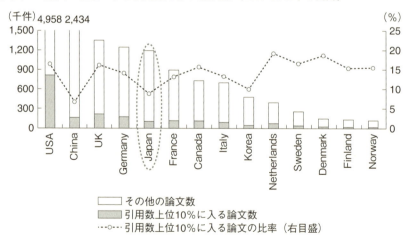

図表6　論文の総数・うち引用数の多い論文数（2003-2012年の合計）

　　　その他の論文数
　　　引用数上位10%に入る論文数
　　　引用数上位10%に入る論文の比率（右目盛）

（出所）　OECD Science, Technology and Industry Scoreboard 2015により作成。引用数の順位は研究分野ごとに計算。

図表7は、ARWU（Academic Ranking of World Universities）のトップ500位以内の大学数を比較したものである。ARWUは論文の引用数などを基に大学をランキングしたもので、OECDの科学技術指標にも採用されている。ランキングの高い大学数はアメリカが最も多く、日本は中ほどの位置にある。2005年と2015年を比較すると、この10年で日本の大学数は減少しており、相対的な地位が下がっている。国の規模が大きければランキングの高い大学も多くなる可能性があるため、参考として2015年の大学数をGDPで除した数値を折れ線で示しているが、日本は比較的低位である。このランキングでは論文数の急増を反映して中国の大学数が増加しており、その分先進国の大学数が減っている状況になっている。

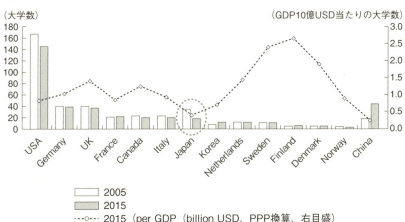

**図表7　ARWUのトップ500位以内の大学数とGDP比**

（出所）　OECD Science Technology and Innovation Outlookにより作成。ARWUは、Shanghai Ranking Consultancyが、学術誌に掲載された論文数や論文引用数の多い研究者数などの客観指標に基づき、大学を順位付けしたもの。GDPはPPPベース。

# 4．イノベーションを生み出す背景に関する指標

イノベーションを生み出す背景としては様々なものが考えられるが、一つの整理として、
- ・イノベーションへの投資（R&D支出、研究者数等）
- ・研究に関する情報の交流（研究における国際交流、企業間の研究協力の状況等）
- ・イノベーションを支援する政策（規制・制度、財政支援等）

に関する指標を比較する。

## (1) イノベーションへの投資

図表8は、イノベーションに対する投資の規模を測る指標として、R&D支出のGDP比をみたものである。2000年と2015年について、国全体とともに企業部門の数値を示した。日本は3％程度で推移しており、先進国の中でも高い水準にある。企業部門のR&Dでみても水準は高い。比較した国の中では韓国が急速に比率を高めており、2000年にはOECD平均に近いところだったが、2015年には1位になっている。

研究者数は投資ではないが、イノベーションを支える人的資本の状況を表す一つの指標と考えられる。図表9に研究者の就業者に占める比率を示した。この指標は、研究に費やされた総時間数をフルタイムの就業者の平均労働時間で除して一人当たりに換算した数値を、就業者数で除して計算したものである。日本は、比較した国の中では中ほどの位置にあるが、OECD平均と比べると比較的高い水準と言える。

図表8　R&D支出のGDP比

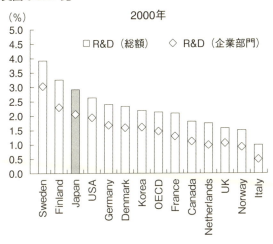

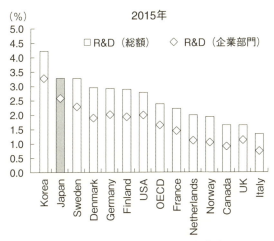

（出所）　OECD Science and Technology Databaseにより作成。上グラフでDenmark、Norway、Swedenは2001年の数値。

## (2) 研究に関する情報の交流

イノベーションにつながる新たな知識を生み出すためには、多様なアイ

図表9　就業者1000人当たりの研究者数

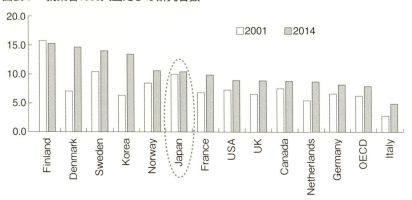

（出所）　OECD Science, Technology and Industry Outlook 2016により作成。USA、Canada、OECDは2013年の値。

図表10　研究論文に占める国際的な共同研究の比率

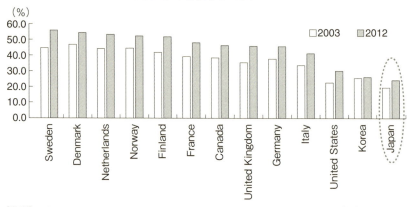

（出所）　OECD Science, Technology and Industry Scoreboard 2015により作成。

ディアが活発に交換されるような環境が重要である。図表10は学術研究に関する情報交流の一つの指標として、前述の論文データベースを用いた分析に基づき、研究論文に占める国際的な共同研究の比率をみたものであるが、日本の数値は他の先進国と比較して低い。ここ10年で各国とも国際的な共同研

究の割合が高まっており、日本の数値も高まっているが、相対的には低い状況が続いている。

次に、企業のイノベーションにおける外部機関との協力の状況を見る。図表11は、前述のイノベーションに関する企業統計に基づき、イノベーションを実現した企業のうち外部の機関と協力した企業の割合を示したものである。

日本は外部との協力を行った企業の割合は比較的高いが、海外の機関との協力を行った企業の割合は低くなっている。

グローバルな企業ネットワークを分析した戸堂（2017）では、特許所有ネットワークに注目して国際的な共同研究ネットワークの分析が示されている。図表12は、ビューロ・バン・ダイク社の企業レベルのデータを用い、特許の共同所有相手のうち、外国企業のシェアを計算したものであるが、日本は13％程度と、分析を行った中国、アメリカ、ドイツ、イギリスと比較して低い状況にある。

以上から、日本のイノベーションに関する国際的な情報交流はあまり活発とは言えない状況にある。

図表11 イノベーションを実現した企業のうち、研究協力を行っている企業の割合（2010～2013年）

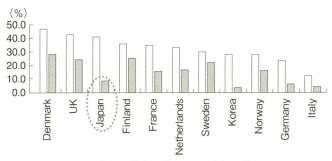

□外部との協力を行っている企業の割合
■うち国際的な協力を行っている企業の割合

（出所）　OECD Innovation Indicators 2015により作成。

図表12　特許共同所有相手の外国企業のシェア

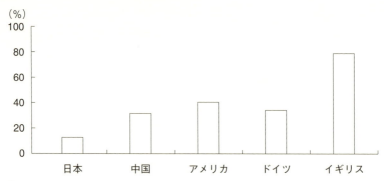

（出所）
1．財務省2017「企業の投資戦略に関する研究会―イノベーションに向けて―」報告書第7章より引用。
2．戸堂・柏木（2017）「グローバルな企業ネットワークから見た日本企業の現状」より転載。データはビューロ・バン・ダイク社のOrbisによる。

## (3) 製品市場の規制

　市場の規制の状況は必ずしもイノベーションと直結するものではないが、新しい事業を試みるには一般に規制が少ない方が望ましいであろう。図表13は、OECDの製品市場規制指標（Product Market Regulation、PMR）を比較したものである。PMRは、OECDが各国にクエスチョネアを送付して、様々なセクター別に、規制の有無や強さに関する情報を収集して点数化・集計したものであり、財・サービス市場の競争の程度を測る指標である。

　2013年の全体の指標をみると、日本は主要先進国の中で、中ほどに位置している。1998年の数値と比較すると、日本を含めた各国とも指標が低下し、規制緩和が進んでいる状況にある。下のグラフは、PMRの内訳として3つの分野を示した。「State Control」は政府の関与がある企業の有無や関与の強さ、「Barriers to entrepreneurship」は起業に係る手続きの負担やサービスセクター・公共サービス部門（電力、運輸等）への参入規制の状況、「Barriers to trade and investment」は貿易や直接投資の規制の状況を表しているが、

図表13　OECDの製品市場規制指標

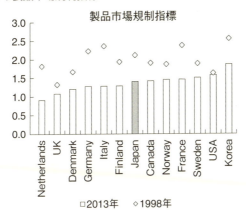

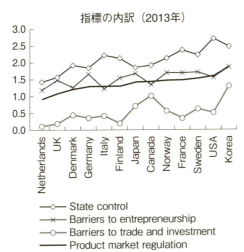

（出所）　OECD Indicators of Product Market Regulationにより作成。

分野別でも日本が特に高い状況ではない。
　イノベーションの活性化に向けた規制改革には様々な課題があるが、この指標でみると日本は主要先進国の中で平均的な位置にある。

図表14 補助金・税による企業R&Dへの支援（GDP比）

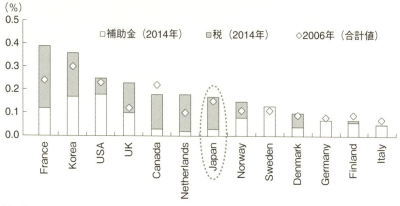

（出所） OECD Main Science and Technology Indicatorsにより作成。

## (4) R&Dに対する政府の支援

図表14は、R&Dへの公的支援の指標として、企業のR&Dに対する直接支援と、税によるインセンティブのGDP比をとったものである。税によるインセンティブはOECDが各国の制度情報を収集し、それを基に推計したものである。合計値でみると日本は主要先進国の中では中ほどに位置し、この指標でみた政府の支援の水準は平均的な位置にある。

# 5．まとめ

　生産性上昇率や、イノベーションの実現状況、イノベーションを生み出す背景事情に関するいくつかの指標を主要先進国と比較した。
　生産性上昇率の動向をみると、近年、日本の労働生産性の伸びはOECD平均をやや下回る程度である。労働投入の減少が生産性を押し上げている点で他の先進国と異なる動きとなっている。1990年以降の日本の実質GDP成長率はOECD諸国の中でも低位にあるが、要因分解を行うと、労働投入が減少

する一方で、資本投入や全要素生産性の伸びはそれを補うほどには高くない。

イノベーションの実現状況に関する指標をみると、イノベーションを実現した企業の比率は主要先進国の中で相対的に低い。イノベーションにつながる重要な情報である研究論文については、その数に比較して引用数の多い論文の比率は必ずしも高くない。論文引用数等による大学のランキングも近年低下している。

イノベーションを生み出す背景事情に関する指標をみると、R&D支出の水準（GDP比）は先進国の中で上位にあり、研究者数の割合も比較的高い。一方、研究に関する国際的な情報交流はあまり活発とは言えない。製品市場における規制や補助金・税などの公的支援は先進国の中で平均的な水準にあるとみられる。

以上、各種指標を概観すると、日本は高水準のR&D投資などが実際のイノベーションの実現や経済成長などの成果に必ずしも結びついていないことが課題と言える。イノベーションを生み出す背景としては、国際的な情報交流の活性化が求められる。

【参考文献】

戸堂康之（2017），「グローバルな企業ネットワークから見た日本企業のあるべき投資戦略」，財務省財務総合政策研究所『企業の投資戦略に関する研究会―イノベーションに向けて―』第7章。

内閣府（2017），「平成29年度年次経済財政報告」。

内閣府（2017），「日本経済2016-2017」。

西川浩平・大橋弘（2010），「国際比較を通じた我が国のイノベーションの現状」，文部科学省科学技術政策研究所Discussion Paper No. 68. http://hdl.handle.net/11035/482

文部科学省（2016），「第4回全国イノベーション調査報告」。

文部科学省（2014），「第3回全国イノベーション調査報告」。

米谷悠（2012），「『イノベーション』に対する認識の日米独比較」，文部科学省科学技術政策研究所調査資料-208．http://hdl.handle.net/11035/1142

OECD (2017), "OECD Economic Surveys: Japan 2017", OECD Publishing, Paris. http://dx.doi.org/10.1787/eco_surveys-jpn-2017-en

OECD (2017), "OECD Compendium of Productivity Indicators 2017", OECD Publishing, Paris. http://dx.doi.org/10.1787/pdtvy-2017-en

OECD (2016), "OECD Science, Technology and Innovation Outlook 2016", OECD Publishing, Paris. http://dx.doi.org/10.1787/sti_in_outlook-2016-en

OECD (2016), "G20 Innovation Report 2016".

OECD (2015), "OECD Science, Technology and Industry Scoreboard 2015: Innovation for growth and society", OECD Publishing, Paris. http://dx.doi.org/10.1787/sti_scoreboard-2015-en

OECD (2009), "Innovation in Firms, A Microeconomic Perspective".

OECD (2005), "Oslo Manual, Guidelines for Collecting and Interpreting Innovation Data".

OECD (2001), "Measuring Productivity, Measurement of Aggregate and Industry-level Productivity Growth".

OECD and SCImago Research Group (CSIC) (2016), "Compendium of Bibliometric Science Indicators", OECD, Paris. Accessed from http://oe.cd/scientometrics

Office for National Statistics (2007), "The ONS Productivity Handbook, A Statistical Overview and Guide".

Shawn Sprague (2017), "Below trend: the U.S. productivity slowdown since the Great Recession," Beyond the Numbers: Productivity, vol. 6, no. 2 (U.S. Bureau of Labor Statistics, January 2017), https://www.bls.gov/opub/btn/volume-6/below-trend-the-us-productivity-slowdown-since-the-great-recession.htm

# 第3章

# 日本の生産性の現状、生産性向上に向けた取り組み

滝澤　美帆[1]

---
1　東洋大学経済学部教授

## 要　旨

　少子高齢化が進み、人口の減少が予想される日本経済は、強い労働供給制約下にある。過去に見られた要素投入型の成長パターンが期待できない中、イノベーションを起こし、生産性を向上させることが求められている。本章では、こうした問題意識から、米国をベンチマークとして日本の産業別労働生産性水準を計測した。第一に、サービス産業を含む第三次産業において労働生産性水準が特に低位に留まっている。サービスの質を考慮した場合でも依然として確認される。この結果は、生産性の向上を通じた経済規模の拡大の余地が日本において未だ残されていることを意味する。第二に、日本における産業別の生産性変動は極めて多様である。幾つかの類型の中で、サービス産業に顕著な特徴として、アウトプットの減少以上にインプットを減少させた結果として生産性が向上しているPassive（消極的）ケースが確認された。

　今後の経済全体の生産性向上に向けては、こうした産業における「分子」（付加価値）の上昇をいかにして実現するかが鍵となろう。なお、各産業内における企業レベルの生産性も高い異質性を示しており、きめ細やかな政策の設定が望まれる。こうした計測結果に対して、先行研究では、規制緩和、国際化、IT投資及び無形資産投資など、生産性の向上と強い関係を持つと考えられるキーワードが提示されている。これまでの生産性改善策は、その多くが生産性の分母（インプット＝労働）を節約することに注力していた。こうした効率化の取り組みも引き続き重要であり続けるものの、分子（付加価値）の向上も同時に図る必要があるだろう。規制緩和による経済全体の新陳代謝改善、高品質の日本型サービスの国際展開を通じた市場の拡大、ITと無形資産を利活用したサービスの改善や質の向上など、検討すべき方策は無数にある。

# 1. はじめに

　生産性はアウトプット（産出）とインプット（投入）の比率によって計測される。アウトプットとインプットを各々どのように選択するのか、生産性の水準と伸び率のいずれを参照するかなど、実際には様々な生産性指標のバリエーションが存在する。一般に生産性というと、指標を作成する際の簡便性から、「労働生産性（Labor Productivity（略してLP））」が多用される。労働生産性とは、労働者一人当たりが生み出す成果、あるいは労働者が1時間で生み出す成果を指標化したものである。そのため、一国の豊かさの指標である一人当たりGDPも、労働生産性の指標であると言える。

　労働生産性以外の生産性指標としては、全要素生産性（Total Factor Productivity: TFP）がある。このTFPは、全ての生産要素（資本と労働）をインプットとして考慮した上で、それらインプット1単位当たりのアウトプットとして計測されるものである。TFPは、アウトプットの変化率から、インプットである労働と資本の投入量の変化率を引いた差として計測されることが多く、この値は、労働と資本の成長では説明できない、技術進歩率を表した値として解釈される。イノベーションが起こると、TFPも上昇すると言われている所以である[2]。

　先進諸国と比して日本の生産性が低く、日本経済の停滞が長期化している原因の一つとして、この生産性の低迷があることは一般的なコンセンサスが得られているだろう。実際に、2017年12月に公益財団法人日本生産性本部（JPC）が発表した2016年の国民一人当たりGDPで見ても、OECD加盟35か国中で日本は17位に留まっている。この水準は、米国の7割程度であり、主要先進7か国でもフランスやイギリスと同程度の下位に属している。1990年代

---

[2] 吉川・安藤・宮川（2013）では、イノベーションとTFPが一対一で対応しておらず、TFPの向上として捉えられないイノベーション（例えば子供用オムツから大人用オムツへのプロダクト・イノベーションなど）も存在することが示されている。

初めの日本の国民一人当たりGDPは、OECD加盟国中6位まで上昇し、主要先進7か国でも米国に次ぐ水準に迫っていたが、1990年代後半から急激に順位を下げ、1970年代、80年代半ばと同程度の17位から19位で推移している[3]。

一人当たりGDPは、経済学で標準的に用いられる理論的枠組みにおいて、TFPと資本装備率の関数として表現できることが知られている。90年代以降の停滞の要因は、資本装備率の寄与の低下というよりもTFPの伸び率の鈍化が大きいことがこれまでも指摘されている[4]。この点を明示する狙いから、図表1では、年代別、製造業・非製造業毎に成長会計の結果を示している[5]。一見して明らかなように、80年代と比べて、失われた10年と呼ばれる90年代は、GDP成長率が低位に落ち込んでいる（製造業で年率平均0.7％、非製造業で1.02％）。2000年以降のGDP成長率は、製造業でやや回復したが、非

図表1　成長会計

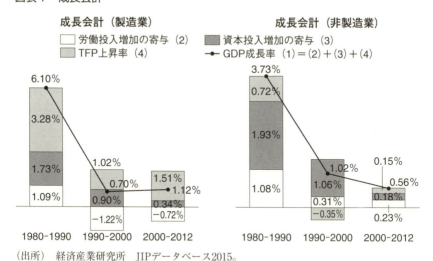

（出所）　経済産業研究所　JIPデータベース2015。

---

3　公益財団法人日本生産性本部（2017）。
4　平成19年度『年次経済財政報告』。
5　成長会計とは、経済の成長（ここではGDP成長率の変動）の要因を分解するものであり、労働投入の寄与、資本投入の寄与、TFPの寄与に分解できる。

製造業ではさらに低下している。こうした描写から、80年代とそれ以降との大きな違いはTFP上昇率の寄与であることが分かる。特に、サービス業を含む非製造業においてTFPの低迷が長引いている。

日本では、今後も少子高齢化の進展に伴う人口の減少が予想されている[6]。こうした強い労働供給制約下にある日本経済にとって、過去に見られた要素投入型の成長パターンは期待できないだろう。イノベーションの発現を促すことで、生産性を向上させることが強く求められている[7]。

以下では、こうした問題意識を前提として、労働生産性の産業別動向に注目する。近年、多様な働き方の推進や長時間労働の是正といった、いわゆる「働き方改革」の実現に向けた取り組みが様々なレベルで行われている。こうした動きを生産性の観点から議論するためには、労働投入1単位当たりのアウトプットとして計測される労働生産性に着目するのが適当と考えられ、実際に実務・政策面での注目が近年特に高まっている[8]。労働供給制約に直面している日本経済が、どのような形で労働生産性を高めていけるのかが、経済活動の維持・拡大に向けた最重要課題になりつつあると言えよう。

## 2．日本の生産性の現状

### (1) 米国との比較

日本の労働生産性は、他国（例：米国）と比してどの程度の水準にあるのだろうか。一般的に、生産性を国際比較する際には、生産性水準ではなく生

---

[6] 人口増加率と技術進歩率に関する実証研究のサーベイは加藤（2009）が詳しい。クロスカントリー分析の結果、労働力人口増加率が低下するほど生産性上昇率が高いとの分析結果もあるが、逆の結果を示す先行研究もある。

[7] 脚注2でも指摘したが、吉川・安藤・宮川（2013）が示す通り、生産性の指標の一つであるTFPの向上を伴わないイノベーションも存在する点に注意を要する。

[8] 労働生産性は、同時に投入されているはずの資本の変化は考慮されていないため、資本投入量の大きく異なる産業や企業の労働生産性の比較を行う際には注意が必要である。

産性成長率が用いられることが多い。その理由としては、生産性水準の比較に当たって必要となる各国間のサービスの質の調整が難しいこと、通貨を換算する際の為替レート（購買力平価）の算出が難しいことなど、様々な困難が存在することが挙げられる。しかしながら、日本企業の生産性に関する実態を概観する上では、生産性の絶対水準に着目した整理も有用であると考えられる。実際に、単位労働当たりで生み出すことのできる付加価値額で計測される労働生産性は、実務家・政策担当者にとって直観的な理解が容易であるというメリットがある。資本投入を考慮したTFPがより望ましい指標であるという主張もあるだろうが、現状の正確な理解に向けての第一歩としては労働生産性に注目する意義は高いと考えられる。

　こうした問題意識から、滝澤（2016）では、日本産業生産性（JIP）2015データベース、World KLEMSデータベース、EU KLEMSデータベースなどから、産業別生産性を計測するために必要なデータを抽出、加工し、日米の労働生産性水準（1時間当たり実質付加価値額）を計測した[9]。

　図表2には、2010年から2012年における米国の産業別労働生産性水準の平均を100として、日本の産業別労働生産性水準（1時間当たり付加価値額、縦軸）と付加価値シェア（横軸）を示したものである。例えば、米国を100とした場合、化学産業は143と100を上回っている。残念ながら、日本の労働生産性が米国の労働生産性を超えている産業は、化学と機械のみであり、輸送機械など米国と遜色無い水準にある業種も認められる一方で、大半の産業は米国を下回っている。特にGDPシェアが7割超を占める第3次産業に属する業種では、情報通信業や電気・ガス業以外は50を下回っており、米国の労働生産性水準の半分にも満たないというショッキングな状況である。第3次産業全体では、49.3と米国の5割の水準である一方、製造業全体では7割程度で、第三次産業の労働生産性水準よりは高いが、何れにしても、米国をベンチマークとした日本の産業別労働生産性水準は極めて低位に留まっている

---

9　使用したデータや計測方法の詳細は滝澤（2016）を参照されたい。

図表2 日米の産業別生産性（1時間あたり付加価値）と付加価値シェア
（2010〜2012年）

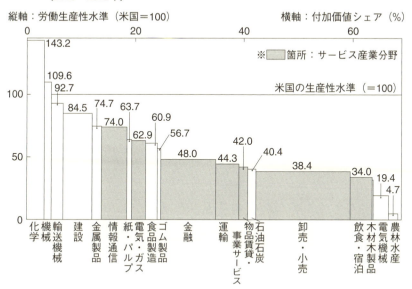

（出所）　滝澤（2016）。

と言える。

　図表3は、1998年から2000年の期間を対象として、図表2と同様の試算結果を描画したものである。同図から、例えば、情報通信業に関しては、90年代後半における労働生産性が102と米国を上回る水準であったが、2010年から2012年では74と、近年において日米の生産性水準が逆転していたことが分かる。更に、付加価値シェアの大きい卸売・小売業では、90年代後半において既に44.7と米国の半分程度の水準であったにも関わらず、2010年から12年の期間においては38.4と格差が拡大するという事態に陥っている。このように生産性格差が近年拡大している産業としては、電気機械、金属製品、紙・パルプといった製造業に属する業種も存在するが、上記の情報通信業のほか、金融、卸売・小売業、物品賃貸・事業サービス、運輸業といった非製造業に属する産業が多く含まれる。総じて、2000年以降の日米生産性格差の拡

図表3　日米の産業別生産性（1時間あたり付加価値）と付加価値シェア
　　　　（1998～2000年）

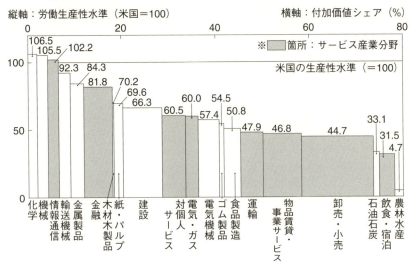

（出所）　滝澤（2016）。

大の主因は非製造業にあったと言えるだろう。

　ここまで産業レベルの計測結果を参照した議論を行ってきたが、同一産業内における企業毎の生産性については、そのばらつきが非常に大きいことがよく知られている。言い換えれば、ある産業内には、一般的に生産性の非常に高い企業も低い企業も存在している訳である。この点を踏まえると、図表2や図表3で示された結果が、各産業の付加価値の合計額をその産業に投入された労働時間の合計額で割った単純な平均値であることには十分な注意が必要となることが分かるだろう。先に挙げたように対米比で生産性水準が低い産業（非製造業など）においても、米国企業と比べ生産性水準に遜色のない（あるいは生産性の高い）企業は存在するという事実は、ミクロデータ（例：企業レベルデータ、事業所レベルデータ）を用いた生産性分析の重要性を示唆するものでもある。

　先述の通り、労働生産性水準の国際比較、特にサービス産業の生産性の比

較には、いくつかの問題点が指摘されている。そのうちの一つとして挙げられるのが、サービスの「質」に関する国際格差の調整に係る困難さがある。この点について、深尾・池内・滝澤（2018）では、このサービスの質に関する国際格差を調整した上で、日米間における品質調整後の生産性比較を行った。こうした調整が重要となる可能性があるのは、例えば、日米のスーパーマーケットにおける生産性を比較する場合に、店舗の広さなどは同等であったとして、日本のスーパーが従業員を米国よりも多く投入して、きめ細やかなサービスを提供しているという場合を想像するのが分かりやすいだろう。こうした状況が現実にあれば、日米のサービスの質の差を考慮しなければ、労働時間当たりの付加価値額として計測される日本の労働生産性は、質の高いサービスが日本では提供されているにも関わらず、むしろそのことを主因として、米国よりも低水準なものとして計測されてしまうことになる。こうした計測上の問題がどの程度深刻なものであるかを検証するために、深尾・池内・滝澤（2018）では、JPCによる「サービス品質の日米比較」結果を用いてサービスの質を調整した日米労働生産性水準の計測を試みた[10]。

当該分析に用いられた「サービス品質の日米比較」調査は、米国滞在経験のある日本人、また、日本滞在経験のある米国人を対象として、29の対個人サービス業分野について、日米の各サービスの品質の差に相当する価格比を質問したものである。結果は図表4に示されているが、例えば、米国滞在経験のある日本人は、宅配便やタクシー、コンビニエンスストアなどの分野で日本のサービスを享受するために、米国での同種のサービス価格に対して15～20％程度高い金額を支払っても良いと回答しているほか、ホテルや百貨店などでも10％程度米国より品質が高いと認識している[11]。

深尾・池内・滝澤（2018）では、これらの結果をもとに、質を調整した労働生産性水準（図表5参照）を報告している[12]。黒枠の生産性が質調整前の労働生産性水準を、青色でマークされた生産性が質調整後の労働生産性水準

---

10　詳細は、深尾・池内・滝澤（2018）に示されている。
11　詳細は、深尾・池内（2017）を参照されたい。

図表4　日米サービス品質差（米国＝1.0）

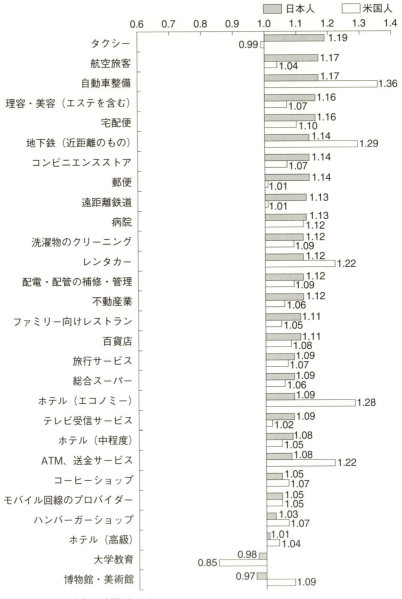

（出所）深尾・池内・滝澤（2018）。

図表5　サービスの質を調整後の労働生産性水準

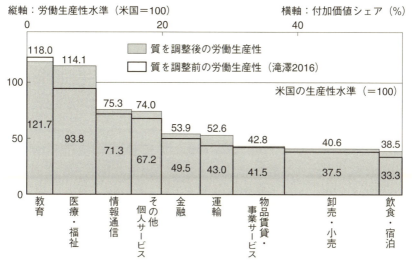

（出所）　深尾・池内・滝澤（2018）。

を示している。上記の通り、日本のサービスに対しては傾向として米国の同種のサービス価格よりも高い価格を支払っても良いとする回答が多かったことから、質調整後の労働生産性水準の方が調整前より高くなっている。この結果は、日本の方が米国のサービスを上回るとのアンケート回答結果とも整合的である。なお、教育産業においてのみ、日本におけるサービスの質が米国に比して低いとの回答が得られたことから、質調整後の労働生産性水準が調整前より低くなっている点に注意されたい。

こうした質の違いは労働生産性に対してどのようなインパクトを持つだろうか。一例として、輸送サービスを含む運輸業では、質調整前の日本の労働

---

12　なお、「日米のサービスの質に関するアンケート調査」の対象が対個人サービスに限定されるため、図表2や図表3で示した産業全ては含まれていない点に注意されたい。一方で、図表2や図表3には含まれていない教育や保健衛生など、アンケートの調査対象に含まれていた業種についても労働生産性を計測し、質の調整前後での数値を示している。図表2は2010年から2012年の平均値であるが、質の調整にはアンケート時点との時点の差を最小化するため、労働生産性水準の最新年の値である2012年の数値を用いた。

生産性は米国を100とすると43の水準であったが、質を調整すると元の水準の約1.2倍である52.6まで上昇する。既述の通り、この運輸業における質調整にあたっては、タクシーやレンタカー、自動車装備、地下鉄、遠距離鉄道、航空旅客、宅配便に関するアンケート結果における「日本のサービス品質が米国に比して2割ほど高い」との結果を反映している。その他の産業でも、質を調整すると、概ね1割程度、生産性水準が上昇していることが分かる。

以上の「サービス品質の日米比較」調査を用いて質の調整を行った分析では、教育を除く全ての産業で、生産性水準の上昇がみられた。こうした定性的な結果の一方で、日米の生産性格差を全てサービスの質の差で定量的に説明することは出来なかったと言える。なお、滝澤（2018）では、日本と米国以外の先進諸国を対象として質調整前の生産性水準比較を行っているが、残念ながら、日本のサービス業の生産性水準は相対的に低い[13]。しかしこの結果は、換言すれば、日本においては未だに生産性を向上させる余地があり、生産性改善をドライバーとした経済規模の拡大が可能であることを意味しているとも言える。

### (2) 日本国内における生産性変動

前節で概観した対米国比での各産業の生産性水準からは、各産業の現状における高い異質性が浮き彫りとなった。今後の生産性向上を展望する上では、個別の産業におけるこの異質性を更に掘り下げて整理する必要がある。以下では、こうした問題意識から、生産性の分母・分子である付加価値と労働投入のダイナミクスを描写した分析を紹介する。

生産性がアウトプットとインプットの比率であることを踏まえると、生産性の向上が観察されるパターンは図表6に示すような5つのパターンに分類できる。

---

[13] 滝澤（2018）では、米国の他、ドイツ、イギリス、フランスとの生産性水準比較を1997年から2015年の期間で行っている。

図表6　生産性の向上パターン

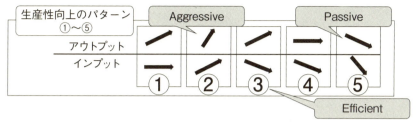

（出所）　筆者作成。

　例えば、パターン①はインプット（労働生産性の場合は労働投入時間）は変化させないままで、アウトプット（付加価値）が増加した結果として生産性が向上するパターンを示している。ここで注目すべきはパターン②、③、⑤である。まず、パターン②は、インプットを増やしつつ、それ以上にアウトプットが増加する結果として生産性が向上したケースであり、以下これを「Aggressive（積極的）パターン」と呼ぶ。次に、パターン③は、インプットを減らしつつもアウトプットの増加を実現した結果として生産性の大幅な向上が達成されたケースであり、「Efficient（効率的）パターン」と呼ぶ。最後に、パターン⑤は、アウトプットも減る一方で、それ以上にインプットが減少しているために生産性が向上したケースであり、「Passive（消極的）パターン」と呼ぶ。以下では、こうした生産性向上の類型を念頭に置いたうえで、各産業がどのようなパターンで生産性を変動させているのかを分析する。

　図表7には、各産業について、縦軸に1997年対比での2012年の付加価値額の水準を、同様に横軸では労働投入時間の変化を示している。45度線より上方に位置する産業は、付加価値額の伸び率が労働投入の伸び率を上回っているため、同期間に生産性を向上させているが、そのパターンは様々である。例えば、自動車産業を含む輸送用機械産業は労働投入を増やしつつも付加価値をそれ以上増やすことで「Aggressive（積極的）な」生産性向上を達成したパターンである一方で、電機、機械、化学産業は、労働を節約的に投入し

図表7　日本の産業別労働生産性の分母と分子の変動（1997年と2012年の比較）

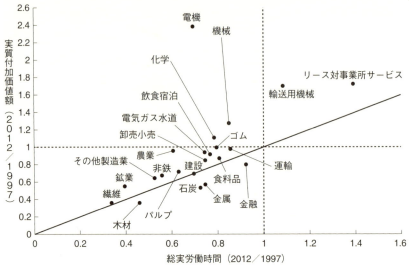

(出所)　滝澤（2016）で使用したデータより作成。

ながら付加価値拡大を達成した結果として「Efficient（効率的）な」生産性向上を達成している。また、卸売・小売業や飲食・宿泊業、運輸業は、アウトプットの減少以上にインプットを減らしたために生産性が向上した「Passive（消極的）な」パターンでこの期間、生産性が上昇している。最後に、金融業は（注：ここでの「金融業」には銀行業や保険業など金融に関連する幅広い産業部門が含まれている）、45度線の下側でかつ横軸で見た場合に1より低いポイントにある。このことは、インプットの減少以上にアウトプットが減少した結果として生産性が低下したことを意味している。

　以上の議論から、生産性の水準と変動のパターンは産業により様々であることが確認された。生産性の向上と一口に言っても、産業毎にそのパターン（Aggressive、Efficient、Passive）が異なる点は極めて重要である。生産性の動きを詳細に観察した上で、生産性を向上させるためのきめ細やかな政策を、産業毎に設定する必要性が認められるだろう。

# 3. 生産性の向上に向けて

## (1) 生産性向上のキーワード

　前節では、産業毎に、生産性水準が異なり、また、生産性の変動パターンも多様であることを確認した。こうした国際比較の結果は、日本において生産性を向上させる余地があることを示唆している。では、日本の生産性を上げるためには何をすべきだろうか。

　生産性研究の大家であるハーバード大学のデール・ジョルゲンソン教授は、JPCのインタビューに対して、「事業内容が国内市場に集中しており、規制に守られている産業が日米生産性格差拡大の主因である」ことを指摘している。また、競争的な環境の下で、適切なIT資本を導入すると同時に必要となる人的資本（例：ITリテラシー）を蓄積したことで、高い生産性の改善を実現したアメリカ企業に触れ、「IT資本と補完的な人的資本の適切な蓄積が競争の源泉となり、生産性革命に結びついた」との見解も示している。こうした議論と整合的な形で、生産性に関連する実証分野における先行研究は、規制、国際化、IT及び無形資産といった生産性向上のキーワードを提示している。

## (2) 規　　制

　最初に生産性向上のキーワードとして挙げるのは「規制」である。実際に、日本の規制の強さは諸外国に比してどの程度であろうか。OECDの「成長に向けて（Going for Growth）2016年版」には「製造業と比べたサービス業の相対的な生産性水準が、他のOECD諸国と比べて低い。このため、ネットワーク産業（エネルギー・運輸・電気通信）、専門サービス、小売・流通の分野において、競争やイノベーションを阻む規制障壁を減らすことが改革の優先課題である」との記述がある。特にサービス業において、日本は規制が

強い国であると国際的には判断されている。

　産業別にどの程度規制が強いのか、弱いのかを計測することは困難であるが、日本産業生産性データベース（JIPデータベース）では産業別の規制指標の作成を試み、公表をしている[14]。簡単に作成方法を述べると、総務省の「許認可等現況表」に基づき、519の詳細な産業部門で、当該産業が規制を受けているか否かを計測している。具体的には、JIPデータベースにおける108部門へ上記の519分類を対応させた上で、規制を受けている産業の付加価値の合計を分子、そのJIP分類に属する産業全ての付加価値の合計を分母とする比率を算出することで、規制が強いほど1に近くなる指標を作成している。作成された規制指標を製造業と非製造業に分けて図示すると、非製造業の規制指標が製造業より高く、つまり、規制が強いことが分かる（図表8参照）。

図表8　規制指標の推移

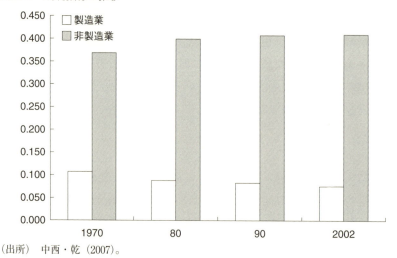

（出所）　中西・乾（2007）。

---

14　残念ながら、JIPデータベースの規制指標は、JIP2011データベース以降は更新されていない。

更に、同データを用いて1970年から2000年にかけての指標の推移を観察すると、製造業では規制緩和が進展した一方で、非製造業では規制指標の低下がみられず、むしろ値が大きくなっていることが分かる。このことは、非製造業における規制が強まっていたことを示唆している。中西・乾（2007）では、この他に、JIPデータベースの産業別規制緩和指標を用いることで、規制緩和の進展が、産業別の生産性や生産額の成長率に与える影響を実証分析している。彼らは、規制緩和の進展が、生産性や生産額の成長率に関して、プラスの影響を与えており、またその効果が非製造業において顕著であるとの結果を報告している。こうした既存研究は、経済に占めるウェイトが上昇している非製造業分野における規制緩和が生産性の改善にとって極めて重要であることを示唆している。

### (3) 国際化

次に生産性向上のキーワードとして挙げるのは、「国際化」である。これまで、国際化と生産性に関しては、多くの先行研究が蓄積されている。中でも、海外で生産活動を行っている企業が、国内のみで活動を行っている企業よりも生産性が高いという結果は多くの先行研究で確認されているほか、生産性が高い企業が海外市場に参入するという逆の因果関係を考慮した場合でも、海外市場への参入は生産性を高めるとの結果も得られている[15]。

国際化と生産性の関係について、例えば、Hosono, Miyakawa and Takizawa（2015）では、企業の輸出開始によって生産性が向上するかどうかを、輸出による学習効果の文脈で実証的に検討している。こうした輸出による学習効果は、たとえば、輸出を開始した企業が輸出先のニーズを取り込んで製品を改善した場合や、輸出先で効率的な販売ネットワークを構築した場合、また、輸出を通じて企業内部での人的資本の蓄積が進んだ結果として生じる可能性がある。Hosono, Miyakawa and Takizawa（2015）では、この「輸出を

---

[15] 国際化と生産性に関する研究については、川上（2016）で詳しくサーベイがされている。

通じた学習効果」について、輸出を開始した企業の海外関係会社（親会社の海外事業所、自社の海外子会社）が存在していたか否かという点に着目して検討を行った。彼らは、輸出企業の親会社が海外子会社を保有しておらずかつ自社の海外子会社が存在しないか、もしくは存在しても関係会社向け輸出がゼロであるという場合については、TFPが比較の対照グループである非輸出企業に比べて、輸出開始時点で1％程度改善し、その後改善幅は増加傾向をたどり、輸出開始7年後には3％程度改善しているという結果を報告している。以上の結果は、輸出による学習効果が生産性の改善に繋がるという既存研究の結果を支持するものであることに加えて、輸出市場へのファーストコンタクトを果たそうとしている企業群にとって、輸出市場への事業展開が生産性の改善にとって効果的な戦略であることを示唆している。このことは、日本企業の海外展開に関する政策支援に際して、これらの企業への選択的な支援が政策資源の投入に対する安定的なリターンをもたらすことを意味している。

　以上の研究の他にも、企業の国際化（輸出、直接投資など）と生産性に関する研究は数多く存在する[16]。既述の通り、国際化が生産性に与える因果関係の識別には注意を要するが、おおむね国際化と生産性の間には正の相関があることが示されている。なお、こうした議論からの含意として、製造業に加えてサービス業においても国際化により提供するプロダクト（サービス）の改善、新しいプロダクトの創出などを通じた生産性の向上を達成できる可能性が指摘できるだろう。総じて、国際化は生産性向上のための一つの戦略になり得ると考えられるだろう。

### (4) IT及び無形資産

　本節では、IT（情報通信技術）及び無形資産と生産性の関係に注目する。IT投資については、生産性の分母に働きかける（効率化・省力化）と同時に、

---

[16] 例えば、清田 (2015) など。

サービスの質向上に伴う分子の付加価値増大への貢献も期待される。実際に、90年代以降の日米生産性格差を説明する要因としては、ITの利活用が注目されてきた。米国はITへの活発な投資と同時にそれを補完する資産（人的資産や組織資本など）への投資を行い、生産性の向上に成功した一方で、日本はIT投資額自体が十分ではなく、またそのIT投資を十分に利活用できていないため、IT投資と生産性の間に正の相関が生み出されていないとの指摘もある。こうした論点を踏まえて、図表9では、各国の有形資産投資に対する無形資産投資の比率を示した[17]。米国やイギリスでは、無形資産投資が有形資産投資を上回っているが、日本は、2000年以降も無形資産投資が有形資産投資の約五割と低い水準に留まっていることが窺える。

　既述の通り、日米の生産性水準の比較ではサービス産業の生産性が相対的に低い水準にある。これらの産業では、IT投資を積極的に行い、生産性を向上させることが重要であるとの認識を踏まえて、政府もサービス等生産性向上IT導入支援事業として、IT導入補助金を交付するなどの政策を実施し

図表9　無形資産投資／有形資産投資の国際比較

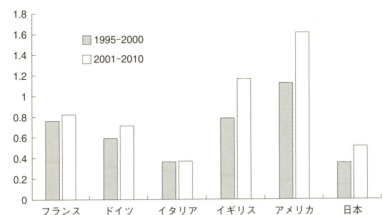

（出所）　EUKLEMS database, INTAN-Invest Database.

---

17　無形資産の定義については、宮川・金・滝澤（2010）表4を参照されたい。

ている。実際に、JIPデータベース2015より計算された従業員一人当たりのIT投資額（ハードとソフトの合計値）をみると（図表10参照）、最新の2012年の値で、製造業では一人当たり約70万円、非製造業では50万円のIT投資が行われている。なお、製造業では2000年代初頭から一人当たりIT投資額の伸びが大きく、2008年をピークに横這いとなっている。一方、非製造業では、一人当たりIT投資額は伸びてはいるものの、製造業ほどの伸び率とはなっていない。

　これまでの議論では、マクロレベルのIT投資を対象としていたが、以下では、IT投資と生産性に関する企業レベルの研究を紹介する。一例として、滝澤・宮川（2017）では、本邦企業を対象として実施したIT活用に関するアンケート調査によるデータを用いて、IT投資額の水準がどのような要因と相関しているのか、またIT投資がどのような効果をもたらし得るのかをミクロレベルで分析している。

　分析には、国際IT財団が2014年から2015年に実施した「企業のIT活用の実態と効果についてのアンケート」の結果を利用した。このアンケート調査

図表10　従業員1人当たりIT（ソフト＋ハード）投資額の推移（単位：円）

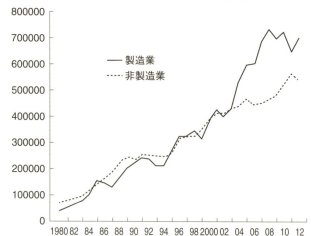

（出所）　JIP2015データベース（実質値・2000年価格）。

では、国内企業615社（内訳は東証一部上場企業が205社、東証１部以外の上場企業が40社、未上場企業が370社）より回答を得ている[18]。アンケートでは2014年の情報化投資額の水準や情報化投資の目的、ハードの情報化投資に際しての補完的投資に関する質問、情報化投資の効果に関する質問が設定されており、企業レベルのIT投資に関する詳細な情報とその帰結に関する多面的な情報を得ることができる。なお、同アンケートの個票データを用いて、2014年の従業員一人当たりIT投資額を計算すると、製造業で平均すると153万円、非製造業で85万円となり、図表10で示した経済全体の値よりも製造業、非製造業ともに高くなっている。この数値の差は、このアンケート調査が大企業を中心に回答されていることを反映していると考えられる。

次に、いくつかアンケートの結果の一部を紹介する。まずは、IT活用を阻む障壁に関する設問で、IT活用上の目下の課題をたずねた設問に対しては、「IT専門人材が不足している」、「IT部門とコミュニケーションが出来る人材が不足している」が回答の上位となっている。企業のIT導入の段階を問わず、ITに関する人材不足感が高いことが窺える。さらに「コストの割には適切な投資効果が得られない」「自社ニーズを踏まえた戦略立案ができない」が続いており、設備投資や研究開発費と比べ、IT投資による業績向上への影響が見えにくく、それにより、経営者がIT投資の戦略的な意思決定を行うことが難しいことがうかがわれるとアンケートではまとめられている。また、IT活用上の目下の課題について、「経営トップによる意思決定や戦略立案ができない」と回答した企業において、過去３年間のIT投資額の変化でみると、IT投資が減少している割合が高いこともわかった（図表11参照）。

次に、各企業におけるIT投資額をたずねたところ、取引先・顧客等を含め自社を超えたネットワーク化をしている企業や、CIO（最高情報責任者）

---

18 回答企業のうち、従業員500人以上の企業が全体の87％で、従業員100人未満の企業は回答していないため、比較的規模の大きな企業がアンケートに回答している。全体のうち285社が製造業、330社が非製造業に属する企業であった。

**図表11　IT活用上の目下の課題**

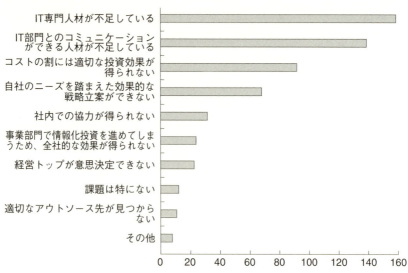

（出所）　国際IT財団「企業のIT活用の実態と効果についてのアンケート」Q24。

を設置している企業においてIT投資額が比較的高いことがわかった。また、業務のIT対応の状況をたずねたところ、「経理・会計処理」「人事・給与管理」「社内情報管理・文書管理」等、社内の管理業務が上位となっている一方、「経営戦略サポート」「市場分析・顧客開発」「商品・サービスの企画・開発支援」などは下位となり、「攻めのIT投資」といわれる戦略的対応が、各社において劣後の扱いとなっていることが分かる。

また、IT活用により、どのような効果が得られたかという設問について、CIO設置割合をIT活用の代理指数とみなして、同割合が高い順にIT投資の効果に関する回答結果を確認したところ、「投資収益率（ROI）の向上」、「海外子会社・現地法人・海外支店の開設」「新しいビジネスを創り出す能力の向上」「商品企画力や顧客への提案力の向上」が上位であった。また一部ではあるが、ITが新たな付加価値創造に結びついているという企業では、CIO設置率が高いとのアンケート結果が得られた。ITの戦略的投資を実現する

ためには、企業内の情報システムや情報の流通を取り仕切るCIOの設置が有効であることが示唆される。

滝澤・宮川（2017）では、これらのアンケート結果を利用し、第一に、IT投資の水準と強い相関を有する要因を記述している。ITの投資水準には企業規模といった企業属性や、過去のIT投資の実績などが関係すると考えられる。また、人的資本や組織資本といったITを補完する投資の存在もIT投資と関係を持ち得る。一方で、組織的に一貫した取り組み（全社的な取り組み、CIOの存在など）の欠如やITを行うための社内資源の不足は、IT投資の阻害要因にもなり得る。また、意思決定の単位が不必要に分散していたり、過剰に集中していたりするケースもIT投資を阻む要因となり得る。

一時点のアンケートデータを用いることから、因果関係の正確な識別は難しいため、滝澤・宮川（2016）では、クロスセクションデータを用いた線形確率モデルを用いた分析を行っている。被説明変数は2014年を基準（100）とした、2015年以降のIT投資水準を示し、説明変数は規模などの企業属性を現す変数やアンケートへの回答を用いている。分析に当たっては、IT投資額やIT投資額を売上高で基準化した値の大小でサンプルを2つのグループに分けた上で推計を行っている[19]。

結果を概観すると、まず、低IT投資グループにおいては、CIOの設置やITシステム担当の専任部門の存在が、将来の情報化投資額の見通しと正の相関を有することが分かった。低IT投資グループにおいては、更に、IT活用の目的が経営トップの意思決定の正確性や迅速性の向上、経営企画の立案と実行能力の向上と回答されている場合に、将来の情報化投資額の見通しが高いパターンを示している。一方で、高IT投資・低IT投資のグループに依らず、IT専門の人材の中途採用が、将来のIT投資の見通しと正の相関を有していることも示された。

次に、滝澤・宮川（2016）では、IT投資の効果に関する分析についても行

---

19 詳細は、滝澤・宮川（2017）を参照されたい。

っている。一般的に、IT 投資の効果を発現するためには、補完的資産（IT人材の存在や研修など）が重要となると考えられる。例えば、IT の高度化を対象とした人的資本への投資、IT 投資の動機に対応した補完的取り組み（組織資本への投資）は、IT投資の効果に影響を与えると推測される。分析の結果、CIOの存在が、新市場や既存市場の売上上昇、顧客開拓、企画力向上へ寄与しているとの結果が得られた。また、専任セクションの存在も売上の増大や組織改革、人員削減へ寄与していることも確認されたほか、新卒IT人材の導入は生産性や効率上昇と、中途IT人材の存在は企画力の向上と正の相関を有していること、また、IT人材への研修の実施がIT投資の効果について正の効果をもたらすことが分かった。また、これらは高IT投資グループにおいてより顕著に示された。

　以上の結果は、IT人材やCIOの設置、専任セクションの存在など、人的資本や組織資本といった補完的資産の存在がIT投資の水準と関係することを示唆するものである（組織資本との正の相関については、相対的にIT投資水準が低い企業群においてより顕著に示されている）。また、IT投資の効果発現に関しても、無形資産投資が重要であるとの含意が得られる。特にIT人材の採用やIT人材向け研修は、ITの効果発現と正の相関を有する重要な要因であると考えられる。

　IT投資による生産性の向上が期待されるが、それと同時にIT投資に対応した人への投資を含む補完的な無形資産投資が重要となる。「企業は人なり」とされる。生産性を高めるためのアイデアとしては、今後もIT投資や人材投資などの無形資産投資がキーワードとなろう。

## 4．おわりに

　少子高齢化の進展に伴い、日本経済は労働力に関する強い供給制約に直面している。生産性の向上は官民の最重要課題であるといえるだろう。本章で示したように、日本の労働生産性水準は米国と比べ低い水準にある。特に

サービス産業を含む第三次産業において低く、サービスの質を考慮しても、米国との格差は依然存在する。この事実は、換言すれば、日本において生産性を向上させる余地が未だ大いに存在しており、生産性の改善をドライバーとした経済規模の拡大が可能であることを意味している。

　日本国内における生産性の変動を産業別に観察すると、様々なパターンが確認される。例えば、電気産業では、日本単体で見ればEfficientな生産性の改善を実現している。また、自動車産業を含む輸送機械産業では、インプットの増加以上にアウトプットを増加させることで、Aggressiveな生産性向上を実現している。一方で、アウトプットの減少以上にインプットを減少させた結果としてPassiveな生産性改善を実現した業種が、特にサービス産業において多く見られることもわかった。こうした産業において、如何に分子（付加価値）の増加を実現するかが、今後の経済全体の生産性向上の鍵となるであろう。生産性の変動パターンは産業毎に多様である。このことは、生産性の向上に向けては、産業横断的な政策だけではなく、業種特性に対応したオーダーメイドの政策を施行すべきであり、更に産業内における企業間での生産性のばらつきを勘案すれば、一層のきめ細やかな政策の設定が望まれることを強く示唆するものである。

　生産性向上に向けた方向性を見出すために、経済学の分野における先行研究を探ると、規制、国際化、IT、無形資産投資といった幾つかのキーワードが浮かび上がってくる。これらのキーワードに対応した政策についても、産業毎の特性を踏まえた分析を通じて、生産性に効果を与えるプロセスやその効果の程度に関する産業毎の異質性を意識した運用が必要となるだろう。そうした政策運営の基礎となる研究の蓄積が期待される。

　生産性はアウトプットとインプットの比率である。分母のインプットである労働を節約することで、生産性を向上させるといった従来型の効率化の取り組みも引き続き重要と考えられるが、今後は、分子たる付加価値の向上を強力に図る必要がより強まるだろう。規制緩和による経済全体の新陳代謝改善、高品質の日本型サービスの国際展開を通じた市場の拡大、ITと無形資

産を利活用したサービスの改善や質の向上など、検討すべき方策は無数にある。労働や財源といった資源が限られている現実を踏まえると、より高い効果をもたらすと考えられる政策を、データやこれまでの研究蓄積の中から選出した上で、速やかに実施し、効果を測定するというサイクルを確立することが重要であろう。真の生産性革命を実現するためには、長期的視野に立ち、データに基づく分析を進め、その結果を踏まえた次の一手を模索するという地道な取り組みが結局は近道になると考えられる。

**【参考文献】**

一般財団法人国際IT財団（2015），「IT活用に関する企業研究報告書」，国際IT財団，http://www.ifit.or.jp/report/pdf/20150520_doc1.pdf

加藤久和（2009），「BOX2 就業者年齢と生産性に関するサーベイ」『高齢化は脅威か？―鍵握る向こう10年の生産性向上―』，総合研究開発機構，NIRA研究報告書。

清田耕造（2015），『拡大する直接投資と日本企業』，エヌティティ出版。

経済産業省（2007），平成19年『年次経済財政報告―生産性上昇に向けた挑戦―』，経済産業省。

公益財団法人日本生産性本部（2017），「労働生産性の国際比較〈2017年版〉」，日本生産性本部，http://www.jpc-net.jp/intl_comparison/

滝澤美帆（2016），「日米産業別労働生産性水準比較」，日本生産性本部，生産性レポートVol. 2。

滝澤美帆（2018），「産業別労働生産性水準の国際比較」，日本生産性本部，生産性レポート近刊。

滝澤美帆・宮川大介（2017），「IT投資の決定要因とその効果：「IT活用実態調査」を用いた実証分析」，日本生産性本部，生産性レポートVol. 5。

中西泰夫・乾友彦（2007），「規制緩和と産業のパフォーマンス」，CEI Working Paper Series, No. 2007-3。

深尾京司・池内健太（2017），「サービス品質の日米比較～アンケート調査の結果とその含意～」，日本生産性本部，生産性レポートVol. 4。

深尾京司・池内健太・滝澤美帆（2018），「質を調整した日米サービス産業の労働

生産性水準比較」,日本生産性本部,生産性レポートVol. 6。
宮川努・金榮愨・滝澤美帆 (2010),「無形資産の経済学 ―生産性向上への役割を中心として―」,日本銀行Working Paper, No. 10-J-8。
吉川洋・安藤浩一・宮川修子 (2013),「プロダクト・イノベーションと経済成長 PartⅢ：TFPの向上を伴わないイノベーションの検証」,RIETIディスカッションペーパーシリーズ, No. 13-J-033。
Hosono K., D. Miyakawa and M. Takizawa (2015), "Learning by Export: Does the presence of foreign affiliate companies matter?", RIETI Discussion Paper Series, No. 15-E-053.
OECD (2016),「Economic Policy Reforms 2016 Going for Growth（成長に向けて2016年版）Interim Report」, OECD publishing.

# 第4章

# 日本企業の海外展開と生産性、イノベーション[*]

清田　耕造[1]

---

[*] 本章を執筆する上で、伊藤恵子氏、大橋弘氏、山下直輝氏、別所俊一郎氏、及び財務省財務総合政策研究所「イノベーションを通じた生産性向上に関する研究会」参加者から有益なコメントを頂戴した。また、本章の執筆にあたって、科学研究費（JP16H02018）の支援を得た。記して謝意を表したい。なお、本章に残る全ての誤りは筆者に帰するものである。

[1] 慶應義塾大学産業研究所・大学院経済学研究科教授、経済産業研究所リサーチアソシエイト

## 要 旨

　本章では、日本企業の海外展開の中でも輸出、直接投資、アウトソーシングに注目し、生産性と研究開発との関係に焦点を当てた研究を紹介する。これまでの多くの実証研究では、輸出や直接投資といった海外展開と生産性、研究開発の間には、相互に正の相関があることが確認されている。海外展開は研究開発の活発化や生産性の向上に寄与する傾向があるものの、研究開発や生産性の高さが海外展開に寄与することも確認されており、因果関係としてはいずれの方向も考えられる。ただし、海外進出した企業が生産性を伸ばしているとしても、マクロレベルでは懸念すべき点も存在することにも注意が必要である。

「人口減少と高齢化が進むので、経済の停滞は避けられないという議論は、単なる言い訳にすぎない。重要なのは、人口が減っても高い経済成長を実現する生産性の上昇であり、それを可能にする経済改革である。」(星、2018)

## 1. はじめに

日本では、少子高齢化に伴い、経済の停滞に対する不安が広がっている。しかし、冒頭のスタンフォード大学教授の星岳雄氏のように少子高齢化が必ずしも経済の停滞につながらないという意見もある。星氏によれば、少子高齢化のマイナスの影響を打破するためには、生産性の成長とそれを可能にする経済改革が鍵である。そして、重要な経済改革の一つとして、彼は国際的経済活動の自由化を挙げている(星、2018)。つまり、企業活動のグローバル化が生産性の成長にとって重要であるとの主張である。星氏は今後の日本経済の将来を考えていく上で興味深い視点を提示しているが、企業活動がグローバル化すれば、生産性が向上すると言えるのだろうか。

この企業の海外展開と生産性の関係については、これまでにも数多くの実証研究が行われており、それらの研究をサーベイした論文もある[2]。このような研究は欧米諸国で活発だが、日本企業に関する研究も蓄積されつつある。例えば、輸出と生産性の関係については、若杉・戸堂・佐藤・松浦・伊藤・田中(2011)に詳細な解説がある。また、直接投資と生産性の関係については清田(2015a)が、そしてアウトソーシングと生産性の関係については冨浦(2014)が詳細な研究、あるいは文献のサーベイを行っている。

しかし、これらの研究は直接投資や輸出、アウトソーシングに個別に注目しているため、企業の海外展開と生産性の関係を包括的に論じているとは必ずしも言えない。また、近年は企業の海外展開とイノベーションの関係につ

---

[2] 企業の海外展開と生産性の関係に注目したサーベイ論文としては、Geenaway and Kneller (2007)、Wagner (2007)、Hayakawa, Machikita, and Kimura (2012)、Wagner (2012) などがある。

いても関心が高まっている[3]。例えば企業の海外展開がイノベーションにプラスの効果を持つのであれば、企業の海外展開に対する政策的な支援も一考に値するといえる。しかし、これまでの研究では、企業の海外展開がイノベーションの源泉である研究開発活動とどのように関係しているのか、といった点についても十分に整理されているとは言えない。

本章は、企業の海外展開と生産性、そして研究開発活動との関係について、これまでの研究で何がわかっているのか、また、何が研究課題として残っているのかを紹介する。本章では、日本の企業の海外展開の中でも主要な次の三つの形態に注目する。第一に輸出である。ここでは企業が海外に直接輸出しているかどうかという点に注目する[4]。

第二に直接投資である。直接投資とは、ある国の企業が海外で現地法人を設立・拡大したり、既存の外国企業の株式の一定割合以上を取得したりして、その経営に参加するために行う国際資本移動を指す。日本の企業が海外に直接投資を行う場合は対外直接投資、あるいは海外直接投資と呼ばれている。逆に外国企業が日本に対して行う直接投資は対内直接投資、あるいは対日直接投資と呼ばれる。本章では、企業が海外に子会社を持っているかどうかという点に注目する。

第三にアウトソーシングである。アウトソーシングとは、企業外への生産や販売の委託を意味している。企業の海外展開と言った場合、これまでは輸出と直接投資が注目されてきた。しかし、近年はその中間的な形態としてア

---

[3] 例えばBustos（2011）は企業の輸出とイノベーション活動の間の系統的な関係をメリッツ・モデルに新技術の導入という側面を導入することで明らかにしている。また、Aw, Roberts, and Xu（2011）は台湾の電子産業の事業所データをもとに、事業所の生産性が輸出と研究開発投資にプラスの影響を持っていることを確認している。ただし、Aw et al.（2011）の研究では、輸出と研究開発の間の系統的な関係は確認されていない。すなわち、事業所が輸出をしているからといって研究開発が活発になるわけではなく、また研究開発が活発になることは必ずしも輸出の確率を高めるわけではない。

[4] このため、本論文では、企業が自社の製品を、商社等を通じて間接的に輸出をしている場合は輸出しているとはみなしていない点に注意して欲しい。このような商社を通じた間接的な貿易は重要な研究テーマの一つだが、日本にはそれを把握する統計が存在しておらず、今後の研究課題の一つになっている。

ウトソーシングが注目されている。日本企業のアウトソーシングに関する研究は必ずしも多くないが、近年アウトソーシングが拡大していることを踏まえると、ここでアウトソーシングに触れておくことは意義があると考えられる[5]。

　以下、本章では、これらの企業の海外展開と生産性、そして企業の研究開発活動がどのように関連しているのかを見ていく。本章の次節以降の構成は次の通り。第2節では、企業の海外展開と生産性の間の相関関係に注目した研究の結果を紹介する。続く第3節では、そこから一歩進んで、企業の海外展開と生産性の間の因果関係を論じた研究に注目する。第4節では、この海外展開と生産性に加え、研究開発活動の関係を論じた研究を取り上げる。これらの節で紹介する研究のほとんどは、企業レベルのデータにもとづく分析である。そこで第5節では、企業の直接投資が製造業全体に及ぼす影響について考察し、最終節で本章を締めくくる。

## 2．企業の海外展開と生産性：相関関係

　企業の海外展開と生産性の間にはどのような関係があるのだろうか。結論から述べると、まず、企業の輸出と生産性の間には正の相関がある。すなわち、輸出する企業（輸出企業）は、輸出をしない企業（非輸出企業）と比べて、生産性が高い傾向にある。これは主に欧米の多くの研究で明らかにされている事実だが、日本でも同様に確認されている。例えば、Kimura and Kiyota（2006）や若杉他（2011）は、日本の製造業の企業データを利用した分析により、輸出企業の生産性が非輸出企業のそれよりも、平均的に統計的に有意に高いことを確認している[6]。若杉他（2011、第1章）によれば、輸出企

---

[5] 例えばKiyota and Maruyama（2017）は海外からの輸入中間財の比率をアウトソーシングの指標としてみると、1980年から2011年にかけて日本ではその比率が拡大していることを確認している。なお、海外へのアウトソーシングはオフショアリングと呼ばれることもある。これらの違いについては冨浦（2014）を参照して欲しい。

業と非輸出企業の生産性の平均的な差は38％に上っている[7]。

　ここで、平均を比較するだけでは必ずしも適切ではないのではないかと考えられた方がいるかもしれない。輸出企業の生産性の高さが、一部の例外的な企業に引っ張られている可能性があるためである。このような問題は研究者の中でも共有されており、その対策として、平均だけでなく分布全体を比較するという試みが行われている。例えば輸出企業の生産性の高さがごく一部の高生産性企業に引っ張られているのであれば、輸出企業と非輸出企業の生産性分布の差は分布の右端で確認できるはずである。しかし、実際には、平均だけでなく分布全体で見ても、輸出企業は非輸出企業よりも生産性が高い。この事実は、Tomiura（2007a）の分析や先に紹介した若杉他（2011）の分析によって確認されている[8]。

　このような海外展開と生産性の正の相関は、輸出だけでなく直接投資についても確認できる。すなわち、平均的に見れば、直接投資を行う企業は直接投資を行わない企業と比べて生産性が高い。若杉他（2011）によれば、直接

---

6　Kimura and Kiyota（2006）と若杉他（2011）では経済産業省が発表する『企業活動基本調査』のデータが利用されている。『企業活動基本調査』とは、従業者50人以上、資本金又は出資金3,000万円以上の製造業、卸・小売業を中心とした調査であり、その目的は海外活動に限らず、企業活動の実態全般を明らかにすることにある。このため、調査されている内容は企業の従業者の規模や資産額、研究開発費、海外子会社を持っているかどうか、輸出を行っているかどうかなど多岐に渡っている。平成27年度末時点では2万9,000社近くの企業が調査対象となっており、上場企業だけでなく上場していない企業も含む大規模な統計となっている。なお、Kimura and Kiyota（2006）の分析期間は1994年から2000年、若杉他（2011）は1997年から2005年である。輸出企業の生産性の高さは分析期間の影響を受けない頑健な結果であるといえる。

7　若杉他（2011）では、生産性を測る上で、全要素生産性（Total Factor Productivity: TFP）という指標が用いられている。生産性といった場合、アウトプットと労働投入量の比率である労働生産性が一般的だが、労働生産性は資本設備の大きさを考慮できないという問題があることが知られている（すなわち、資本設備を必要とする産業では労働生産性が大きくなるというバイアス（偏り）が出てくる）。全要素生産性は労働投入だけでなく、資本や中間投入なども含めた全ての生産要素を考慮しようとするものである。この詳細については、例えば清田・神事（2017）を参照して欲しい。

8　Tomiura（2007a）の分析では、『企業活動基本調査』ではなく『商工業実態基本調査』と呼ばれる統計が用いられている。この統計は『企業活動基本調査』の対象企業に加え、一部の中小企業まで調査対象が拡充されたものであり、製造業118,300社がカバーされている。ただし、この統計調査は1998年一度だけで廃止されている。

投資を行う企業と行わない企業の生産性の差は平均で31%に上る。さらに、このような直接投資を行う企業と行わない企業の生産性の差は、平均だけでなく分布においても確認されている。その具体例として、ここでは若杉他（2011）の結果を紹介する。

図表1は若杉他（2011）にもとづき、製造業の日本企業の生産性の分布を示したものである。ここでは企業を次の4種類に分類している。

1) 輸出・FDI企業：輸出と直接投資を行う企業
2) FDI企業：輸出を行わず直接投資のみを行う企業
3) 輸出企業：直接投資を行わず輸出のみを行う企業
4) 非国際化企業：輸出も直接投資も行っていない企業

図表の横軸は生産性（全要素生産性）であり、右に位置する企業は生産性の高い企業、左に位置する企業は生産性の低い企業を表している。この図表より、輸出・FDI企業の分布が非国際化企業の分布よりも（右端部分だけで

図表1　日本企業の海外展開と生産性の分布

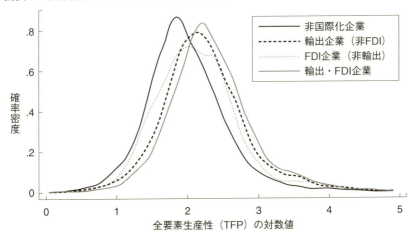

（注）非国際化企業は直接投資も輸出も行っていない企業、輸出企業は輸出を行っているが直接投資を行っていない企業、FDI企業は直接投資を行っているが輸出を行っていない企業、そして輸出・FDI企業は輸出と直接投資を両方行っている企業である。
（出所）若杉他（2011）。

なく）全体的に右側に位置していることがわかる。この結果は、分布全体で見ても、輸出あるいは直接投資を行っている企業の生産性が輸出も直接投資も行っていない企業よりも高いことを確認するものである。

さらに、Tanaka（2012）は、生産性が高い企業ほど多くの国に直接投資を行っていることを確認している[9]。また、先に紹介したTomiura（2007a）は海外展開の形態として、輸出と直接投資以外にアウトソーシングにも注目して生産性の比較を行っている。この研究によれば、アウトソーシングを行う企業は海外展開（輸出、直接投資、アウトソーシング）を行わない企業と比べて生産性が高い。さらに、アウトソーシングを行う企業は輸出企業と比べても生産性が高いが、直接投資を行う企業と比べると生産性が低いことも明らかにされている。

ただし、これらの結果はあくまで全体的な傾向である。Todo（2011）が指摘しているように、生産性の高い企業の中にも輸出を行わない企業が数多く存在することには注意が必要である[10]。図表1に再度注目してみると、輸出・FDI企業の分布は非国際化企業の分布よりも右側に位置しているものの、両者に重なる部分があることもわかる。この結果は、非国際化企業の中にも輸出・FDI企業よりも生産性の高い企業が存在することを意味している。戸堂（2011）はこのような高い生産性を持つにも関わらず国内にとどまる企業を臥龍企業と呼んでいる。

なぜこのような臥龍企業が存在するのだろうか。その理由として、戸堂（2011）は二つの可能性を指摘している。第一に、情報の不足である。臥龍企業は生産に関する深い知識を持っていても、海外市場の需要や輸出・海外直接投資の手続き、そして海外でのリスクに関する情報には疎い可能性がある。ただし、このような情報の不足は、後述するように、例えばメインバン

---

[9] Tanaka（2012）の分析では先に紹介した『企業活動基本調査』のデータが利用されている。主要な分析は2008年の製造業約13,600社のデータにもとづいているが、その結論は他の年を対象とした分析でも変わらないと主張している。
[10] Todo（2011）および戸堂（2011）の以下の主張はともに1997年から2005年の『企業活動基本調査』の製造業92,700社（通年）のデータを利用した分析にもとづいている。

クを通じた情報共有によって解消できる可能性がある。

　第二に、企業のリスクに対する感覚である。企業がリスク回避的であれば、その企業の生産性が高くても、海外展開に二の足を踏む可能性がある。例えば、Todo and Sato（2014）の中小企業を対象とした分析では、企業の経営者のリスク許容度が低く、視野が短期的であるほど、その企業が海外展開しにくいことが明らかにされている[11]。

　以上見てきたように、企業の海外展開と生産性の間には正の相関が認められる。ただし、その程度は海外展開の形態によって異なる。生産性の高い企業は輸出を行い、低い企業は国内にとどまる。生産性がさらに高くなると、企業の海外展開は輸出からアウトソーシング、そして直接投資へとその形態が多様化する。さらに、生産性が高くなればなるほど、より多くの国に投資を行う。

　それでは、この海外展開する企業の生産性の高さは、海外展開の結果なのだろうか、それとも要因なのだろうか。海外展開の結果として企業の生産性が向上することは、海外展開を通じた学習効果が働くと呼ばれる。しかし、海外展開する企業の高い生産性は、単に生産性の高い企業が海外展開をした結果に過ぎない可能性もある。このような生産性の高い企業が海外展開を開始することは、選抜効果が働くと呼ばれている。

　この二つの効果の違いを識別することは、政策的に重要な意味を持つ。もし企業の海外進出に学習効果が働くのであれば、企業の海外展開を政策的に支援する意義を見出すことができる。しかし、選抜効果しか働かない場合、企業の海外展開を政策的に支援しても、生産性の向上が見込めないため、企業の海外展開を政府が支援することに疑問符が付くことになる。この二つの効果を識別するためには、因果関係を見極める必要がある。次節では、この因果関係に注目した研究を紹介する。

---

11　Todo and Sato（2014）では中小企業庁と三菱UFJリサーチ&コンサルティング社による『国際化と企業活動に関するアンケート調査』がもとになっている。分析の対象は2006年の約1,300社である。

## 3．企業の海外展開と生産性：因果関係

　海外展開する企業は生産性が高い傾向にある。それでは、この高い生産性は、海外展開の結果なのだろうか、それとも要因なのだろうか。結論から述べると、日本企業の場合、海外展開企業の生産性の高さは海外展開の要因でもあり、また結果でもある。Kimura and Kiyota（2006）やTodo（2011）の研究では、生産性の高い企業が輸出を開始し、輸出によって企業の生産性が改善していることが確認されている。さらにKimura and Kiyota（2006）は直接投資についても同様の関係を確認している[12]。

　諸外国の実証研究では、生産性の高い企業が輸出や直接投資などの海外展開を行うことが確認されている[13]。しかし、このような海外展開が生産性の向上に結び付くかどうかは、分析対象となる国によって異なっており、結果は必ずしも一様ではない。海外展開が生産性の向上につながる傾向にあるという事実は、日本企業の特徴とも言えるかもしれない。

　ただし、Todo（2011）は、生産性の高い企業が輸出や直接投資を始める傾向にあるといっても、生産性が海外展開に及ぼす影響それ自体は非常に小さいという興味深い結果を報告している。この点をTodo（2011）にもとづき確認してみよう。

　図表2はある年の日本の平均的な企業が翌年に輸出、あるいは直接投資を行う確率を示したものである。平均的に見ると、企業全体のうち1.09％の企業が翌年、新たに輸出、あるいは直接投資を開始する。さらに、Todo

---

[12] 同様に、Hijzen, Inui, and Todo（2010）はアウトソーシングにも企業の生産性を改善する効果があることを確認している。
[13] 企業の海外展開と生産性に関する諸外国の研究結果については、Wagner（2012）がわかりやすく説明している。なお、Kiyota and Urata（2008）は日本企業を対象とした分析で、直接投資を行う多国籍企業が輸出企業から現れることを確認している。この結果は、企業が輸出か直接投資の選択を行うのではなく、輸出企業が直接投資を行うかどうかを選択していることを示唆しており、より生産性の高い企業が直接投資と輸出を行うという若杉他（2011）の結果と整合的である。

**図表 2　ある年の日本の平均的な企業が翌年に輸出、または直接投資を行う確率**

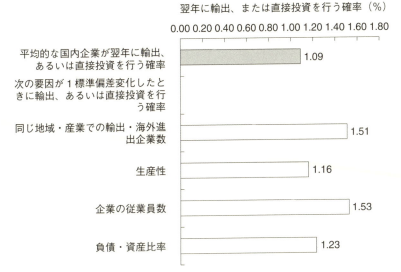

(出所)　Todo (2011) Figure 2より抜粋 (筆者訳)。

(2011) は、ある要因が1標準偏差変化したときに輸出、あるいは直接投資を行う確率も計算している。この分析では、生産性の1標準偏差の変化は生産性の約50％の改善を意味している。そして生産性の1標準偏差の変化に対する輸出・直接投資の確率、すなわち生産性50％改善したときの輸出・直接投資を行う確率は1.16％である。これは、仮に輸出や直接投資を行わない企業が生産性を50％改善したとしても、輸出や直接投資を始める確率はわずか0.07％ (＝1.16％-1.09％) ポイントしか上昇しないことを意味している。この結果は、企業の海外展開には生産性は重要であるものの、それ以外の要因がより強く働いていることを示唆している。

　それでは、企業の海外展開の要因として、生産性以外にどのようなものが考えられるのだろうか。先行研究は大きく三つの要因を指摘している。第一に、進出先の情報である。例えば、Inui, Ito, and Miyakawa (2015) は企業の輸出の決定に、メインバンクを通じた輸出先の情報の波及 (スピルオー

バー）が寄与していることを指摘している[14]。これは海外に進出している他の企業の情報がその企業のメインバンクに渡り、その情報がメインバンクを通じて別の企業の海外進出の助けとなっていることを意味している[15]。

　第二に、企業の資金制約である。資金制約が企業の輸出の決定に影響を及ぼすことは、107か国の産業レベルのデータを用いたManova（2013）やフランス企業を対象としたBellone, Musso, Nesta, and Schiavo（2010）らの分析で確認されている。日本企業については、Todo（2011）が輸出開始に対する資金制約の影響を分析しており、この研究では負債資産比率の低さが輸出に正の影響を及ぼすことが確認されている。第三に、イノベーションの源泉である研究開発活動である。ただし、この研究開発活動と海外展開の間にも、どちらが要因でどちらが結果なのかという因果関係の問題がある。次節では、この企業の研究開発活動と海外展開の関係について説明したい。

# 4．企業の海外展開と生産性、研究開発

## (1) 企業の海外展開と研究開発

　輸出をする企業は研究開発活動を活発に行う傾向がある。図表3はIto and Tanaka（2016）にもとづき、輸出企業と研究開発の関係を見たものである。分析のサンプルとなっている日本の製造業企業13,573社のうち研究開発を行っているのは6,237社であり、全体の46.0％に上る。ここで輸出を行う企業（輸出企業）を見てみると、4,236社のうち3,026社、輸出企業の実に71.4％の企業がなんらかの研究開発を行っていることがわかる。一方、輸出を行わない企業（非輸出企業）に注目すると、研究開発を行っているのは

---

14　Inui et al.（2015）の分析では、『企業活動基本調査』の企業の情報を日経NEEDSのメインバンクの情報と接続したデータが利用されている。分析の対象は1997年から2008年の製造業約2,800社である。
15　これに関連して、Yashiro and Hirano（2010）は海外市場からの知識のスピルオーバーが企業の生産性の向上に寄与している可能性があると指摘している。

図表3　企業の輸出と研究開発活動

| 企業数 | | 合計 | 輸出企業 | 非輸出企業 |
|---|---|---|---|---|
| 研究開発 | | | | |
| | する | 6,237 | 3,026 | 3,121 |
| | しない | 7,336 | 1,210 | 6,126 |
| 合計 | | 13,573 | 4,236 | 9,247 |
| シェア（％） | | 合計 | 輸出企業 | 非輸出企業 |
| 研究開発 | | | | |
| | する | 46.0 | 71.4 | 33.8 |
| | しない | 54.0 | 28.6 | 66.2 |
| 合計 | | 100.0 | 100.0 | 100.0 |

（注）　輸出企業は輸出を行っている企業、非輸出企業は輸出を行っていない企業である。また研究開発を行っている企業は研究開発費を計上しているかどうかで分類している（研究開発費を計上している場合は研究開発をしているとみなす）。
（出所）　Ito and Tanaka (2016) Table 1（筆者訳）。

9,273社のうち3,121社、非輸出企業の33.8％にすぎない。この結果から、輸出を行っている企業は研究開発を行う傾向にあるという正の相関が確認できる。このような海外展開と研究開発の正の相関は、輸出と直接投資に注目したKimura and Kiyota（2006）やアウトソーシングに注目したTomiura（2007a）の研究でも確認されている[16]。

それでは研究開発は輸出のような海外展開の要因なのだろうか、それとも結果なのだろうか。結論から述べると、これまでの研究によれば、研究開発は海外展開の要因でもあり、また結果でもある。例えばKimura and Kiyota（2006）やIto and Lechevalier（2010）は研究開発を活発に行っている企業は

---

16　Tomiura（2007b）もTomiura（2007a）と同様に、『商工業実態基本調査』のデータを利用している。

輸出や直接投資を開始する傾向にあることを確認している[17]。さらに、Inui, Ito, and Miyakawa（2017）は研究開発を活発に行っている企業が継続して輸出を行う傾向にあることを明らかにしている[18]。

さらに、これまでの研究は輸出を始めた企業が研究開発活動を活発化させていることも確認している。例えば上記のIto and Lechevalier（2010）はある年に輸出を行っている企業がその翌年に研究開発を行う確率が高いことを明らかにしている[19]。同様の事実はYashiro and Hirano（2010）やIto（2012）によっても確認されている。これらの結果をまとめると、日本企業の場合、研究開発活動は企業の輸出の要因でもあり、また結果でもあるといえる。研究開発を活発に行うことが輸出につながり、さらに輸出がさらなる研究開発を促すという意味で、両者の相互補完的な関係が伺える。

ここで研究開発はあくまでもイノベーションのための投入であり、イノベーションそのものではないという批判があるかもしれない。いくら研究開発を活発に行っていても、それがイノベーションにつながらなければ、貴重な経営資源を浪費してしまうことになりかねないためである。そこで次節では、企業の海外展開、研究開発とイノベーションの関係についての研究を紹介する。

### (2) 企業の海外展開とイノベーション

企業の海外展開、研究開発、そしてイノベーションの関係に注目する場合、企業の海外展開の中でも直接投資を通じた海外での研究開発活動が注目されている。また、イノベーションの有無については、新製品の売上や開発

---

[17] ここで研究開発が活発かどうかは、Kimura and Kiyota（2006）、Ito and Lechevalier（2010）のいずれの研究においても、研究開発集約度（売上に対する研究開発費の比率）の高さとしてとらえられている。

[18] Inui, Ito, and Miyakawa（2017）も研究開発が活発かどうかを研究開発集約度でとらえている。分析対象は『企業活動基本調査』から得た1994年から2009年の製造業約35,200社（通年）である。

[19] 分析対象は『企業活動基本調査』から得た1994年から2003年の製造業約93,000社（通年）である。

や特許によって把握されることが多い。例えば、Haneda and Ito（2014）は、海外で研究開発活動を行っている日本企業はイノベーションの効率が高い傾向にあるという興味深い事実を明らかにしている。以下ではこの研究を少し詳しく紹介したい。

彼女らは文部科学省が2003年と2009年に実施した『全国イノベーション調査』のデータを利用し、海外展開（直接投資、輸出）をしている企業としていない企業のイノベーション活動の差異を分析した。分析の手法はMairesse and Mohnen（2002）、Mohnen, Mairesse, and Dagenais（2006）らの提唱する「イノベーション会計」に基づくものである。一般に、イノベーションのために多くの資源を投入すれば、例えば研究開発を活発に行えば、イノベーションが実現する確率が高まるのは自然といえる。逆に、少ない研究開発でイノベーションを実現することができれば、その企業は効率よくイノベーションを行っていることになる。イノベーション会計はこのような構造要因では説明できない効率要因をとらえようとするものである。

より具体的には、イノベーション会計はイノベーションが知識生産関数と呼ばれる生産関数によって生産され、その生産は構造要因と効率要因で構成されるとする。構造要因とは研究開発など知識創造活動に対するインプットの量や企業規模など観測可能な産業・企業特殊的な要因であり、効率要因は構造要因で説明できない要因とされている。効率要因は知識生産関数の残差としてとらえられており、生産関数の全要素生産性に対応するものといえる。

Haneda and Ito（2014）はイノベーションの成果、すなわち知識生産関数のアウトプットとして、新製品や新プロセスの開発・導入を行ったかどうかのダミー変数、および新製品の売上を考え、この要因を分析した。彼女らの主要な結果は次の三点である。第一に、海外展開している企業は新製品や新プロセスの開発・導入確率が高く、また海外での新製品の売上も高い傾向にある。この結果は、海外展開がイノベーションの実現につながることを示唆している。

第二に、イノベーションを海外展開企業の新製品や新プロセスの開発・導入で見ると、その実現は主に構造要因で説明できる。この結果は、国内にとどまっている企業も、研究開発を活発に行えば新製品や新プロセスの開発・導入を実現できることを示唆している。そして第三に、イノベーションを新製品の売上で見ると、その拡大は構造要因よりむしろ、効率要因が寄与している。この結果は、新製品の売上の拡大という面では海外展開による効果が大きいことを示唆している。

　企業の海外での研究開発活動とイノベーションの関係を分析した例としてはこのほかに日本と米国の特許の申請の要因を分析したIwasa and Odagiri（2004）がある。彼らは1998年の『企業活動基本調査』、および『海外事業活動基本調査』を利用して、日本と米国での特許申請に海外での研究開発活動がどのような影響を及ぼすのかを分析した。分析の結果、研究開発活動を目的とした海外子会社の存在が日米での特許の申請に寄与していることが明らかにされている[20]。

　また、新製品や特許ではないものの、企業の海外での研究開発活動と企業の生産性の成長との関係を分析した例に、Todo and Shimizutani（2008）がある。彼らはIwasa and Odagiri（2004）と同様に『企業活動基本調査』、および『海外事業活動基本調査』のデータを利用している。分析の期間は1996年から2002年である。分析を通じて、いわゆるハイテク産業においては、研究開発の中でも新製品の開発を目的とするような革新的な研究開発が海外で行われている場合、国内の生産性の成長にプラスの影響を持つことが確認されている。この結果は、海外での革新的な研究開発活動は限定的ながらも生産性成長に寄与する効果があることを示唆しているといえる。ただし、海外での研究開発活動には国内の研究開発活動を促進する働きは見られず、また国内の研究開発の収益性を高める効果も確認できないとしている。これは海

---

[20] 特許の研究に関連して、Branstetter（2006）は特許の引用をもとに、日本から米国への直接投資が米国企業による直接投資を行った日本企業の特許の引用を高める効果を持つと指摘している。

外の研究開発活動と国内の研究開発活動は必ずしも補完的な関係にないことを示唆する結果といえる。

## 5．マクロレベルの含意

　海外展開に伴い、日本企業の生産性が向上していることは多くの研究によって確認されている。ただし、海外展開の中でも直接投資の場合、個々の企業が生産性を伸ばしているとしても、マクロレベルで全く懸念がないわけではない。Kneller, McGowan, Inui, and Matsuura (2012) は企業の直接投資によって、製造業の生産性の低下圧力になる可能性があることを指摘している。以下ではこの研究の概要を紹介しよう。

　Kneller et al. (2012) は、日本の親会社とその工場の情報を接続し、企業の海外進出と国内の事業所の閉鎖、および事業所の生産性の関係を分析した。分析対象となっているのは、1994年から2005年の製造業に属する約1万（各年）事業所である。分析の結果、直接投資に伴い相対的に生産性の高い工場が閉鎖されており、それが日本の製造業全体の生産性を引き下げる一因になっていることを明らかにしている。

　ここで、相対的に生産性の高い事業所が閉鎖されるという事実は、常識に反すると感じられた方もいるかもれない。この事実を清田（2015b）にもとづき詳しく説明したい。説明を単純にするため、いま仮に、製造業がA社とB社の二つの企業からなるとしよう。A社は直接投資を行う企業、B社は直接投資を行わない企業であるとする。またそれぞれの企業は二つの工場を所有するとし、A社の工場の生産性は30と24、B社の工場の生産性は18と12であるとしよう（工場の規模は同じとする）。このとき、A社の工場の生産性の平均は27、B社の工場の生産性の平均は15となる。

　図表4はこの関係を示したものである。このような場合、A社の工場とB社の全ての工場平均生産性は21となる。ここでA社が、直接投資に伴い、生産性の低い工場2を閉鎖したとする。A社にとっては最も生産性の低い工場

図表4　国内工場の閉鎖と生産性の関係

|  |  | A社の海外進出 | |
|---|---|---|---|
|  |  | 前 | 後 |
| A社 | 工場1の生産性 | 30 | 30 |
|  | 工場2の生産性 | 24 | 閉鎖 |
|  | A社の工場の平均生産性 | 27 | 30 |
| B社 | 工場3の生産性 | 18 | 18 |
|  | 工場4の生産性 | 12 | 12 |
|  | B社の工場の平均生産性 | 15 | 15 |
| 全工場の平均生産性 |  | 21（=84/4） | 20（=60/3） |

(注)　各工場の規模は同じと想定。
(出所)　清田（2015b）。

を閉鎖したことになる。しかし、この工場は全体で見ると二番目に生産性の高い工場であり、B社のどの工場よりも生産性の高い工場が閉鎖したことを意味している。このA社の工場2の閉鎖の結果、A社の工場とB社の全ての工場平均生産性は20となり、A社の工場の閉鎖前、言い換えればA社が直接投資をする前よりも低下していることがわかる。

　このように、直接投資を行う企業にとって低生産性の工場を閉鎖したとしても、全体から見れば比較的生産性の高い工場が閉鎖されることで、全体の生産性が低下してしまうのである。これは、これまでの研究で見落とされてきた点であり、学術的な面からだけでなく、政策的な面からも重要な含意を持つ結果といえる。

　ただし、Kneller et al.（2012）の分析では、工場の閉鎖が雇用の低下に結びついているかまでは分析されていない。このため、直接投資に伴い工場が閉鎖されているとしても、企業内の雇用調整により雇用は維持されている可能性もある。企業の海外進出が必ずしも国内の雇用の削減につながるとは言えない点にも注意が必要である[21]。

# 6. おわりに

　本章では、日本企業の海外展開の中でも輸出、直接投資、アウトソーシングに注目し、生産性と研究開発との関係に焦点を当てた研究を紹介した。これまでの多くの実証研究では、輸出や直接投資といった海外展開と生産性、研究開発の間には、相互に正の相関があることが確認されている。海外展開は研究開発の活発化や生産性の向上に寄与する傾向があるものの、研究開発や生産性の高さが海外展開に寄与することも確認されており、因果関係としてはいずれの方向も考えられる。

　冒頭の星氏の主張に戻ってみよう。これまでの実証研究の結果を踏まえると、日本経済の生産性成長を考えていく上で、企業活動の海外展開の拡大を通じて生産性成長を達成していくという主張は確かに一理あると言える。ただし、海外展開と言っても輸出や直接投資の研究は比較的進んでいるが、アウトソーシングの研究はまだそれほど多くない。また、海外進出した企業が生産性を伸ばしているとしても、マクロレベルでは懸念すべき点も存在することにも注意が必要である。

　さらに、企業の生産性の向上を達成していくためには、国レベル、そして企業レベルでの企業活動の「見える化」、すなわち、データの整備も重要だろう。国レベルで考える場合、企業活動を正確に把握するために、企業統計の整備を継続することが重要である。また、国内外の経済環境が変化する中、企業の生産性変化の要因を把握していくためには、企業の統計を雇用統計や貿易統計と結び付けることが有効であることが知られている。このような複数の統計の接続といった点で我が国は諸外国と比べて遅れをとってお

---

[21] これまでの日本企業に関する実証研究では、企業の直接投資が必ずしも国内の雇用の削減には結びつかないことが確認されている。例えばKambayashi and Kiyota（2015）は、1995年から2009年までの日本の製造業の雇用の減少が企業の直接投資ではなく資本と労働の代替関係に起因していることを明らかにしている。この直接投資と雇用の関係については、清田（2015a）を参照して欲しい。

り、政策的にも改善の余地がある点と言える。

　一方、企業レベルでは、企業内部の統計データの整備と人材の育成が喫緊の課題といえる。例えば、大湾（2017）は、日本企業の人事データが十分に活用されているとは言えないこと、そしてデータ分析を担う人材（データサイエンティスト）が不足していることを指摘している。近年、機械学習や人工知能（AI）といった技術進歩が注目されているが、それを支えているのはビッグデータと呼ばれるデータであり、データの蓄積があって初めて活用できる技術である。もちろん、理念や経験にもとづく直感や意思決定は重要である。しかし、特に企業の活動が国境をまたぐ形で幅広くなってくると、従業員同士のコミュニケーションだけでは全体像を把握することが難しくなってくるだろう。このような場合、企業内での統計データの整備と活用が大きな意味を持つと考えられる。今後の日本経済の成長のためにも、日本企業によるデータと人材の有効な活用に期待したい。

　最後に、今後の分析の方向性について三点触れておきたい。第一は、より詳細な産業レベルの分析である。本章で紹介した研究のほとんどは製造業全体を分析対象としたものである。個々の産業の特性は産業ダミーで考慮されるのみで、産業や市場構造の差異に注目した分析は行われていない。海外展開と生産性、研究開発を結ぶメカニズムを解明する上で、産業や市場構造の差異をより詳細に分析していくことは意義があると考えられる。

　第二は、公租公課と企業の海外展開、研究開発の関係についてである。公租公課と企業の海外展開の関係については、租税競争と直接投資の関係に注目したDe Mooji and Ederveen（2003）や国際課税制度の変更と直接投資の関係に注目したFeld, Ruf, Scheuering, Schreiber, and Voget（2016）らの研究がある[22]。しかし、これらの研究では研究開発にどのような影響を及ぼした

---

[22] これに関連して、国際課税制度の変更が海外子会社から本社企業の利益還流にどのような影響を及ぼしたのかについての研究も進んでいる。この詳細については、英国企業を対象としたEgger, Merlo, Ruf, and Wamser（2015）や日本企業を対象としたHasegawa and Kiyota（2017）を参照して欲しい。

のかまでは分析されていない。一方、課税制度の変更が研究開発投資に及ぼした影響を分析した例にKasahara, Shimotsu, and Suzuki (2014) の研究があるが、この研究では企業の海外展開については触れられていない。公租公課が企業の海外展開と研究開発活動それぞれに及ぼす影響は分析されていても、これらの三つの関係を包括的に分析した例は筆者が知る限り存在しない。公租公課は企業の活動に大きな影響を及ぼす可能性があり、政策の効果を見極める上で意義があることだと言える。

そして第三は、研究開発活動そのものの海外移転である。これまで日本企業の海外展開は製造や販売部門が中心だったが、近年は研究開発部門の海外移転も拡大していることが経済産業省産業技術環境局 (2011) によって指摘されている[23]。欧州においては、多国籍企業の研究開発拠点の立地要因に関する研究例があるが、日本企業を対象とした研究はShimizutani and Todo (2008) に限られている[24]。Shimizutani and Todo (2008) の研究は研究開発拠点の立地要因を分析した非常に重要な研究だが分析期間は1996年から2001年であり、2000年代以降の動きはカバーされていない。研究開発拠点の誘致は日本の政策的な課題の一つにもなっていることを踏まえると、研究開発拠点の立地要因を明らかにしていくことも重要といえるだろう[25]。これらの課題については、今後の研究を通じて明らかにされることを期待したい。

---

[23] 経済産業省産業技術環境局 (2011) 8ページ。
[24] 例えばSiedschlag, Smith, Turcu, and Zhang (2013) は欧州における多国籍企業の研究開発拠点の立地要因を分析している。また、Belderbos, Van Roy, Leten, and Thijs (2014) は欧州を対象として学術研究の強さが研究開発拠点の立地に及ぼした影響を分析している。なお、Tomiura (2009) も類似した問題を扱っているが、彼の分析は研究開発が国内にとどまるか、それとも海外に移転するかという単純な二択の分析にとどまっている。
[25] 例えば国家戦略総合特別区域の一つであるアジアヘッドクォーター特区では、2020年度までにアジア地域業務統括拠点・研究開発を設置する企業40社の誘致を目標に掲げている。

## 【参考文献】

大湾秀雄 (2017),『日本の人事を科学する』, 日本経済新聞出版社。
清田耕造 (2015a),『拡大する海外直接投資と日本企業』, NTT出版。
清田耕造 (2015b),「経済教室」,『日本経済新聞』, 2015年12月30日朝刊。
清田耕造・神事直人 (2017),『実証から学ぶ国際経済』, 有斐閣。
経済産業省産業技術環境局 (2011),「研究開発の国際化について」, 第35回研究開発小委員会資料5, 平成23年11月。
戸堂康之 (2011),『日本経済の底力―臥龍が目覚めるとき』, 中央公論新社。
冨浦英一 (2014),『アウトソーシングの国際経済学：グローバル貿易の変貌と日本企業のミクロ・データ分析』, 日本評論社。
星岳雄 (2018),「経済教室」,『日本経済新聞』, 2018年1月9日朝刊。
若杉隆平・戸堂康之・佐藤仁志・松浦寿幸・伊藤萬里・田中鮎夢 (2011),「国際化する日本企業の特性」, 若杉隆平編『現代日本企業の国際化―パネルデータ分析』, 岩波書店, 1-34。
Aw, Bee Yan, Mark J. Roberts, and Daniel Yi Xu (2011) "R&D Investment, Exporting, and Productivity Dynamics," American Economic Review, 101(4): 1312-1344.
Belderbos, René, Vincent Van Roy, Bart Leten, and Bart Thijs (2014) "Academic Research Strengths and Multinational Firms' Foreign R&D Location Decisions: Evidence from R&D Investments in European Regions," Environment and Planning A, 46(4): 920-940.
Bellone, Flora, Patrick Musso, Lionel Nesta, and Stefano Schiavo (2010) "Financial Constraints and Firm Export Behaviour," The World Economy, 33(3): 347-373.
Bénassy-Quéré, Agnès, Lionel Fontagné, and Amina Lahrèche-Révil (2005) "How Does FDI React to Corporate Taxation?" International Tax and Public Finance, 12(5): 583-603.
Branstetter, Lee (2006) "Is Foreign Direct Investment A Channel of Knowledge Spillovers? Evidence from Japanese FDI in the United States," Journal of International Economics, 68(2): 325-344.
Bustos, Paula (2011) "Trade Liberalization, Exports, and Technology Upgrading: Evidence on the Impact of MERCOSUR on Argentinian Firms," American Economic Review, 101(1): 304-340.

De Mooij, Ruud A.and Sjef Ederveen (2003) "Taxation and Foreign Direct Investment: A Synthesis of Empirical Research," International Tax and Public Finance, 10(6): 673-693.

Egger, Peter, Valeria Merlo, Martin Ruf, and Georg Wamser (2015) "Consequences of the New UK Tax Exemption System: Evidence from Micro-level Data," Economic Journal, 125(589): 1764-1789.

Feld, Lars P., Martin Ruf, Uwe Scheuering, Ulrich Schreiber, and Johannes Voget (2016) "Repatriation Taxes and Outbound M&As," Journal of Public Economics, 139: 13-27.

Greenaway, David and Richard Kneller (2007) "Firm Heterogeneity, Exporting and Foreign Direct Investment," Economic Journal, 117(517): F134-F161.

Haneda, Shoko and Keiko Ito (2014) "Modes of International Activities and the Innovativeness of Firms: An Empirical Analysis based on the Japanese National Innovation Survey for 2009," Economics of Innovation and New Technology, 23(8): 758-779.

Hasegawa, Makoto and Kozo Kiyota (2017) "The Effect of Moving to a Territorial Tax System on Profit Repatriation: Evidence from Japan," Journal of Public Economics, 153: 92-110.

Hayakawa, Kazunobu, Tomohiro Machikita, and Fukunari Kimura (2012) "Globalization and Productivity: A Survey of Firm-level Analysis," Journal of Economic Surveys, 26(2): 332-350.

Hijzen, Alexander, Tomohiko Inui, and Yasuyuki Todo (2010) "Does Offshoring Pay? Firm-level Evidence from Japan," Economic Inquiry, 48(4): 880-895.

Inui, Tomohiko, Keiko Ito, and Daisuke Miyakawa (2015) "Overseas Market Information and Firms' Export Decision," Economic Inquiry, 53(3): 1671-1688.

Inui, Tomohiko, Keiko Ito, and Daisuke Miyakawa (2017) "Export Experience, Product Differentiation and Firm Survival in Export Markets," Japanese Economic Review, 68(2): 217-231.

Ito, Banri and Ayumu Tanaka (2016) "External R&D, Productivity, and Export: Evidence from Japanese Firms," Review of World Economics, 152(3): 577-596.

Ito, Keiko (2012) "Sources of Learning-by-Exporting Effects: Does Exporting Promote Innovation?" ERIA-DP-2012-06.

Ito, Keiko and Sébastien Lechevalier (2010) "Why Some Firms Persistently Out-perform Others: Investigating the Interactions between Innovation and Exporting Strategies," Industrial and Corporate Change, 19(6): 1997-2039.

Iwasa, Tomoko and Hiroyuki Odagiri (2004) "Overseas R&D, Knowledge Sourcing, and Patenting: An Empirical Study of Japanese R&D Investment in the US," Research Policy, 33(5): 807-828.

Kambayashi, Ryo and Kozo Kiyota (2015) "Disemployment Caused by Foreign Direct Investment? Multinationals and Japanese Employment," Review of World Economics, 151(3): 433-360.

Kasahara, Hiroyuki, Katsumi Shimotsu, and Michio Suzuki (2014) "Does An R&D Tax Credit Affect R&D Expenditure? The Japanese R&D Tax Credit Reform in 2003," Journal of the Japanese and International Economies, 31: 72-97.

Kimura, Fukunari and Kozo Kiyota (2006) "Exports, FDI, and Productivity: Dynamic Evidence from Japanese Firms," Review of World Economics, 142(4): 695-719.

Kiyota, Kozo and Sawako Maruyama (2017) "ICT, Offshoring, and the Demand for Part-time Workers: The Case of Japanese Manufacturing," Journal of Asian Economics, 48: 75-86.

Kiyota, Kozo and Shujiro Urata (2008) "The Role of Multinational Firms in International Trade: The Case of Japan," Japan and the World Economy, 20(3): 338-352.

Kneller, Richard, Danny McGowan, Tomohiko Inui, and Toshiyuki Matsuura (2012) "Globalisation, Multinationals and Productivity in Japan's Lost Decade," Journal of the Japanese and International Economies, 26: 110-128.

Mairesse, Jacques and Pierre Mohnen (2002) "Accounting for Innovation and Measuring Innovativeness: An Illustrative Framework and An Application," American Economic Review, 92(2): 226-230.

Manova, Kalina (2013) "Credit Constraints, Heterogeneous Firms, and International Trade," Review of Economic Studies, 80(2): 711-744.

Mohnen, Pierre, Jacques Mairesse, and Marcel Dagenais (2006) "Innovativity: A Comparison across Seven European Countries," Economics of Innovation and New Technology, 15(4-5): 391-413.

Shimizutani, Satoshi and Yasuyuki Todo (2008) "What Determines Overseas R&D Activities? The Case of Japanese Multinational Firms," Research Policy, 37(3): 530-544.

Siedschlag, Iulia, Donal Smith, Camelia Turcu, and Xiaoheng Zhang (2013) "What Determines the Location Choice of R&D Activities by Multinational Firms?" Research Policy, 42: 1420-1430.

Tanaka, Ayumu (2012) "Firm Productivity and the Number of FDI Destinations: Evidence from A Non-parametric Test," Economics Letters, 117(1): 1-3.

Todo, Yasuyuki (2011) "Quantitative Evaluation of The Determinants of Export and FDI: Firm-level Evidence from Japan," The World Economy, 34(3): 355-381.

Todo, Yasuyuki and Hitoshi Sato (2014) "Effects of Presidents' Characteristics on Internationalization of Small and Medium Firms in Japan," Journal of the Japanese and International Economies, 34: 236-255.

Todo, Yasuyuki and Satoshi Shimizutani (2008) "Overseas R&D Activities and Home Productivity Growth: Evidence from Japanese Firm-level Data," Journal of Industrial Economics, 56(4): 752-777.

Tomiura, Eiichi (2007a) "Foreign Outsourcing, Exporting, and FDI: A Productivity Comparison at the Firm Level," Journal of International Economics, 72(1): 113-127.

Tomiura, Eiichi (2007b) "Effects of R&D and Networking on the Export Decision of Japanese Firms," Research Policy, 36(5): 758-767.

Tomiura, Eiichi (2009) "Foreign Versus Domestic Outsourcing: Firm-level Evidence on the Role of Technology," International Review of Economics and Finance, 18(2): 219-226.

Wagner, Joachim (2007) "Exports and Productivity: A Survey of the Evidence from Firm-level Data," The World Economy, 30(1): 60-82.

Wagner, Joachim (2012) "International Trade and Firm Performance: A Survey of Empirical Studies since 2006," Review of World Economics (Weltwirtschaftliches Archiv), 148(2): 235-267.

Yashiro, Naomitsu and Daisuke Hirano (2010) "Anatomy of Learning-from-Exporting: Role of Foreign Knowledge Acquisition," RIETI Discussion Paper 10-E-053.

# II

# イノベーションを通じた価値の創出

# 第5章

## スタートアップ企業の成長
― 創業活動を通した経済活性化へ向けて ―*

加藤　雅俊[1]

---

\*　本章は、財務省財務総合政策研究所「イノベーションを通じた生産性向上に関する研究会」における研究報告とそこでの議論をもとに作成したものである。本研究会における報告に際し、大橋弘氏、吉川洋氏をはじめ多くの出席者から有益なコメントを頂戴した。報告内容に関しては、岡室博之氏および本庄裕司氏から助言を得た。これらの方々へ感謝申し上げる。

1　関西学院大学経済学部准教授

## 要　旨

　本章では、日本における創業活動を通した経済活性化へ向けて、現在の課題と今後の進むべき方向性について検討する。まず、日本における創業活動の水準と特徴に関して国際比較の観点から考察する。また、スタートアップ企業の登場を中心とした創業活動の活性化へ向けた課題を明らかにするために、マクロレベルの創業活動の要因についての先行研究をサーベイし、これまで得られた学術的観点からの知見を整理する。加えて、これまで国内外で行われてきた実証研究のサーベイをもとに、スタートアップ企業の成長要因について取り上げる。特に、起業家の人的資本、イノベーション活動、公的支援の観点からサーベイを行う。さらに、これらの調査をもとに、公的支援の方向性を含めた今後の創業活動の活性化に向けた課題を考える。特に、参入障壁を低くすることによって創業を奨励するのではなく、起業家が失敗・退出することで被る負担の軽減や成長見込みの高い企業への重点支援の可能性について議論する。

# 1. はじめに

Schumpeter (1934) によれば、起業家あるいはスタートアップ企業は、経済発展の原動力として重要な役割を果たす。その登場は、市場における競争を促進し、非効率的な企業を退出させることによって効率性を高めることが期待される (e.g., Siegfried and Evans, 1994; Ito and Kato, 2016)。また、スタートアップ企業は、新たな製品やサービスを伴って市場に参入することから、市場でのイノベーション活動において重要な貢献をすることが見込まれる。スタートアップ企業の中でもとりわけイノベーティブな企業が参入することは、既存企業のイノベーションへのインセンティブを高めることで生産性の改善へ繋がる (Aghion et al., 2009)。さらに、新しい企業が誕生することに伴う、起業家自身を含めた雇用創出への貢献も大きい。これらのことから、停滞する経済の回復や更なる経済成長のために、スタートアップ企業の出現と成長に対する期待は大きい。

スタートアップ企業への期待は大きい一方で、そのすべてが経済成長へ貢献するわけではない。良く知られているように、スタートアップ企業のうちごく一部のみが生存し、成長を達成できる (Geroski, 1995)[2]。彼らはイノベーションを実現し、雇用創出へ貢献するが、他の大多数の企業は経済へほとんど影響を与えない。スタートアップ企業は、資源の制約が大きく、経験も乏しい。資本市場の不完全性の下では、スタートアップ企業は外部の貸し手との間に存在する情報の非対称性が大きいため、資金調達の面で大きな困難に直面する傾向がある。特に、イノベーション活動においてはその性質上

---

[2] スタートアップ企業の多くは、創業後間もなく退出するということが良く知られている。たとえば、Bartelsman et al. (2005) によるOECD10か国のデータを用いた分析によると、20%から40%の企業が創業後2年以内に、50%が創業後5年以内に退出している。

外部への情報開示が難しいため、スタートアップ企業と外部の貸し手との間の情報の非対称性が大きい。したがって、研究開発志向のスタートアップ企業は資金調達においてより大きな困難に直面する（Honjo et al., 2014）。このような市場の不完全性を背景に、政府による創業支援が正当化されてきた。とりわけ、知識のスピルオーバーが期待される研究開発志向のスタートアップ企業への公的支援は正当化しやすい（Grilli, 2014）。本章では、政府がどのような支援を行うことができるかという問題を含め、スタートアップ企業の成長への課題について検討していく。

日本政府の成長戦略（2014年6月）では、開業率が廃業率を上回る状態にし、欧米並みの10％に引き上げる目標が掲げられており、開業率の上昇は重要な政策課題と位置づけられている。しかし、日本における開業率は長期に渡って低迷している。平成27年版中小企業白書によれば、日本における開業率は、近年上昇傾向ではあるものの5％程度に留まっている。なぜ日本の開業率は低迷し、何が創業活動を活発化させるのか。また、日本におけるスタートアップ企業の成長には何が必要か。創業活動を活発化させ、開業率を高めることは容易なことではないが、本章では、創業活動に関する現状の理解あるいは事例の紹介というよりは、学術的観点から国内外において行われてきた創業活動に関する研究をサーベイすることを通して、将来的な創業活動を通した経済活性化への手がかりを探る。

本章の構成は以下の通りである。まず、次節では、日本における創業活動の水準と特徴に関して国際比較の観点から概観する。次に、マクロレベルでの創業活動の要因について、国内外の先行研究をサーベイし、これまで得られた学術的観点からの知見を整理する。加えて、これまで国内外で行われてきた実証研究をもとに、市場に登場したスタートアップ企業が成長するための要因について議論する。特に、起業家の人的資本、イノベーション活動、公的支援の役割について検討する。最後に、今後の創業活動を通した経済活

性化に向けた課題についてまとめる。

## 2．日本における創業活動
―GEMデータによる国際比較―

　本節では、日本が対象となっている調査年の中で最新の2014年版Global Entrepreneurship Monitor（GEM）調査をもとに、世界各国との比較の中で日本における創業活動の水準と特徴について概観する[3]。

　GEM調査では、「18歳から64歳までの人口における初期起業家または新事業の所有者－経営者の割合」を初期段階の総合的な創業活動（Total Entrepreneurial Activity; TEA）と定義し、各国における創業活動の水準を比較している。図表1は、Organisation for Economic Co-operation and Development（OECD）加盟国のTEAについて示している。この図から明らかなように、日本は、当調査の対象となっているOECD加盟国の中ではこの指数がもっとも低い。アメリカの値と比較すると、日本のそれは3分の1程度であり、イギリス、オランダなどの他の先進諸国と比較しても大きな差が存在している。日本の創業活動が世界的に見て非常に低い水準にあることが示唆される。他の調査年を確認してもこの傾向に大きな変化はない。

　TEAは実際に具現化した創業活動を測定したものであるが、GEMは「潜在的な創業活動」の水準を明らかにするため、各国における創業意思の程度についても調査している。図表2では、人口に占める創業意思を持つ個人の

---

[3]　GEM調査は、アメリカ・バブソンカレッジとイギリス・ロンドンビジネススクールの研究者を中心に1999年以降、毎年調査を実施し、現在約70の国と地域が参加していて、18～64歳の一般成人を対象とした調査（APS）と、専門家を対象とした調査（NES）から成る。APSは起業の行動や意識を中心に電話などでアンケート調査を実施し、「現在新しく事業を始めようとしている」「最近（42カ月以内）事業を始めて現在継続している」を合わせた「創業活動」を調べている。

図表1　初期段階の総合的な創業活動（TEA）：18歳から64歳人口における初期起業家または新事業の所有者―経営者の割合（％）

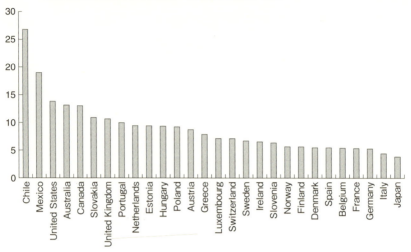

（出所）　GEM調査（2014年版）をもとに筆者作成。

図表2　創業意思：18歳から64歳人口（いかなる段階においても創業活動へ関与した個人は除く）における潜在的な起業家および三年以内に新事業を開始する意図をもつ者の割合（％）

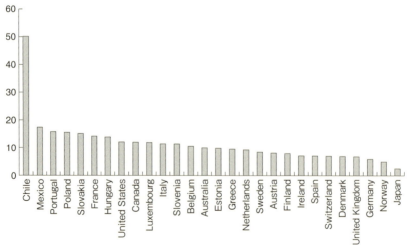

（出所）　GEM調査（2014年版）をもとに筆者作成。

割合として定義される潜在的な創業活動について、調査対象のOECD加盟国における数値を示している。全体としてTEAの値が高い国では創業意思の値も高い傾向がある。他方で、フランスやイタリアは、TEAは下位だが創業意思は比較的上位に位置している。日本はTEAと同様に創業意思に関しても調査対象のOECD加盟国の中では最下位に留まっている。日本においては、具現化した創業活動に加えて、潜在的な創業活動が世界的に見て相対的に低水準であることが示唆される。

図表3は、各国において創業能力を有していると考えている個人の割合が示されていて、図表1、2と同様に日本はOECD加盟国の中で最下位に位置している。図表4が示すように、居住地域において創業機会がどのくらい存在するかについての調査において、日本においては創業のための良い機会があると考えている個人の割合が世界的に見て相対的に非常に低いことがわかる。図表5は、新事業機会を認知している個人の中で、失敗をすることへの恐れがあるために事業立ち上げを躊躇っていると考える個人の割合を示している。この指標の数値に関して、日本はギリシャに次いで2位となっており、アメリカを含め先進諸国の中では相対的に非常に高く位置している。さらに、図表6では、各国において「創業」が望ましいキャリア選択と考えている個人の割合を示している。オランダ、アメリカ、イギリス、フランスなどの先進国において、その割合が50％を超えている一方で、日本では30％程度に留まっており、OECD加盟国の中で最下位である。

図表1から6までの創業活動に関する統計の国際比較においては、各国間のサンプル特性の違いは考慮されていない。GEM個票データを用いて創業活動に関する国際比較を行ったHonjo（2015）は、日本における創業活動が世界的に見て相対的に低水準であるという上記で観察された傾向は、サンプル特性の違いを考慮しても変わらないという結果を示した。また、Honjo（2015）は、日本における創業活動は国際的に見て相対的に低調である一方

図表3 創業能力の認知：18歳から64歳人口における新事業開始のために必要な
スキル・知識を持っていると考える者の割合（%）

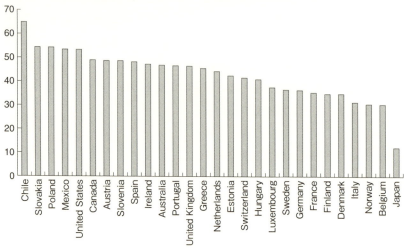

（出所）　GEM調査（2014年版）をもとに筆者作成。

図表4 創業機会の認知：18歳から64歳人口において居住する地域に創業のため
の良い機会を見出している者の割合（%）

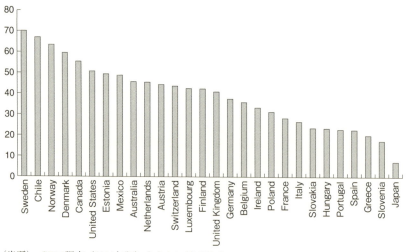

（出所）　GEM調査（2014年版）をもとに筆者作成。

図表5 「失敗への恐れ」率：新事業機会を認知する18歳から64歳人口において「失敗への恐れ」が事業立ち上げを妨げる可能性を示した者の割合（％）

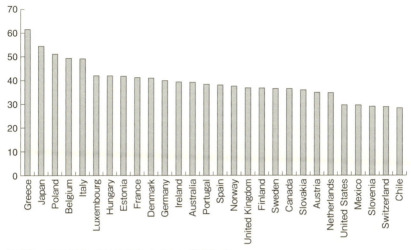

（出所）　GEM調査（2014年版）をもとに筆者作成。

図表6 キャリア選択としての創業：18歳から64歳人口において、「居住国の人々の多くが創業は望ましいキャリア選択と考えている」との意見に賛同する者の割合（％）

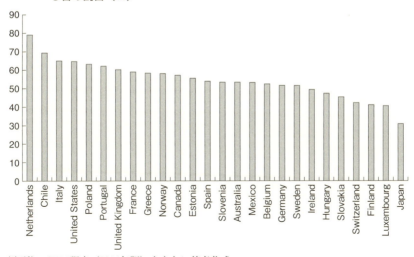

（出所）　GEM調査（2014年版）をもとに筆者作成。

で、創業活動に関する知識・能力・経験を持つ人ほど他国と比べて起業家になりやすい傾向があり、こうした人に限定すると創業活動をしている比率は米国と変わらないと指摘している。

　GEM調査においては、各国の全体的な創業活動に関する統計に加えて、すでに創業活動に関与している個人にサンプルを絞った上で、彼らのうち雇用やイノベーションに貢献する起業家の割合について調査している。図表7は、OECD加盟国における「総合的な創業活動（TEA）に関与する個人の中で5年以内に6人以上の雇用創出を見込んでいる者」の割合が示されている。この図で示されるように、日本はアメリカには及ばないものの、フランス、ドイツ、オランダといった他のOECD加盟の先進国と比較して相対的に高い順位に位置している。図表8は、GEMによる各国のイノベーティブな創業活動に関する調査結果を示している。この図は、OECD加盟の各国における初期段階の総合的な創業活動（TEA）に関与する個人の中で（少なくと

図表7　高い雇用創出見込み：総合的な創業活動（TEA）に関与する個人の中で5年以内に6人以上の雇用創出を見込んでいる個人の割合（％）

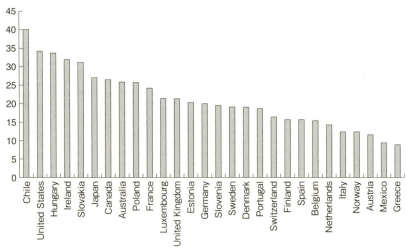

（出所）　GEM調査（2014年版）をもとに筆者作成。

図表8　イノベーション：総合的な創業活動（TEA）に関与する個人の中で（少なくとも一部の）消費者にとって新しく、かつ、類似品を提供している事業がないかほとんどないような財を提供する個人の割合（%）

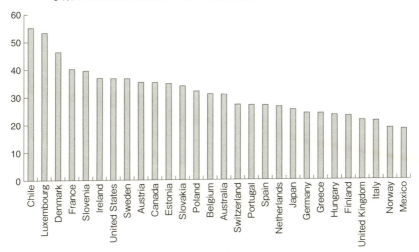

（出所）　GEM調査（2014年版）をもとに筆者作成。

も一部の）消費者にとって新しく、かつ、類似品を提供している事業がないか、ほとんどない財を提供する個人の割合を示している。フランス、アメリカなどの一部の先進諸国と比較すると相対的に低く位置しているが、オランダ、ドイツと比較すると同程度であることが示されている。

　これらは、全体として日本において創業活動は低水準であるものの、創業活動に従事する起業家による雇用創出やイノベーションへの貢献は必ずしも低くなく、今後創業活動の活性化を通して経済成長を追求することが十分に可能であることを示唆している。

## 3．創業活動の要因―先行研究サーベイ―

　前節で議論してきたように、日本における創業活動は国際的に見て相対的

に低い水準にある。このような創業活動の水準は果たして外生的に決まっているのだろうか。図表9で示されているように、Wennekers and Thurik (1999) は、制度的要素を含めた諸条件が創業活動に有意な影響を与えることを指摘している[4]。また、創業活動の結果として、競争が活発化し、イノベーションがもたらされることで経済成長へとつながることを示している。これは、創業活動の水準が内生的に決定され、イノベーションや経済成長を実現するには、創業のインセンティブを高めるような環境をいかに整えるかという点が重要であることを示唆している。

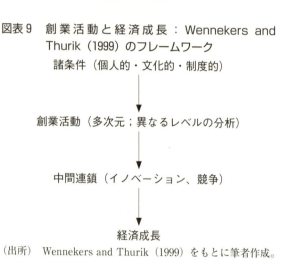

図表9　創業活動と経済成長：Wennekers and Thurik (1999) のフレームワーク

諸条件（個人的・文化的・制度的）

創業活動（多次元；異なるレベルの分析）

中間連鎖（イノベーション、競争）

経済成長

（出所）　Wennekers and Thurik (1999) をもとに筆者作成。

これまでに創業活動の水準の決定要因について、多くの研究において取り組まれてきた。特に、近年は、GEM調査をベースとして、国レベルの創業

---

[4] 個人レベルでの創業活動の要因については、職業選択モデルのフレームワークにおいてこれまで多くの研究が存在する。たとえば、創業前の経験（業界経験、技術経験など）、教育水準、家族構成、リスク態度などの個人属性に強く依存することがわかっている (e.g., Kihlstrom and Laffont, 1979; Lindelöf and Löfsten, 2002; Davidsson and Honig, 2003)。また、スタートアップ企業の登場は、産業ライフサイクルなどの産業特性にも依存することが明らかになってきた (e.g., Klepper and Simons, 2000)。しかし、本章では、主に経済全体で見る創業活動に関心があるため、制度、規制、失業率、マクロ経済成長などの国レベルの要因に焦点を当てている。

活動に関する分析が盛んに行われている[5]。図表10では、国あるいは産業レベルで創業活動の水準を表す新規企業設立などの創業活動指数を決定する要因に関して、主要な結果やサンプルの特性についてまとめたものである。Audretsch and Acs（1994）は、米国の中小企業庁のデータに基づいて、産業別の新規開業企業数の決定要因について分析を行った。この分析では、マ

**図表10　創業活動の決定要因：先行研究サーベイ**

| 著者 | 創業活動指数 | 主要な説明変数と結果 | サンプル |
|---|---|---|---|
| Audretsch and Acs (1994) | 新規開業企業数 | マクロ経済成長［＋］、失業率［＋］、資本コスト［－］ | 117産業クロスセクションデータ |
| Autio (2011) | 初期段階創業活動指数 | 1人あたりGDP［－］、解雇の難しさ指数［－］ | 約50か国パネルデータ |
| Esrin et al. (2013) | 新規事業設立の起業家がもつ雇用成長意欲 | 汚職指数［－］、政府支出規模［－］ | 42か国パネルデータ |
| Klapper et al. (2006) | 新規企業設立、新規企業の平均規模、既存企業の成長 | 参入規制（資金調達、知的財産保護、労働規制）［－］ | 欧州34か国の産業レベルパネルデータ |
| Klapper and Love (2011) | 新規企業登記 | 金融危機［－］ | 93か国パネルデータ |
| Koellinger and Thurik (2012) | 労働力に占める事業所有者の割合 | 失業率［＋］ | OECD22カ国パネルデータ |
| Stenholm et al. (2013) | 労働人口あたりの企業設立数、起業意欲 | 制度に関する指数［＋］ | 63カ国クロスセクションデータ |
| Thai and Turkina (2014) | 創業活動指数（フォーマル、インフォーマル） | 政府の質［＋（フォーマル）］［－（インフォーマル）］、経済的機会［＋（フォーマル）］［－（インフォーマル）］ | 52カ国クロスセクションデータ |

（出所）　筆者作成。

---

[5] GEM調査の定義によれば、起業家とは「所有する予定の事業立ち上げプロセスあるいは初期事業を現在所有・経営をする者」をさす。

クロ経済成長や失業率といったマクロ要因に加えて資本コストといった資金調達の容易さが新規企業を生み出す上で重要な役割を果たしていることを明らかにしている。また、Koellinger and Thurik（2012）は、OECD加盟の22か国の長期パネルデータを用いて、景気循環の役割に注目し、国レベルの創業活動水準としての「労働力に占める事業所有者の割合」との関係について分析した。その結果として、失業率の水準が高いほど創業活動が活発になる傾向があること、また、GDPが高くなると創業活動が活発になる傾向があることが明らかになっている。他方で、Autio（2011）は、国レベルのGDPが高いほど創業活動水準が低下する傾向にあることを示している。また、Klapper and Love（2011）は、金融危機は新規企業登記数を有意に減らしたという結果を示している。

　また、政府による政策や制度が創業活動とどのように関連しているのかについて、これまでの実証研究サーベイをもとに検討する。図表10で示しているように、Autio（2011）は、世界50か国のパネルデータを用いて、国レベルでの解雇の難しさが初期段階の起業家の成長意欲と負の相関があるという結果を示した。Autioの議論によれば、解雇が難しいと認識する起業家ほど採用の意思決定において保守的になり、結果として彼らの成長意欲が低下する傾向にある。また、Klapper et al.（2006）は、参入に関連する規制の程度を知的財産権保護、労働規制といったいくつかの指標をもとに測定し、規制が強い国ほど新規企業の設立やその成長の程度が低い傾向があるという結果を示している。これらの研究結果は、創業活動の水準が制度的要素と有意に関連していることを示しており、創業活動促進においてその活動のための政府による環境整備が重要であることを示唆している。

　これらの分析では、分析で用いられている指標やデータソースが異なっている。また、国によっては起業家のタイプやその構成、あるいは創業活動の目的が大きく異なる。GEM調査によれば、起業家のタイプもさまざまで、

事業機会を利用するために事業を開始・成長させようとする起業家もいれば、被雇用機会がなく創業が利用可能な最善の選択肢であるような起業家も存在する。前者は、opportunity entrepreneurと呼ばれ、創業活動において成長を志向する傾向にある。他方で後者はnecessity entrepreneurと呼ばれ、自身の雇用が創業活動の主要な目的であるため、必ずしも成長を志向しない。Block and Wagner (2010) によれば、社会厚生プログラムが充実している国ほどnecessity entrepreneurshipの普及度は低い傾向にあり、日本はGEM調査対象国の中でもっとも低い。これらのことは、創業活動を引き起こすマクロ的な要因（誘因）については注意深く観察する必要があり、起業家のタイプ別の分析を含め、更なる詳細な分析が必要であることを示唆している。

## 4．創業後のパフォーマンスとしての成長の要因―先行研究サーベイ―

　これまで、産業組織の分野において、創業後の企業パフォーマンスの決定要因に関する研究が数多く実証的に取り組まれてきた。特に、創業後のパフォーマンスの指標としての生存（退出）と成長の要因に焦点があてられてきた。このテーマに関する研究初期において、企業規模と企業年齢の役割が注目されてきた。まず規模については、大規模企業は最小効率規模により近い水準で操業できるため、小規模企業よりも生存する可能性が高いと考えられる（Audresch and Mahmood, 1995）。また、Fazzari et al. (1988) によれば、大規模企業の方が小規模企業に比べて、外部金融機関から資金調達がしやすい。さらに、Geroski et al. (2010) は、大規模企業が小規模企業よりも効率的であるのは、費用曲線の異なる点で操業することが原因であるというより、より重要なことは優れた経営能力を有していることであると指摘している。実際に多くの実証研究において創業規模が創業後の生存確率に対して正の影響を与えるという結果が提示されている（Audretsch, 1991; Audretsch and Mahmood, 1991, 1995; Honjo, 2000a, 2000b)。また、年齢と生存との関係に関しては、Jovanovic（1982）によるNoisy selectionの理論が示されて以来、多くの実証研究が行われてきた（e.g., Audretsch et al., 2000; Thompson, 2005）。この理論から示唆されるように、企業は参入後に事業活動を通してその業界や自身の効率水準を知ることができ、年齢とともに学習の結果として生存確率が高まる可能性が高い。

　企業成長の決定要因に関しては、「企業成長は規模とは独立である」というジブラの法則（Gibrat's Law）の検証を巡って、規模と成長の関係が多くの研究者によって分析されてきた。多くの実証研究においてジブラの法則は棄却されてきた。たとえば、Hart and Oulton（1996）は、イギリスの新規企業のデータを用いて、規模の小さい企業は大規模企業よりも早く成長する傾向にあるという結果を示した。他方で、Hart and Oulton（1996）は、ある一定の規模まではより早く成長する傾向があるが、ある程度の規模より大きくなると規模と成長の間には有意な関係は観察されないことを示した。また、Lotti et al.（2009）は、小規模企業は参入初期には大企業よりも成長する傾向があるが、時間の経過とともに規模と成長の関係は小さくなることを明らかにしている。年齢と成長の関係に関しては、これまで多くの研究によって、若い企業ほど成長するという結果が示されている。他方で、サンプルの違いによって結果が変化する傾向にあり、必ずしも頑健な結果が得られていない（e.g., Evans, 1987; Honjo, 2004; Yasuda, 2005; Coad, 2018; Coad et al., 2018）。

　近年は、企業規模や年齢に加えて、創業後のパフォーマンスの決定要因として他の要素に焦点が当てられてきた。図表11のように、Storey（1994）は、スタートアップ企業を含めた中小企業が成長するためには、「起業家」、「企業」、「戦略」の3つのすべての要素がうまく組み合わされることが重要であると指摘している。「起業家」は、起業家がスタートアップ時に持つ経営資源で、動機、失業、教育、経営者としての経験、訓練、年齢、斯業経験、性

図表11　企業の成長要因

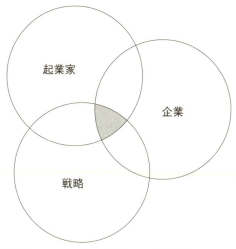

（出所）　Storey（1994）をもとに筆者作成。

別などから成る。「企業」は、企業年齢、企業規模、業種・市場、立地、所有形態などをさす。「戦略」は、雇用者の訓練、経営者の訓練、技術の洗練度、計画の作成、新製品導入、国の支援、経営スタッフの調達などを表している。

本章では、創業後のパフォーマンスとしての成長の決定要因として、特に近年注目されてきた(1)起業家の人的資本、(2)イノベーション活動、(3)公的支援の3つの視点から議論する。

(1) 起業家の人的資本

創業後の企業成長において起業家の人的資本が果たす役割について、イタリアのハイテク分野のスタートアップ企業のデータを用いて、Colombo and Grilli（2005）は、起業家が受けた教育水準や産業特有の職務経験は、彼らによる企業の成長に対して正の効果を持つことを明らかにした。彼らは、人的

資本の水準が成長へ影響を与える理由として、能力効果（capability effect）および財産効果（wealth effect）を挙げた。前者については、資源依存アプローチに基づき、人的資本の水準が高い起業家は、創業までに獲得した知識やスキルに基づいて、事業機会の発見を含めた経営上の意思決定において優れているという考えが背景にある。後者について、創業間もないスタートアップ企業は資金制約に直面することが良く知られていて、彼らの成長への課題としてたびたび議論されてきた（Evans and Jovanovic, 1989; Evans and Leighton, 1989）。これまでいくつかの研究において、起業家を選択する確率は個人の財産の大きい場合に高いことが明らかになっていて、企業の創業資金の大きさはその創業者個人の財産規模とともに高くなる傾向がある（Holtz-Eakin et al., 1994）。

図表12に示されているように、この他にもいくつかの研究が企業成長における人的資本の役割に注目した。これらの研究では、起業家の受けてきた教育水準、産業における職務経験、経営経験、ネットワークなどの人的資本を表す起業家特性が、成長に対して正の効果を持つことが明らかになっている。日本のスタートアップ企業を対象とした分析として、Honjo（2004）は、起業家の受けてきた教育水準が高いほど、その起業家が経営する企業の成長率が高い傾向にあるという結果を示した。これらの研究では、全体として、起業家の人的資本が成長に対して与える直接効果のみを検討してきた[6]。

他方で、資本市場の不完全性のもとでスタートアップ企業と資金調達先との間には情報の非対称性が存在するため、人的資本の水準は外部の貸し手に対する「企業の質」のシグナルとなり、結果として起業家の人的資本が高い企業は資金調達がしやすいことがたびたび指摘されてきた。Baum and Sil-

---

[6] 起業家の人的資本の効果については、成長だけではなく、生存やイノベーション成果などの成長以外のパフォーマンスへの効果もこれまで分析されてきた。たとえば、人的資本の生存に対する効果は、Bates（1990）やCressy（1996）、そのイノベーションに対する効果は、Marvel and Lumpkin（2007）やKato et al.（2015）によって分析され、それぞれ有意に正の効果が存在することが示されている。

**図表12　企業成長の決定要因：先行研究サーベイ**

| 著者 | 成長指数 | 主な結果 | サンプル |
|---|---|---|---|
| （人的資本） | | | |
| Colombo and Grilli (2005) | 創業後従業員規模 | 教育［＋］、同産業職務経験［＋］、年齢［＋］ | イタリア・スタートアップ企業 |
| Ganotakis (2012) | 創業後従業員規模 | 学歴［＋］、経営経験［＋］ | イギリス・技術基盤新規企業 |
| Rauch and Rijsdijk (2013) | 雇用成長率 | 教育［＋］、事業経験［＋］ | 西ドイツ・スタートアップ企業 |
| Sullivan and Marvel (2011) | 創業後従業員規模 | 知識セット［＋］、ネットワークタイ［＋］ | アメリカ・スタートアップ企業 |
| （イノベーション） | | | |
| 岡室・加藤 (2013) | 雇用成長率 | 研究開発集約度［＋］ | 日本・スタートアップ企業 |
| Coad et al. (2016) | 成長率（売上、生産性、雇用） | 研究開発集約度［＋］（成長率分布の上位分位点） | スペイン企業 |
| Freel (2000) | 成長率（売上、雇用） | 新製品導入率［＋］ | 英国の小規模企業 |
| Freel and Robson (2004) | 雇用成長率 | 新製品イノベーションダミー［＋］ | スコットランド、北イングランドの小規模企業 |
| Helmers and Rogers (2011) | 資産成長 | 特許出願ダミー［＋］ | 英国・スタートアップ企業 |
| Roper (1997) | 成長率（売上、雇用） | 製品イノベーションダミー［＋］ | ドイツ、イギリス、アイスランドの中小企業 |
| Stam and Wennberg (2009) | 雇用成長率 | R&D活動［＋］、企業間提携［＋］ | オランダ・スタートアップ企業 |
| （公的支援） | | | |
| 岡室・加藤 (2013) | 雇用成長率 | 開業時の公的支援［＋］（研究開発型企業のみ） | 日本・スタートアップ企業 |
| Colombo et al. (2011) | 全要素生産性の成長 | 研究開発のための選抜なしの政府支援有無［非有意］、同選抜式政府支援有無［＋］ | イタリア・スタートアップ企業 |
| Colombo et al. (2012) | 従業員成長率 | 選抜なしの政府支援（先着順）有無［＋(小)］、選抜式政府支援有無［＋(大)］ | イタリア・スタートアップ企業 |
| Honjo and Harada (2006) | 成長率（従業員、資産、売上） | 政策支援有無［＋］（資産成長） | 日本・中小企業 |
| Lerner (1999) | 成長率（雇用、売上） | SBIRプログラムによる支援有無［＋］ | 米国・中小企業 |

（出所）　筆者作成。

verman (2004) は、スタートアップ企業の資金調達先として重要なベンチャーキャピタル (VC) が投資先を選定する際に、起業家の人的資本が重要なシグナルとなりうることを指摘している。また、Colombo and Grilli (2010) は、VCは能力が高く成長ポテンシャルを有する企業を"scout"する（勝者選抜; Picking winnersと呼ばれる）と同時に、投資先企業を"coach"する（勝者育成; Building winnersと呼ばれる）ことでその能力を高める機能を持ち合わせていると結論付けている。結果として、VC投資企業はそうでない企業と比較してより成長を遂げる傾向がある[7]。以上の議論から、図表13にまとめられているように、起業家の人的資本は、能力効果による成長への直接的な正の効果に加えて、財産効果や外部の貸し手へのシグナリングを通した資金調達によって、成長に対して正の効果を持つという間接効果が示唆される。

図表13　人的資本と企業成長

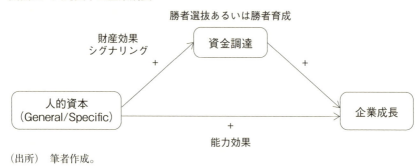

（出所）筆者作成。

---

[7] Kortum and Lerner (2000) は、アメリカのVC産業の活性化によって、イノベーションが促進されたことを明らかにしている。米国と比較してVC産業の規模が小さい日本では、今後のVC育成はスタートアップ企業の活動促進のための重要な課題の一つかもしれない。

## (2) イノベーション活動

スタートアップ企業の多くは、既存の企業や製品に対抗するために、何らかの新たな製品やサービスを伴って市場へ参入すると考えられる。Schumpeter（1934）が議論するように、イノベーションは企業が独占の一時的な確立を通してレントを獲得することを可能にする。また、Porter（1980）によって示唆されるように、企業はイノベーティブな製品によってより多くの消費者を惹き付け、製品差別化を通してライバル企業との激しい競争から逃れることができるかもしれない。結果としてイノベーションによって企業は競争優位を獲得し、産業内での相対的なポジションを強固にすることができると考えられる。

他方で、イノベーション活動は本質的にリスキーであることも良く知られている（Hyytinen et al., 2015）。イノベーションに対するリターンは非常に不確実であり、歪んだ分布をしている（e.g., Scherer and Harhoff, 2000; Carpenter and Petersen, 2002）。また、資本市場の不確実性のもとで、外部金融機関による信用割当（credit rationing）のために、研究開発志向の企業は外部資金へのアクセスが限定的であり、必要な研究開発費用を獲得するのが困難である（e.g., Stiglitz and Weiss, 1981; Honjo et al., 2014）。特に、創業間もないスタートアップ企業は既存企業と違いこれまでの内部留保がないため、研究開発プロジェクトのための資金調達においてより大きな困難に直面する。

これらの議論からは、スタートアップ企業におけるイノベーション活動が成長を含めたパフォーマンスへどのような影響を与えるかについては、理論的には必ずしも明らかではない。図表12には、スタートアップ企業を中心とした中小企業のイノベーション活動が成長に与える効果についていくつかの研究の結果が示されている。たとえば岡室・加藤（2013）は、日本のスタートアップ企業のデータを用いて、インプットとしての研究開発投資は、イノ

ベーション成果を促進することで新製品売上を含めたパフォーマンスを向上させ、結果として企業の雇用が増加するという結果を示している。また、Roper（1997）やHelmers and Rogers（2011）は、アウトプットとしての特許出願や新製品が企業成長を促進させることを明らかにしている。それぞれの論文で用いられている指標は異なるものの、多くの研究においてイノベーション活動がスタートアップ企業や小規模企業の成長を促進させることを示している。

ただし、Stam and Wennberg（2009）の結果によれば、研究開発投資を行う企業のうち成長できるのは、アライアンスによる外部組織との連携を伴う場合のみである。また、Coad et al.（2016）は、成長率の分布における上位分位点に位置する急成長企業のみが研究開発によって成長を達成することができることを明らかにしている。また、これらの研究のすべてにおいて必ずしも生存バイアスがうまくコントロールされているわけではないため、生存企業のサンプルに限定した場合の結果であることに注意が必要である。実際に、Hyytinen et al.（2015）を含めいくつかの研究において、イノベーション活動に従事するスタートアップ企業は失敗して退出するリスクが高いという結果が報告されている。今後、更なる研究が求められる。

イノベーション活動は、企業内部における研究開発活動に留まらない。創業間もないスタートアップ企業は、成長する上で効果的な戦略として他の組織と連携することで、乏しい資源や経験を補うことができる。他組織（大学、公的研究機関、他企業）との提携により外部資産へアクセスすることが可能になる。とりわけ、イノベーション活動をスタートアップ企業が単独で行うことは多くの場合困難である。外部の他の組織とのアライアンスを通して、市場で製品・サービスを販売するために必要な有形・無形の補完的資産（Complimentary assets）を獲得する必要がある（Teece, 1986）。そのために、他企業、大学、公的研究機関からのライセンシングを通して外部から知識を

吸収したり、共同で技術や製品を開発することが重要な戦略となる。ただし、外部の新しい情報の価値を認識し、実際にそれを社内で利用するには、事前にある程度の専門的な知識が必要である（e.g., Cohen and Levinthal, 1989, 1990; Zahra and George, 2002）。このような能力は、吸収能力（absorptive capacity）と呼ばれ、自社内での研究開発投資によって発展させられるので、スタートアップ企業が外部との連携を考える際は、まず社内での研究開発を行って吸収能力を高めることが重要である[8]。また、外部との連携の際は、知識のスピルオーバーを享受するために、大学・研究機関など外部組織との地理的近接性が重要であることも指摘されている（Audretsch and Lehmann, 2005）。以上の議論は、図表14のようにまとめることができる。

図表14　イノベーションと企業成長

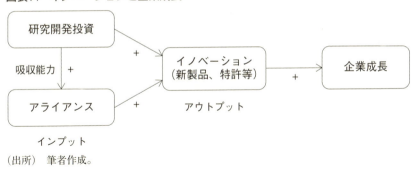

（出所）筆者作成。

---

[8] 他方で、スタートアップ企業にとって外部の提携相手を見つけるのは容易なことではない。スタートアップ企業は、創業間もないために潜在的な提携相手との間に情報の非対称性が存在する（Okamuro et al., 2011）。そこで、過去の職務経験などの起業家の人的資本が潜在的な提携相手にとって能力を表す重要なシグナルとなり得る。Okamuro et al.（2011）によって示されているように、人的資本の水準が高い起業家によって経営される企業は、そうでない企業に比べて提携相手を見つけやすい傾向がある。

### (3) 公的支援

既に議論したように、スタートアップ企業は資源や経験が乏しいため、多くの企業が創業後に様々な困難に直面する。そのためこれまで創業支援を含め、政府によるさまざまな公的支援が行われてきた。とりわけ研究開発志向のスタートアップ企業への政府による公的支援は、知識のスピルオーバーが期待できるため正当化され得る。このような政府による公的支援がどの程度効果があるのかについて国内外でいくつか研究が行われてきた。図表12では、スタートアップ企業を含め中小企業への公的支援が、支援を受けた企業のパフォーマンスへどのような影響を与えたのかについての研究について示されている。

Lerner（1999）は、アメリカのSmall Business Innovation Research（SBIR）プログラムの効果について分析し、このプログラムによる支援を受けた企業は有意に成長する傾向があり、かつ、そのような企業はVCから資金調達をする可能性が高かったことを明らかにしている。Honjo and Harada（2006）は、日本の中小企業に対する支援政策（中小企業の創造的事業活動の促進に関する臨時措置法）の効果について調査し、支援を受けた企業はそうでない企業と比較して有意に資産を増加させていることを明らかにした。Colombo et al.（2011）は、イタリアのハイテクスタートアップに対する研究開発補助金の全要素生産性の成長に対する効果を分析した。この分析では、選抜をしないで支援した場合は有意な効果はなく、選抜をして支援した場合には有意に生産性を高める効果があったという結果が示されている。Colombo et al.（2012）は、イタリアのハイテクスタートアップに対する公的支援の効果について分析し、支援を受けた企業は成長する傾向にあり、それが補助金を受けることが利害関係者に対する当該企業の「質保証」の役割を果たすことによる効果であることを示唆している。

また、岡室・加藤（2013）は、日本のスタートアップ企業を対象に分析を行い、サンプルを研究開発型スタートアップ企業に限定した場合のみ、政府による公的補助金を受けた企業はその他の企業と比較してより雇用を伸ばす傾向にあることを示した。

これらの結果は、政府によるスタートアップ企業への公的支援は一定の効果は見込まれる一方で、支援の方法や支援先の選定には注意が必要であることを示唆している。しかし、これまでのところスタートアップ企業を含め、中小企業を対象とした公的支援の効果を分析する論文は非常に限られており、今後更なる検証が必要である。

## 5．創業活動を通した経済活性化へ向けて

ここまで、2節において創業活動に関する国際的な比較を行い、3節において経済全体における創業活動の活性化へ与える要因のサーベイを行った。4節では、創業後の企業パフォーマンスの要因についてのサーベイを通して、スタートアップ企業の成長への手がかりを探ってきた。本節では、これらの議論の総括をすると同時に、これらの材料をもとに、今後のスタートアップ企業への公的支援として考えるべき手段について検討していく。

まず、2節で見てきたように、全体として日本における創業活動は国際的に見て相対的に低調である。その要因の一つとして、Autio（2011）などの先行研究によって指摘されるように、解雇の難しさ、倒産法などの制度や規制の問題が考えられる。Autio（2011）が示したように、解雇が比較的容易な国ほど創業活動が活発である傾向がある。日本においては、終身雇用制度や年功賃金といった日本特有の労働システムを背景に、創業をして起業家となることを選択するよりも被雇用者となることの方がはるかにリスクは小さいと考えられる。少なくとも現在の日本では、創業し、事業に失敗した際の

損失が大きいことを考慮すれば、起業家になることを選択するよりも期待所得が高くリスクの低い被雇用者を選択した方が合理的と考えるべきかもしれない。また、Lee et al. (2011) が示したように、倒産にかかる時間や費用、再スタートの機会などの面で倒産法がentrepreneur-friendlyな国では、企業の設立が多い傾向にあり、今後、創業活動を活性化させるためには、創業活動に関連する制度や規制の側面に目を向けることが必要であることを示唆している。実際に、日本政府は、中小企業新事業活動促進法（2005年施行）や最低資本金制度の撤廃（2006年施行）などによって創業すること自体を促進する政策をとってきた。企業間の競争が活性化され、結果としてイノベーションが生まれ、雇用創出にもつながる可能性がある。

　他方で、雇用を生み出し、イノベーションを促進し成長を遂げるのは、創業した企業のうちごく一部のみである。経済成長に貢献するためには、創業だけでは不十分である (Colombelli et al., 2016)。むしろ、Santarelli and Vivarelli (2002) が指摘するように、創業時の公的資金投入やその他の参入障壁を低下させるような創業支援は、淘汰メカニズムに歪みを生じさせる可能性が残る。実際に、Branstetter et al. (2014) は、ポルトガルにおける参入規制撤廃の事例を分析し、規制撤廃前と比較して規制撤廃後は新規参入は有意に増える一方で、主に生産性の低い企業による参入が増加していると報告している。Shane (2009) は、経済成長に貢献するのは一部の企業のみであることを考えると、創業後に成長する見込みのある企業を重点的に支援するべきであり、多くの人々が起業家になることを奨励する政策を取るべきでないと強調している。

　では、今後我々は何をすべきなのか。4節で議論したように、創業前に職務経験が豊富である、あるいは、受けてきた教育水準が高いなど人的資本の水準が高い起業家は創業後に成功する可能性が高いことが多くの研究によって示されてきた。他方で、高い能力を有する個人は機会費用が相対的に高い

(Cassar, 2006)。このような個人はたとえ創業したとしても、雇用される機会を相対的に多く持つ傾向があるため、事業が失敗しなくても自主的に退出する可能性が相対的に高いことが知られている（e.g., Kato and Honjo, 2015）。雇用創出やイノベーションを実現するには、このような個人の創業および退出障壁を低減させ、潜在性の高い事業が創出される可能性を高めることが重要である。Grilli（2014）は、このような人的資本の高い起業家が事業で「失敗」することで被る文化的・社会的重圧の軽減が重要であると指摘している。

上記の議論を踏まえ、今後の創業活動を通した経済活性化に向けて我々が検討すべきことを以下にまとめる[9]。

## (1) 「参入（創業）」より「退出（撤退）」へ向けた支援

まず、参入よりも退出に目を向ける政策を検討すべきである。これまで議論したように、人的資本の水準の高い起業家は成功する可能性が高い一方で、彼らは機会費用が相対的に大きいため他のオプション（雇用される機会）を多く持っている。このような個人が起業家として失敗した場合に、再度活躍できるチャンスを作る必要がある。もし、このような機会が少なければ、被雇用先を離れて創業することのリスクが高い。倒産・解散手続きの煩雑性の解消や「失敗」することの文化的・社会的重圧の軽減によって、このような成長の潜在性の高い起業家による創業のインセンティブを高める必要がある。

加えて、事業の売買のための市場が日本では限定的であり、退出戦略とし

---

9 これらの2点に加えて、スタートアップ期は資源や経験が乏しいことから、外部組織とのパートナーシップによる補完的資産の獲得が成功のためには不可欠であり、資金調達などの支援に加えて、企業間提携におけるマッチングの支援も重要な公的支援である。政府の支援によってサーチコストを含めた取引費用軽減につながる。

てIPO以外に起業家・投資家が資金回収できる機会創出が必要である。日本政策投資銀行（DBJ）報告書によれば、2016年の日本企業によるIPOの数は100件あるのに対して、合併・買収（M&A）による退出は40件に留まっている。他方で、アメリカではIPOが40件であるのに対し、M&Aは680件となっていて、アメリカの事業売買のための市場と比較して日本において事業売買によって退出する機会が非常に限定的であることがうかがえる。

## (2) 成長見込みの高い企業への重点的な支援

本章のサーベイで明らかであるように、スタートアップ企業の中でも成長するのは一部の企業のみである。具体的には、人的資本の水準が高い起業家による企業やイノベーションに取り組む企業である。能力の高い起業家は創業後に成長する可能性が高い。とりわけハイテク分野では人的資本水準向上による起業後の成功確率が有意に高い（Kato and Honjo, 2015）。人的資本の水準が高い個人に対する創業支援を促進することは重要である一方で、成長のポテンシャルのある業界への重点的な支援という点も考慮すべきかもしれない。Branstetter et al.（2014）やColombelli et al.（2016）が示したように、多くの企業は雇用を生み出さず、イノベーションや経済成長へ貢献しない。他方で、知識のスピルオーバーが期待でき、成長へ大きな貢献が期待される研究開発志向のあるスタートアップ企業は、必要な資金が調達できない傾向が強く、能力の高い起業家でさえ外部資金へのアクセスが困難である（Honjo et al., 2014）。Colombo et al.（2011）が分析したように、選抜しないで支援した場合は全体として経済への正の効果が期待できない。したがって、創業活動の活性化を通した経済成長を実現するには、成長見込みのある企業や業界への重点的な支援を行うことが求められる。特に、ハイテク部門におけるスタートアップ企業への支援が求められる。

他方で、Grilli（2014）が指摘するように、支援先を選別する際の評価側の能力や評価者の人材育成という問題がある。Grilliは、選抜プロセスにおけ

る競争が不可欠であり、政治的な忖度があってはならないことを強調する。今後、創業活動を通した経済成長を追求するならば、このような課題を解決していかねばならない。

さらに、創業活動の活性化を通した経済成長の実現には、政府による公的支援だけでは不十分かもしれない。事業機会の認知あるいはその後の成功確率を高めるためには、起業家自身による知識・スキル向上やネットワークの構築を図るなどの人的資本投資が欠かせない。

## 6．おわりに

本章では、これまで国内外で行われてきた実証研究をもとに、創業活動の活性化、そして、登場したスタートアップ企業が成長するための課題について議論した。とりわけ、起業家の人的資本、イノベーション活動、公的支援の役割について検討を行い、今後の創業活動に関する政策の方向性についてまとめた。他方で、創業活動の活性化や成長は国の制度や文化が関連しているため、欧米の研究からの示唆を一般化するのは難しいかもしれない。これまでに欧米を中心に多くの研究蓄積があるが、残念ながら日本についてはあまり研究が進んでいないのが現状である。とりわけこれまで行われてきた最低資本金制度撤廃のような創業支援の効果の検証はほとんど行われていない。今後、創業活動を通した経済成長を追求するならば、有効な創業活動の活性化の手段を考える上で実証的証拠を積み重ねることが必要不可欠である。

日本は、人口減少、高齢化、それに伴う労働力低下という問題に直面している。このような状況のもとで、イノベーションを促進し、経済成長を実現することは容易ではない。他方で、その実現のためには創業活動の活性化が重要な役割を果たす可能性を秘めている。ただし、創業活動の活性化を公的

支援に頼るだけではなく、社会全体の変化が求められるかもしれない。既存企業で雇用されている個人が、被雇用先を離れ創業のインセンティブを持つには、起業家になることによる期待所得が被雇用者のそれを下回らないようなシステムにする必要があり、起業家になることのリスクを軽減することが重要である。

　本章で議論してきたように、特に人的資本の水準の高い個人が既存組織を離れ、自ら事業を起こすことを促進することが経済活性化のためには重要である。しかし、現在の労働慣行の下で彼らが起業家という職業を選択することは合理的な行動ではないかもしれない。「創業活動を通した経済活性化」を実現するには、終身雇用や解雇規制を含めた現在の労働慣行の改革を含め、日本の社会はさまざまな「変化」を受け入れる必要がある。


【参考文献】

岡室博之・加藤雅俊（2013），「スタートアップ企業における雇用の成長と構成変化の決定要因：研究開発型企業とそれ以外の企業の比較分析」，財務総合政策研究所『フィナンシャル・レビュー』, 112, pp. 8-25。

Aghion, P., Blundell, R., Griffith, R., Howitt, P., and Prantl, S. (2009), "The effects of entry on incumbent innovation and productivity", *Review of Economics and Statistics*, 91, pp. 20-32.

Audretsch, D. B. (1991), "New-firm survival and the technological regime", *Review of Economics and Statistics*, 73, pp. 441-450.

Audretsch, D. B. and Acs, Z. J. (1994), "New-firm startups, technology, and macroeconomic fluctuations", *Small Business Economics*, 6, pp. 439-449.

Audretsch, D. B., Houweling, P., and Thurik, A. R. (2000), "Firm survival in the Netherlands", *Review of Industrial Organization*, 16, pp. 1-11.

Audretsch, D. B., & Lehmann, E. E. (2005). Does the knowledge spillover theory of entrepreneurship hold for regions?. *Research Policy*, 34, 1191-1202.

Audretsch, D. B. and Mahmood, T. (1991), "The hazard rate of new establishments: a first report", *Economics Letters*, 36, pp. 409-412.

Audretsch, D. B. and Mahmood, T. (1995), "New firm survival: new results using a hazard function", *Review of Economics and Statistics*, 77, pp. 97-103.

Autio, E. (2011), "High-aspiration entrepreneurship", In Minniti, M. (eds.) *The Dynamics of Entrepreneurship: Evidence from Global Entrepreneurship Monitor Data*, pp. 251-275, Oxford University Press: Oxford.

Bartelsman, E., Scarpetta, S. and Schivardi, F. (2005), "Comparative analysis of firm demographics and survival: evidence from micro-level sources in OECD countries", *Industrial and Corporate Change*, 14, pp. 365-391.

Bates, T. (1990), "Entrepreneur human capital inputs and small business longevity", *Review of Economics and Statistics*, 72, pp. 551-559.

Baum, J. A. and Silverman, B. S. (2004), "Picking winners or building them? Alliance, intellectual, and human capital as selection criteria in venture financing and performance of biotechnology startups", *Journal of Business Venturing*, 19, pp. 411-436.

Block, J. H. and Wagner, M. (2010), "Necessity and opportunity entrepreneurs in Germany: characteristics and earnings differentials", *Schmalenbach Business Review*, 62, pp. 154-174.

Branstetter, L., Lima, F., Taylor, L. J. and Venâncio, A. (2014), "Do entry regulations deter entrepreneurship and job creation? Evidence from recent reforms in Portugal", *Economic Journal*, 124, pp. 805-832.

Carpenter, R. E. and Petersen, B. C. (2002), "Capital market imperfections, high-tech investment, and new equity financing", *Economic Journal*, 112, pp. F54-F72.

Cassar, G. (2006), "Entrepreneur opportunity costs and intended venture growth", *Journal of Business Venturing*, 21, pp. 610-632.

Coad, A. (2018), "Firm age: A survey", *Journal of Evolutionary Economics*, 28, pp. 13-43.

Coad, A., Daunfeldt, S. O. and Halvarsson, D. (2018), "Bursting into life: firm growth and growth persistence by age", *Small Business Economics*, 50, pp. 55-75.

Coad, A., Segarra, A. and Teruel, M. (2016), "Innovation and firm growth: Does firm age play a role?", *Research Policy*, 45, pp. 387-400.

Cohen, W. M. and Levinthal, D. A. (1989), "Innovation and learning: the two faces of R&D", *Economic Journal*, 99, pp. 569-596.

Cohen, W. M. and Levinthal, D. A. (1990), "Absorptive capacity: A new perspective on learning and innovation", *Administrative Science Quarterly*, 35, pp. 128-152.

Colombelli, A., Krafft, J. and Vivarelli, M. (2016), "To be born is not enough: the key role of innovative start-ups", *Small Business Economics*, 47, pp. 277-291.

Colombo, M. G., Giannangeli, S. and Grilli, L. (2012), "Public subsidies and the employment growth of high-tech start-ups: assessing the impact of selective and automatic support schemes", *Industrial and Corporate Change*, 22, pp. 1273-1314.

Colombo, M. G. and Grilli, L. (2005), "Founders' human capital and the growth of new technology-based firms: A competence-based view", *Research Policy*, 34, pp. 795-816.

Colombo, M. G. and Grilli, L. (2010), "On growth drivers of high-tech start-ups: Exploring the role of founders' human capital and venture capital", *Journal of Business Venturing*, 25, pp. 610-626.

Colombo, M. G., Grilli, L. and Murtinu, S. (2011), "R&D subsidies and the performance of high-tech start-ups", *Economics Letters*, 112, pp. 97-99.

Cressy, R. (1996), "Are business startups debt-rationed?", *Economic Journal*, 106, pp. 1253-1270.

Davidsson, P. and Honig, B. (2003), "The role of social and human capital among nascent entrepreneurs", *Journal of Business Venturing*, 18, pp. 301-331.

Estrin, S., Korosteleva, J. and Mickiewicz, T. (2013), "Which institutions encourage entrepreneurial growth aspirations?", *Journal of Business Venturing*, 28, pp. 564-580.

Evans, D. S. (1987), "The relationship between firm growth, size, and age: Estimates for 100 manufacturing industries", *Journal of Industrial Economics*, 35, pp. 567-581.

Evans, D. S. and Jovanovic, B. (1989), "An estimated model of entrepreneurial choice under liquidity constraints", *Journal of Political Economy*, 97, pp. 808-827.

Evans, D. S. and Leighton, L. S. (1989), "Some empirical aspects of entrepreneurship", *American Economic Review*, 79, pp. 519-535.

Fazzari, S. M., Hubbard, R. G., Petersen, B. C., Blinder, A. S. and Poterba, J. M. (1988), "Financing constraints and corporate investment", *Brookings Papers on Economic Activity*, 1988, pp. 141-206.
Freel, M.S. (2000), "Do small innovating firms outperform non-innovators?", *Small Business Economics*, 14, pp. 195-210.
Freel, M. and Robson, P. (2004), "Small firm innovation, growth and performance. Evidence from Scotland and Northern England", *International Small Business Journal*, 22, pp. 561-575.
Ganotakis, P. (2012), "Founders' human capital and the performance of UK new technology based firms", *Small Business Economics*, 39, pp. 495-515.
Geroski, P. A. (1995), "What do we know about entry?", *International Journal of Industrial Organization*, 13, pp. 421-440.
Geroski, P. A., Mata, J. and Portugal, P. (2010), "Founding conditions and the survival of new firms", *Strategic Management Journal*, 31, pp. 510-529.
Grilli, L. (2014), "High-tech entrepreneurship in Europe: A heuristic firm growth model and three "(un-) easy pieces" for policy-making", *Industry and Innovation*, 21, pp. 267-284.
Hart, P. E. and Oulton, N. (1996), "Growth and size of firms", *Economic Journal*, 106, pp. 1242-1252.
Helmers, C. and Rogers, M. (2011), "Does patenting help high-tech start-ups?", *Research Policy*, 40, pp. 1016-1027.
Holtz-Eakin, D., Joulfaian, D. and Rosen, H. S. (1994), "Sticking it out: Entrepreneurial survival and liquidity constraints", *Journal of Political Economy*, 102, pp. 53-75.
Honjo, Y. (2000a), "Business failure of new firms: an empirical analysis using a multiplicative hazards model", *International Journal of Industrial Organization*, 18, pp. 557-574.
Honjo, Y. (2000b), "Business failure of new software firms", *Applied Economics Letters*, 7, pp. 575-579.
Honjo, Y. (2004), "Growth of new start-up firms: evidence from the Japanese manufacturing industry", *Applied Economics*, 36, pp. 343-355.
Honjo, Y. (2015), "Why are entrepreneurship levels so low in Japan?", *Japan and the World Economy*, 36, pp. 88-101.

Honjo, Y. and Harada, N. (2006), "SME policy, financial structure and firm growth: Evidence from Japan", *Small Business Economics*, 27, pp. 289-300.

Honjo, Y., Kato, M. and Okamuro, H. (2014), "R&D investment of start-up firms: does founders' human capital matter?", *Small Business Economics*, 42, pp. 207-220.

Hyytinen, A., Pajarinen, M. and Rouvinen, P. (2015), "Does innovativeness reduce startup survival rates?", *Journal of Business Venturing*, 30, pp. 564-581.

Ito, K. and Kato, M. (2016), "Does new entry drive out incumbents? The varying roles of establishment size across sectors", *Small Business Economics*, 46, pp. 57-78.

Jovanovic, B. (1982), "Selection and the evolution of industry", *Econometrica*, 50, pp. 649-670.

Kato, M. and Honjo, Y. (2015), "Entrepreneurial human capital and the survival of new firms in high-and low-tech sectors", *Journal of Evolutionary Economics*, 25, pp. 925-957.

Kato, M., Okamuro, H. and Honjo, Y. (2015), "Does founders' human capital matter for innovation? Evidence from Japanese start-ups", *Journal of Small Business Management*, 53, pp. 114-128.

Kihlstrom, R. E. and Laffont, J. J. (1979), "A general equilibrium entrepreneurial theory of firm formation based on risk aversion", *Journal of Political Economy*, 87, pp. 719-748.

Klapper, L., Laeven, L. and Rajan, R. (2006), "Entry regulation as a barrier to entrepreneurship", *Journal of Financial Economics*, 82, pp. 591-629.

Klapper, L. and Love, I. (2011), "The impact of the financial crisis on new firm registration", *Economics Letters*, 113, pp. 1-4.

Klepper, S. and Simons, K. L. (2000), "The making of an oligopoly: firm survival and technological change in the evolution of the US tire industry", *Journal of Political economy*, 108, pp. 728-760.

Koellinger, P. D. and Thurik, R. (2012), "Entrepreneurship and the business cycle", *Review of Economics and Statistics*, 94, pp. 1143-1156.

Kortum, S. and Lerner, J. (2000), "Assessing the contribution of venture capital to innovation", *RAND Journal of Economics*, 31, pp. 674-692.

Lee, S. H., Yamakawa, Y., Peng, M. W. and Barney, J. B. (2011), "How do bankruptcy laws affect entrepreneurship development around the world?", *Journal of Business Venturing*, 26, pp. 505-520.

Lerner, J. (1999), "The government as venture capitalist: The long-run impact of the SBIR program", *Journal of Business*, 72, pp. 285-318.

Lindelöf, P. and Löfsten, H. (2002), "Growth, management and financing of new technology-based firms—assessing value-added contributions of firms located on and off Science Parks", *Omega*, 30, pp. 143-154.

Lotti, F., Santarelli, E. and Vivarelli, M. (2009), "Defending Gibrat's Law as a long-run regularity", *Small Business Economics*, 32, pp. 31-44.

Marvel, M. R. and Lumpkin, G. T. (2007), "Technology entrepreneurs' human capital and its effects on innovation radicalness", *Entrepreneurship Theory and Practice*, 31, pp. 807-828.

Okamuro, H., Kato, M. and Honjo, Y. (2011), "Determinants of R&D cooperation in Japanese start-ups", *Research Policy*, 40, pp. 728-738.

Porter, M.E. (1980), *Competitive Strategy: Techniques for Analyzing Industries and Companies*, Free Press: New York.

Rauch, A. and Rijsdijk, S. A. (2013), "The effects of general and specific human capital on long-term growth and failure of newly founded businesses", *Entrepreneurship Theory and Practice*, 37, pp. 923-941.

Roper, S. (1997), "Product innovation and small business growth: a comparison of the strategies of German, UK and Irish companies", *Small Business Economics*, 9, pp. 523-537.

Santarelli, E. and Vivarelli, M. (2002), "Is subsidizing entry an optimal policy?", *Industrial and Corporate Change*, 11, pp. 39-52.

Scherer, F. M. and Harhoff, D. (2000), "Technology policy for a world of skew-distributed outcomes", *Research Policy*, 29, pp. 559-566.

Schumpeter, J. A. (1934), *The Theory of Economic Development: An Inquiry into Profits, Capital, Interest, and the Business Cycle*, Harvard University Press: Cambridge, MA.

Shane, S. (2009), "Why encouraging more people to become entrepreneurs is bad public policy", *Small Business Economics*, 33, pp. 141-149.

Siegfried, J. J. and Evans, L. B. (1994), "Empirical studies of entry and exit: a survey of the evidence", *Review of Industrial Organization*, 9, pp. 121-155.

Stam, E. and Wennberg, K. (2009), "The roles of R&D in new firm growth", *Small Business Economics*, 33, pp. 77-89.

Stenholm, P., Acs, Z. J. and Wuebker, R. (2013), "Exploring country-level institutional arrangements on the rate and type of entrepreneurial activity", *Journal of Business Venturing*, 28, pp. 176-193.

Stiglitz, J. E. and Weiss, A. (1981), "Credit rationing in markets with imperfect information", *American Economic Review*, 71, pp. 393-410.

Storey, D. J. (1994), *Understanding the Small Business Sector*, Routledge: London.

Sullivan, D. and Marvel, M. (2011), "How entrepreneurs' knowledge and network ties relate to the number of employees in new SMEs", *Journal of Small Business Management*, 49, pp. 185-206.

Teece, D. J. (1986), "Profiting from technological innovation: Implications for integration, collaboration, licensing and public policy", *Research Policy*, 15, pp. 285-305.

Thai, M.T. and Turkina, E. (2014), "Macro-level determinants of formal entrepreneurship versus informal entrepreneurship", *Journal of Business Venturing*, 29, pp. 490-510.

Thompson, P. (2005), "Selection and firm survival: evidence from the shipbuilding industry, 1825-1914", *Review of Economics and Statistics*, 87, pp. 26-36.

Wennekers, S. and Thurik, R. (1999), "Linking entrepreneurship and economic growth", *Small Business Economics*, 13, pp. 27-56.

Yasuda, T. (2005), "Firm growth, size, age and behavior in Japanese manufacturing", *Small Business Economics*, 24, pp. 1-15.

Zahra, S. A. ane George, G. (2002), "Absorptive capacity: A review, reconceptualization, and extension", *Academy of Management Review*, 27, pp. 185-203.

# 第6章

## 生産性向上のための働き方改革
~国際比較からのインプリケーション~

山田 久[1]

---
1 株式会社日本総合研究所理事／主席研究員

## 要　旨

　わが国の生産性を巡る問題の核心は「付加価値労働生産性の低迷」にあり、その状況を打破するには、「探索型（Exploration）イノベーション」を強化するとともに、低価格戦略に偏った「プライシング戦略」を見直す必要がある。そうしたわが国企業の弱点は「職能型」である雇用システムの在り方と密接に関連しており、その在り方を、欧米流の要素を導入することで修正することが求められる。その意味で、企業は人材活用の在り方として、職能システムの利点を残しつつも「職種・職務システム」を移植した「ハイブリッド・システム」を構築すべきであり、「根拠のある値上げ」に知恵を絞る値付け改革にも取り組む必要がある。政府としても、企業外部での実践的な人材育成・技能形成の仕組みや社会横断的な能力認定制度、雇用調整時に働き手の生活安定を保障するルールなど、円滑な企業間労働移動を支える各種環境整備を着実に行っていくことが求められる。

本章は、わが国の生産性を巡る問題の核心を「付加価値労働生産性の低迷」と捉える。そのうえで、その原因となる「イノベーションの不足」と「値付け行動」の問題の所在を、雇用システムとの関わり方に注目しながら、国際比較の観点から分析していく。さらに、その含意を踏まえ、企業・政府がどう取り組むべきかを提言する。

# 1．労働生産性をどうとらえるか

### (1) いずれの指標でみても労働生産性伸び率は鈍化

まず、一言で労働生産性といっても様々な指標がある。そもそも労働生産性とは、労働力1単位あたりのインプットが生み出すアウトプットを意味し、インプットおよびアウトプットにどのような指標を用いるかによって具体的な数値が異なってくる。ここではインプット指標として「労働者数」および「労働時間総数」、アウトプット指標については「実質GDP」および「名目GDP」として、2×2＝4通りの労働生産性の動きをみてみた。すなわち、「一人当たり実質労働生産性」、「一人当たり名目労働生産性」、「時間当たり実質労働生産性」、「時間当たり名目労働生産性」、である。いずれのベースでみても、わが国の労働生産性伸び率は90年代以降鈍化傾向にあり、とくに2000年ごろ以降伸び悩みが目立っている（図表1・2）。

次に国際比較を行ってみた。ここでは、インプット指標については労働時間総数とした。比較する国は米国、ドイツ、スウェーデンの3か国に加え、G7諸国の平均値についてもデータを比べた。それによれば、わが国の労働生産性（時間当たり）は1970～80年代にはとくに実質ベースで高いパフォーマンスを誇ったが、2000年代以降見劣りするようになっている。とくに、近年、名目ベースでみた生産性の低迷は顕著である（図表3・4）。

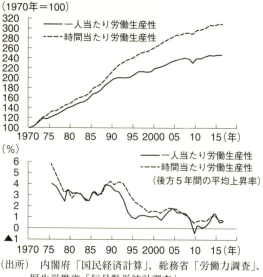

図表1 労働生産性（実質ベース）の推移

(出所) 内閣府「国民経済計算」、総務省「労働力調査」、厚生労働省「毎月勤労統計調査」。

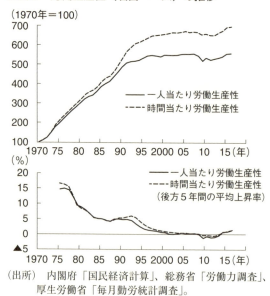

図表2 労働生産性（名目ベース）の推移

(出所) 内閣府「国民経済計算」、総務省「労働力調査」、厚生労働省「毎月勤労統計調査」。

図表3　先進主要国の時間当たり労働生産性（実質ベース）

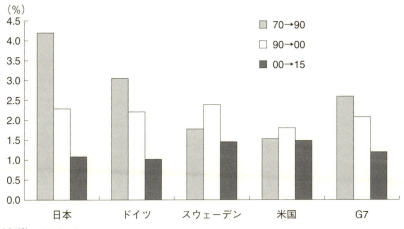

（出所）　OECD Stat.

図表4　先進主要国の時間当たり労働生産性（名目ベース）

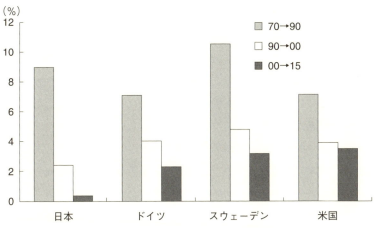

（出所）　OECD Stat.

第6章　生産性向上のための働き方改革　165

## (2) なぜ名目生産性（付加価値生産性）が重要なのか

　ここで、実質生産性と名目生産性の違いについて確認すれば、前者（実質生産性）の向上が意味するところは、時間当たりの生産数量が増えたり、品質が向上したりすることである。一方、後者（名目生産性）は時間当たりに生み出される財・サービスがもたらす金額ベースの儲け（付加価値）、を意味している。わが国では、両者が大きく乖離することが少なくない。例えば、エレクトロニクス産業と一般機械産業の比較を行うと、実質生産性上昇率については、エレクトロニクス産業の方がはるかにパフォーマンスはよいものの、名目生産性については一般機械産業の方が優れている（図表5）。さらに、売上高経常利益率を比較すると、2000年代に入って以降は一般機械産業の優位性が明確化しており、企業の収益性をみるという観点からは、実質生産性よりも名目生産性のほうが適切な指標といえよう（図表6）。

　元来、実質生産性の向上は需要者にとって意義があるが、それに伴って名目生産性が向上しなければ、生産者にとっては利益の伸び悩みを意味するのである。この場合、将来に向けての投資不足の要因となり、名目賃金の伸び悩みにもつながる。名目賃金の伸び悩みは、とりわけ人口減少経済では消費低迷を通じて需要不足につながる。同時に、労働コスト抑制の面から不採算部門を温存して、既存事業の供給力削減の足枷にもなる。結果として、需要不足＝供給超過をもたらしてデフレーションを惹起する。

　さらに、デフレーションは債務者利得を消滅させてリスクテイク能力を低下させる。結果、新規成長分野での投資不足を惹起して潜在成長力の低下につながるのである。加えて、現下の日本のように公的債務の累増をもたらして、将来の財政破綻リスクを高めることにもなりかねない（図表7）。

　かつてインフレーションが一般的であった時代には、実質生産性の向上は自ずと名目生産性の向上につながっており、実質生産性の向上こそが重要問題であった。しかし、1990年代半ば以降のわが国ではデフレーションが一般化し、しかもいまや本格的な人口減少局面に入り、数量面での成長が期待し

図表5　主要産業の時間当たり労働生産性

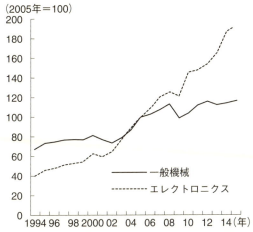

（注）労働投入量は就業者数×労働時間数（雇用者）として算定。
（出所）内閣府「国民経済計算」。

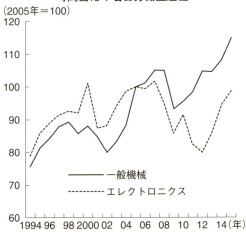

（注）労働投入量は就業者数×労働時間数（雇用者）として算定。
（出所）内閣府「国民経済計算」。

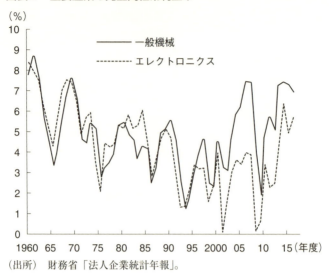

図表6　主要産業の売上高経常利益率

（出所）　財務省「法人企業統計年報」。

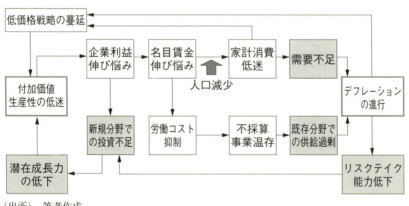

図表7　付加価値生産性低迷の構図

（出所）　筆者作成。

づらくなる状況下、経済成長の「持続性」を判断する際のメルクマールとして、名目生産性の重要性が高くなっているといえよう。デフレあるいはディスインフレの経済状態にあるときには、静態的な視点からは実質生産性が重要であるが、動態的な視点からは名目生産性が重要になる、と表現してもよいかもしれない。そうした意味合いを込めて本章ではこれ以降、名目生産性を「付加価値生産性」という言い方で呼ぶことにし、これに注目する。

## (3) 付加価値生産性の決定要因

では、付加価値生産性伸び率が低迷している要因は何か。企業の生産性を向上させるファクターとして、一般にイノベーションが重要な役割を果たすことが指摘されている[2]。では、イノベーションはどのようなメカニズムで生産性向上につながるのであろうか。この点について、入山章栄・早稲田大学ビジネススクール准教授は、世界の経営学で最も研究されているイノベーションの基礎理論として、「両利きの経営」があると指摘している。それは、「知の探索」と「知の深化」について高い次元でバランスをとる経営であるという[3]。

この考え方の嚆矢となったスタンフォード大学のジェームズ・マーチの1991年の論文では、"Exploration"と"Exploitation"という言葉が使われている[4]。前者が「探索」に相当し、調査、多様性、リスクテイク、実験、柔軟性、発見などを意味する。一方、「深化」に相当する後者は、洗練化、選択、生産、効率性、実装などを意味する。両者はともに企業組織にとって欠くことのできない行動であるが、経営資源の限界から、どう組み合わせるかが企業のパフォーマンスを左右することになる。

---

[2] 例えば、『通商白書2013年版』では、「各企業において生産性を向上させる要因として重要な役割を果たすのがイノベーションである。OECD報告書「OECDイノベーション戦略」では、イノベーションは成長をけん引するとし、TFPの伸びの多くがイノベーションと効率改善によると述べている」としている (p.34)。
[3] 入山 (2015) pp.74-75。
[4] March (1991)。

この枠組みを援用すれば、イノベーションを生産性向上に結び付けるには、"Exploration（探索）"と"Exploitation（深化）"の2つの行動を同時に実践し、融合することが重要になる。本章ではこれらの2つの行動を、「探索（Exploration）型」イノベーション、および、「深化（Exploitation）型」イノベーションと呼ぶことにする。具体的なイメージでいえば、前者は新たなアイデアやノウハウを取り込み、これまでにない組み合わせで新たな製品やサービスを創造することである。一方、後者は製造や販売のプロセスを改善して、既存の製品やサービスを低コストで高い品質で提供できるようにすることである。

　ここで、これら2つのイノベーションの結果高まる生産性は、主に実質生産性がイメージされているといってよい。したがって、本章で問題にする付加価値生産性を引き上げるには、これら2つのイノベーションを向上させるだけでは十分でない。実質生産性の上昇を付加価値生産性の向上に結実させるには、統計技術的にはデフレータを向上させることが必要になる。デフレータは、品質向上分を調整した後の財・サービスの平均的な価格であり、マクロ的な観点からは、その引き上げは①同一製品の価格引き上げと②価格の高い製品のシェア引き上げの2パターンが考えられる。これをミクロの観点から、企業のプライシング戦略としてみれば、a）単純に値上げする、b）製品・サービスの高付加価値に応じて価格を引き上げる、あるいは、c）新たな製品・サービスを投入して創業者利得が得られる値付けを行う、といったパターンが考えられるが、世界的なディスインフレ傾向のもとではb）c）が採用可能な行動になろう。端的に言えば、**売上数量を増やすのではなく、根拠のある形で売上単価を引き上げることで利益を増やす、プライシング戦略が付加価値生産性を引き上げる重要な取り組みになる**ということである。

　プライシング戦略の重要性は、日本企業と欧州企業の自国通貨高が進んだ時の輸出品販売価格の動きの違いをみればよくわかる（図表8）。日本企業は、為替相場変動に連動して円建ての輸出価格が敏感に変動する。これは、

図表8　日独の輸出価格と為替相場の推移

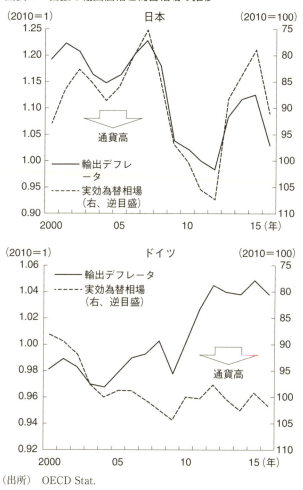

（出所）　OECD Stat.

現地の販売価格を現地通貨建てで据え置くためで、為替変動に伴う損益変動リスクは日本企業が抱え込む形になっている。このため、円高時には収益が悪化する。一方、欧州企業をドイツ企業のケースでみると、自国通貨（ユーロ）高のときには輸出価格がユーロ建てで上昇しており、為替変動リスクを輸出価格に転嫁して収益を確保していることがわかる。

以上をまとめれば、**付加価値生産性の源泉は、**
① **実質生産性向上の源泉である2つのイノベーション、** および、
② **それにより生み出された実質価値の向上を価格引き上げにつなげるプライシング戦略にある**
と整理できる。

## 2．生産性と雇用システムの関係

本節では、前節で提示したフレームワークを前提に、わが国で付加価値生産性伸び率が低迷する原因として、「2つのイノベーション」と「プライシング戦略」のどこに問題の所在があるかを解明するため、日米欧での比較分析を行う。様々なアプローチがありうるが、本章では人材活用の在り方に原因を探るべく、生産性と雇用システムとの関係にフォーカスする。

### (1) 生産性、名目賃金、物価

まずは、付加価値労働生産性、実質労働生産性、名目賃金、個人消費デフレータの動きについて、日米欧で比較してみよう（図表9）。

1990年代後半以降の動きをみると、実質労働生産性については日米欧で同様の動きをしているが、それ以外の指標はわが国のみ異なる動きをしていることがわかる。実質労働生産性はいずれも基本的に右肩上がりで推移し、わが国の上昇ペースは米国には及ばないが欧州を上回る。しかし、名目賃金、個人消費デフレータ、付加価値労働生産性は米欧では上昇傾向を示す一方、わが国のみ下落ないし横ばい傾向にある。

実質労働生産性の上昇に伴い、米欧ではともに個人消費デフレータが上昇しており、財・サービスの品質向上が平均価格の上昇に反映されていることが窺われる。それに対し、わが国では実質労働生産性が上昇しているにもかかわらず、個人消費デフレータが下落傾向を辿っており、品質向上が平均価格の上昇に十分に反映されていないことが示唆されている。

図表9　生産性・消費者物価・名目賃金の日米欧比較

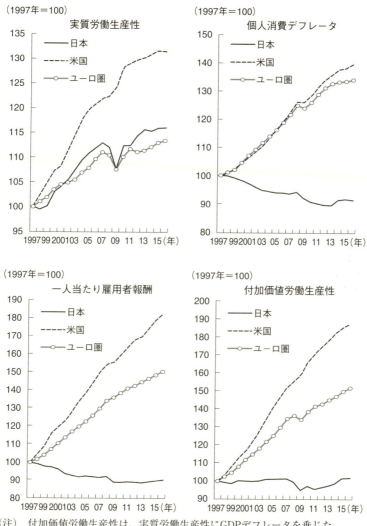

(注)　付加価値労働生産性は、実質労働生産性にGDPデフレータを乗じた。
(出所)　OECD "Employment Outlook"（Volume 2017 Issue 1）. Stat.

第6章　生産性向上のための働き方改革　173

さらに、こうした個人消費デフレータの動きは、名目賃金の動向と連動し、付加価値労働生産性の動きにも反映される形になっている。米国、欧州では名目賃金、付加価値労働生産性はともに上昇傾向で推移しているが、わが国のみ名目賃金は下落基調をたどり、付加価値労働生産性も横ばいの動きにとどまっている。

## (2) 雇用需要関数の比較

次に、以上で確認した生産性、名目賃金、物価の動きの違いが、雇用システムとどう関係しているかを考察しよう。その前提として、日本・米国・ドイツの３カ国について、部分調整型の雇用需要関数を推計してみた（図表10）。より具体的には、被説明変数を「労働投入量（労働時間総数）」および「雇用者数」として、①生産指数、②賃金（時間当たり名目賃金または一人当たり名目賃金）、および③自己ラグ（１期前の被説明変数）を説明変数としたものを、それぞれ製造業について四半期ベースのデータを用いてパラメータ推計を行った。推計期間としては、３カ国でデータが揃う1992年を起点、景気回復・景気後退のサイクルを含めるため、リーマンショックの調整がさしあたり終了したとみられる2009年を終点、としている。その結果からは以下のことがいえる。

- 【日本】…労働投入量関数、雇用者数関数のいずれのケースにおいても生産弾性値が最も小さい。雇用者数関数の賃金弾性値が３カ国中唯一マイナスになっているのが注目される。これは日本では、賃金削減によって雇用維持を行ったことを反映したものであり、その賃金調整が、時間外の削減やパートタイマーの積極活用によって、一人当たり労働時間を減らすことによる面が大きかったことを示唆している。雇用調整スピードがマイナスになっている（自己ラグの係数が１を上回っている）のは、この時期、日本企業が正社員を減らして非正規労働者を積極的に増やしているが、この非正規化の動きは、人件費削減を実現しつつ雇用者の頭数ではむしろ増やす効果があったためと解釈できる。

### 図表10　雇用需要関数の日米独比較

**労働投入量ベース**

推計モデル：$\ln(L*h) = C + \alpha*\ln(X) + \beta*\ln(w/h) + \gamma*\ln(L*h(-1)) + \delta*T$

|  | 定数項 C | 生産弾性値 $\alpha$ | 賃金弾性値 $\beta$ | 雇用調整スピード $1-\gamma$ | タイムトレンド $\delta$ | 自由度修正済みR$^2$ |
|---|---|---|---|---|---|---|
| ドイツ | 2.810<br>(9.140) | 0.173<br>(16.074) | −0.060<br>(−1.514) | 0.244<br>(30.443) | −0.001<br>(−5.973) | 0.998 |
| 米国 | 6.119<br>(6.450) | 0.239<br>(8.446) | −1.103<br>(−4.636) | 0.317<br>(16.678) | 0.004<br>(2.884) | 0.995 |
| 日本 | 1.698<br>(3.667) | 0.107<br>(5.778) | −0.046<br>(−0.849) | 0.208<br>(16.795) | −0.001<br>(−3.605) | 0.993 |

**雇用者数ベース**

推計モデル：$\ln(L) = C + \alpha*\ln(X) + \beta*\ln(w) + \gamma*\ln(L(-1)) + \delta*T$

|  | 定数項 C | 生産弾性値 $\alpha$ | 賃金弾性値 $\beta$ | 雇用調整スピード $1-\gamma$ | タイムトレンド $\delta$ | 自由度修正済みR$^2$ |
|---|---|---|---|---|---|---|
| ドイツ | −0.078<br>(−0.304) | 0.063<br>(8.745) | 0.097<br>(3.605) | 0.066<br>(51.522) | −0.001<br>(−7.385) | 0.998 |
| 米国 | −2.573<br>(−4.488) | 0.146<br>(10.442) | 0.654<br>(6.906) | 0.212<br>(38.472) | −0.007<br>(−10.020) | 0.998 |
| 日本 | 0.118<br>(1.248) | 0.061<br>(10.108) | −0.111<br>(−5.659) | −0.019<br>(76.993) | 0.000<br>(3.327) | 0.999 |

（注）　推計期間は1992年1-3月期～2009年10-12月期。四半期データを用いた推計。
　　　L：雇用者数、h：労働時間数、X：生産指数、w：名目賃金、T：タイムトレンド、(−1) は1期前を意味。
　　　賃金は後方4期移動平均値を使用。(　) 内はt値。
（出所）　経済産業省「経済産業統計」、厚生労働省「毎月勤労統計調査」、U.S. Dep of Labor "Monthly Labor Review" U.S.Dep of Commerce "Survey of Current Business" Bundesbank.

【米国】…労働投入量関数、雇用者数関数のいずれのケースにおいても生産弾性値が3カ国中最も大きい。とくに雇用調整スピードが最も速い（自己ラグの係数が最も小さい）。マイナスが期待される賃金弾性値が、雇用者数関数において比較的大きなプラスの値となっているのは、景気拡大時には人材の取り合いになり、賃金上昇ペースが加速することを反映していると考えられる。

【ドイツ】…労働投入量関数、雇用者数関数のいずれのケースにおいても、生産弾性値、雇用調整スピードともに日米の中間の大きさである。賃金弾性値が、雇用者数関数で小幅プラスになっているが、わが国と異なり、賃金調整が基本的に行われないことを反映したものと解釈できる。

以上の計測結果を踏まえれば、景気変動に伴う人件費調整パターンについて、3国での特徴として以下のように整理することができる。

- 米国では迅速な雇用調整により行い、人材獲得の際には賃金調整（賃金引き上げ）も活用する。
- ドイツではややスピードは遅れるが主に雇用調整により行い、賃金調整については抑制する（賃金引き下げは行わない）。
- 日本では主に賃金調整により行い、雇用調整は抑制する。

### (3) 雇用システムの日米独比較

以上で確認した雇用・賃金調整のパターンは、次のような日米欧それぞれに固有の雇用システムの在り方[5]を反映したもので、それが日米欧のパフォーマンスの違いを生むことになっている。

#### ① 米国：職務システム

米国のシステムの基本は「職務主義」である。職種別労働市場を前提とするが、企業ごとに分権的・個別的な労使関係が構築されている。労働者の評価や賃金決定は、職種および序列から決まる企業内におけるポジションを意味する「職務（ジョブ）」に基づいて行われる。ドイツとの比較でいえば、元来、内部移動あるいは内部昇進に基づく仕事の空席の補充、内部訓練に基づく技能形成からなる雇用システムである「内部労働市場（internal labour

---

5 山田（2016）pp.115-118の記述をもとに加筆・修正。

markets)」が基本になっている点に特徴があり、そのコンセプトはもともと米国のシステムを説明するために提示されたものである[6]。もっとも、戦後は企業間の流動性が高まる方向で推移してきており、今日では日米独のなかで最も転職が活発に行われるようになっている。同じく内部労働市場が発達しているわが国は「まず人ありき」の属人主義的システムであるのに対し、米国は「まずポストありき」の職務主義的である点が異なる。つまり、まずポストありきの発想であるため、そのポストに就いた人はどのような人であろうと基本的にはポストに付いている賃金が与えられる。

　これは、まず人ありきの発想で、ある人の賃金は能力によって決まり、ポストと賃金は必ずしも連動しないわが国と対照的である。以上のようなシステムのもとで、職種を軸に企業間での雇用の流動性が高くなる一方、賃金も欧州に比べれば柔軟に調整される仕組みになっている。労働組合組織率が大きく低下し、労働条件の決定は個別的労使関係が主になってきている。伝統的に、「随意雇用原則」のもとで、事業上の解雇は自由であり、雇用面でも賃金面でも調整が柔軟に行われる。こうした効率的な労働市場がハイペースの生産性向上と賃金上昇を可能にしているが、所得格差が大きく拡大するという副作用が発生している。

② 欧州：職種システム

　ドイツの賃金・雇用システムの基本は「職種主義」である。それは、職業資格に基づく仕事の空席の補充、職業ごとに標準化された職業訓練に基づく技能形成からなるシステムであり、制度化された職種別労働市場が存在し、企業ごとの労使関係もその影響を強く受ける仕組みになっている。そのベースにあるのは産業別に形成された労働組合であり、産業別組合が経営者団体と交渉する集団的労使関係に基づいて職種別レベル別の賃金相場が形成されている。ちなみに、「職業別労働市場（occupational labour markets）」とは、ドイツおよびイギリスの雇用システムを説明するために提示された概念であ

---

[6] 宮本（1999）p.148。

る[7]。この職種別労働市場の存在のために、職種内で企業間を移動することは比較的活発だが、賃金は硬直的になる。

さらに、雇用契約で職種が具体的に決まっているため、事業上の理由でその仕事がなくなれば人員整理自体は致し方ないという考えが採られている[8]（ただし、人員削減対象者の選定や補償措置についてルールが決められている）。このことが、雇用調整が行われるが賃金調整は基本的に行わない、という特徴に表れている。それが、賃金が上昇傾向を辿ってきた背景にもなっている。ただし、米国に比べれば賃金調整が難しい分だけ柔軟性に欠ける部分があり、生産性上昇ペースは緩やかになっている。

③　日本：職能システム

日本の賃金・雇用システムの基本は「職能主義」である。これは、欧米の初めに仕事ありきと対称的に、初めに人ありきの発想で、従業員の属人的な能力に基づいてランク付けする考え方である。この「職能」は職能資格制度に由来しており、わが国のシステムの基本を「職能」にあるという捉え方が一般的である。例えば、宮本（1999）は、内部労働市場型の雇用システムとして、「職務システム」としての米国型と「職能システム」としての日本型の二つを対比している[9]。

ただし、ここで注意しなければならないのは、ここでいう「職能主義」はドイツの「職種主義」、米国の「職務主義」とは次元がやや異なることである。欧米の場合、もちろん違いはあるものの、就業形態を超えて職種主義や職務主義の発想がある。これに対し、わが国で「職能主義」が適用されるのは、正社員のみである。濱口（2009）[10]がいう「メンバーシップ」がわが国のシステムの根底にあり、会社の正式メンバーである正社員に職能主義は適用されるが、正式メンバーではない非正規社員には適用されない。

---

7　宮本（1999）p. 148。
8　「ジョブが縮小したことを理由とする剰員整理解雇は、法定の手続きをきちんととることを前提にして、そもそも正当な解雇とみなされる」（濱口（2013）p. 112）。
9　宮本（1999）p. 148。
10　濱口（2009）。

それでも「職能主義」と表現すべきは、正規・非正規の二重構造が、この「職能主義」から派生した帰結であると考えられるからである。「職能主義」は個別企業内のみの序列であり、社会横断的な市場を前提としない。このため、職種別労働市場は未発達となり、企業の能力開発や昇進システムに入れない非正規労働者は未熟練労働者に陥りやすい。その結果、熟練の正社員と未熟練の非正規社員という二重構造が形成されやすくなるというわけである。「職能主義」では社会横断的な連帯意識が形成されにくく、企業ごとに独自の労使関係が構築されている。それゆえ、従業員は会社の将来が個人の将来に直結するため、賃金は極めて柔軟に調整されることになる。一方、非正規社員は有期契約であるため雇用調整が容易であるが、実際には必ずしも雇用期間が短いわけではない。「常用非正規」と呼ばれるケースが多く、むしろ賃金を低く抑えるために企業が非正規を増やした面が強く、結果的には雇用調整を容易にするよりも、賃金調整を容易にする方向に作用したと考えられる。そうした結果が、世界でも特異な賃金下落傾向となったわけである。

## (4) 「イノベーション」と「プライシング戦略」

以上で比較した雇用システムの在り様は、「イノベーション」や「プライシング戦略」といった事業戦略の各面で、日米欧の違いに大きな影響を与えている。具体的には、以下のように整理できる。

① イノベーション

まず、イノベーションの特徴について、雇用システムの在り方に関連付けて比較すれば以下の通りである。

【職務システム】…米国流の職務システムでは、雇用調整が容易であり、企業組織の迅速で大幅な組み替えが行われやすい。このため、外部人材の調達がやり易く、外部から新たなノウハウやアイデアを取り込むことが容易であるため、「探索型（Exploration）イノベーション」に秀でる。毎年、多くのベンチャー企業が生み出されることも、この「探索型（Exploration）イノベーション」を促進する要因である。一方、職務制のもとでは職務範囲が決められ、現場労働者には創意工夫を行うインセンティブが働きににくく、「深化型（Exploitation）イノベーション」には劣る面がある。

【職能システム】…日本流の職能システムは、米国流の職務システムと対称的である。雇用調整に時間がかかるため組織の大幅な組み換えは困難であり、組織内に異分子を取り入れることが難しく、「探索型（Exploration）イノベーション」に劣る。ベンチャー企業が育ちにくいこともこのタイプのイノベーションを難しくしている。一方、雇用維持を優先するため、組織能力を高めることに秀で、職能制のもとでは職務範囲が曖昧で、特定企業に対する帰属意識も強くなるため、現場が創意工夫によって業務プロセスの改善を不断に行うインセンティブが働き、「深化型（Exploitation）イノベーション」が生まれやすくなる。

【職種システム】…ドイツ流の職種システムでは、事業上の理由による人員削減は認められているため、不採算事業の整理はわが国に比べて容易だが、解雇自由である米国に比べて雇用調整スピードは緩やかになる。この結果、「深化型（Exploitation）イノベーション」「探索型（Exploration）イノベーション」ともに中間的であるといえる。

② プライシング戦略

次に、プライシング戦略の特徴について、雇用システムの在り方に関連付けて比較すれば以下の通りである。

【職務システム】…米国では平均ベースでみた名目賃金上昇スピードが速い一方、賃金格差＝所得格差が3カ国の中では最も大きい。この結果、低所得層向けの低価格商品から、富裕層向けの高級商品までバラエティーに富み、所得階層ごとに多様なプライシング戦略を採ることを促す土壌にある。

【職種システム】…ドイツなどの欧州では、労働組合からの賃上げ圧力が強く、企業は日米に比べて低価格戦略を採りにくいといえる。賃上げ圧力

を価格引き上げに反映させるため、ブランドやデザインなどに知恵を絞り、高価格を維持するプライシング戦略を促す土壌にある。
【職能システム】…日本では労働組合は賃上げよりも雇用維持を優先するため賃上げ圧力は弱く、企業は人件費削減によってコストダウンが容易なため、低価格化戦略の発想を採りやすい土壌にある。

(5) 国際比較からのインプリケーション

　以上の分析を踏まえれば、「深化型（Exploitation）イノベーション」に優れるが「探索型（Exploration）イノベーション」に劣るというわが国の特徴を補強するには、「探索型（Exploration）イノベーション」の面で相対的に優位性のある米国流の「職務システム」あるいは欧州流の「職種システム」からそれらの利点の導入を図るのが適当といえる。「付加価値生産性の向上」という目的からすれば、低価格戦略に偏るプライシング戦略を正すという観点からも、「職務システム」「職種システム」の要素を採りいれることが必要と言えよう。
　では、「職務システム」と「職種システム」のいずれに重きを置いて導入を検討すべきか。雇用システムは単独に存在するわけではなく、いわばトータルな社会システムのなかに組み込まれていることを勘案すれば、社会の成り立ちに近い方にプライオリティーを置くべきであろう。この点からすれば、所得格差に対する寛容度などを考慮すれば、欧州流の職種システムの方が相対的に取り入れやすいと考えられる。

# 3．付加価値生産性向上に向けた課題

　ここまでの考察をまとめておこう。まず、わが国の生産性を巡る問題の核心は「付加価値生産性の低迷」にあり、その状況を打破するには、「探索型（Exploration）イノベーション」を強化するとともに、低価格戦略に偏った「プライシング戦略」を見直す必要があることを指摘した。さらに、そうし

たわが国企業の弱点は「職能型」である雇用システムの在り方と密接に関連しており、その在り方を、欧米流とりわけ欧州流の「職種型システム」の要素を導入することで修正することが必要である、と分析した。本節では、こうした分析を踏まえ、企業や政府が具体的にどのような変革行動に取り組むべきかを考えたい。

### (1) 政府「働き方改革」の評価

この点についてまず踏まえておくべきは、現在政府が取り組んでいる「働き方改革」が妥当なものかという検証であろう。2017年3月、政府は「働き方改革実行計画」を取りまとめ、11項目の具体策を提示した。なかでも、法改正も含め、重点政策に位置付けられているのが「罰則付き残業上限規制の導入」および「同一労働同一賃金の実現」である。これらはともに欧州の仕組みを参考にしたものであり、今回の政府による「働き方改革」の基本的な考え方は「欧州型の職種システムの導入」を図るものといえよう。本章のこれまでの分析からすれば、この基本方針は妥当なものとして評価できる。

しかし、見逃してはならないのは、欧州流の職種システムは、わが国の職能システムとの間に大きな隔たりがあるという事実である。最も重要な違いは、人材育成・技能形成の在り方である。欧州では、学校教育段階で実務能力が身に付く訓練プログラムが用意されているのが一般的である。ドイツのデュアルシステムが典型的であるが、同国では、10～12歳の時点で基幹学校、実科学校、ギムナジウムの3種類の学校のいずれに進むかを選択し、大学進学を念頭にギムナジウムに通う学生以外は、基幹学校や実科学校を終了した後、職業学校に通学する。そこで行われているのがデュアルシステムによる職業教育訓練であり、企業と職業訓練契約を結び、週1～2日を職業学校での理論教育、残り3～4日を企業内での訓練にあてられる[11]。

また、大学に進学した場合も、6週間程度から約半年のインターンシップ

---

11 本多（2011）pp. 128-131。

に参加して就職するのが一般的である。中には通常の従業員と同様の仕事をするケースもあり、学校卒業後に採用される段階では、一定の基礎的な実務能力が身についているケースが少なくない[12]。つまり、欧州の場合、正規労働者に採用された段階で、若手は実務的に一定の基礎的な職業能力が身についている状況にある。

　これに対し、わが国では実践的な職業能力は基本的には企業に就職してから、主にOJT（職場内訓練）によって身につけるという考え方である。このため、学校教育の役割は、一部の例外を除けば、基本的・汎用的な基礎力を身につけることであり、企業も新卒採用者に期待するのはその企業の風土に馴染んでポテンシャルを活かせるかどうかであり、高い即戦力を期待しているわけではない。このため、入社後数年間はいわば未熟練労働者であり、しかも仕事と教育が未分化の状態のOJTで仕事能力を身につけていくというのが慣行であり、人材育成の面からも長時間労働になりやすい。したがって、残業時間を本格的に削減するには、人材育成の在り方を大きく見直す必要性が出てくる。

　加えて、重要な違いは不採算事業部門の余剰人員の取り扱いである。第2節で指摘した通り、欧州流の職種システムでは事業上の理由での人員削減は合理的な理由とされる。このため雇用調整は比較的行われるため、残業を前提にしない労働時間を想定したうえでの必要人員数が確保される。また、不採算事業は比較的スムーズに整理され、その分、一定レベル以上の生産性の事業しか残らない。そもそも生産性が高いわけで、長時間労働を行う必要性がないわけだ。これに対し、わが国では雇用調整が難しいため従業員はギリギリの人員数に抑え、景気拡大期には残業が当たり前になってきた。景気後退期には残業を減らし、雇用調整のバッファーにしてきたのである。また、不採算事業の整理は難しいため、その分生産性が低くなり、薄利多売ビジネスから業務量が増え、その結果長時間労働が常態化してきた面もある。

---

12　フランクフルトにある大手銀行のドイツ人知人へのヒアリングによる。

ここで重要なのは、欧州で不採算事業部門の余剰人員の整理が行われる背景に、削減対象になった労働者に対するセーフティーネットが様々に張り巡らされていることが見逃せない[13]。まず、実際に雇用調整を実施するに当たって労働組合が重要な役割を果たす。対象者の選定に関与し、再就職や補償金について労働者が不利にならないように交渉するのである。さらに、すでに指摘したように学校教育に実践的な訓練プログラムが組み込まれていることや、企業横断的な職業能力資格が整備されていることもあり、転職・再就職がやりやすい環境にある。産業別労働組合と使用者団体との交渉で、社会横断的に産業別・技能レベル別の賃金相場が形成され、企業が変わっても賃金が大きく下がることは少ないという事情も重要である。

　このようにみてくれば、わが国で長時間労働の是正を本気で目指すには、それと連動して生産性を高めるために不採算事業部門の余剰人員整理を認める必要があるが、その前提として、労働者が不利にならないルールの確立や、そもそも転職・再就職がやりやすい環境づくりが必要になるといえよう。

　以上は「罰則付き残業上限規制の導入」に際しての留意点であるが、「同一労働同一賃金の実現」についても欧州にオリジナルな形では難しい。そもそも欧州における同一労働同一賃金は男女間格差の是正を目指した「人権保障」の観点からのものであり、それをいわば雇用形態の違いによる処遇格差に援用した形である。さらに、欧州では、集団的労使交渉の枠組みのもとで社会横断的に産業別・技能レベル別の賃金相場が形成され、それを非組合員に拡張適用する仕組みがあり、賃金格差の合理性を判断する際の相場があり、そもそも処遇格差も小さい[14]。わが国にはそうした仕組みはなく、欧州の文脈で導入するには、社会横断的な能力認定の仕組みやそれに連動した賃金相場が形成されることが条件になる。

　これまでの考察を改めて整理すれば、「欧州型の職種システムの導入」を

---

13　ドイツの雇用調整の事情については藤内（2013）が詳しい。
14　詳しくは山田（2017）pp.55-64を参照されたい。

図る、政府による「働き方改革」は大きな方向性としては妥当であるが、それが「罰則付き残業上限規制の導入」や「同一労働同一賃金の実現」を強引に導入する形で進められるのであれば副作用が生じる恐れがある。当面は、わが国の事情を勘案した形で導入しつつ、中長期的にはより本格的に欧米型のシステムを取り入れることに向けて、企業外部での実践的な人材育成・技能形成の仕組みや社会横断的な能力認定制度、雇用調整時に働き手の生活安定を保障するルールなど、円滑な企業間労働移動を支える各種環境整備を着実に行うことが不可欠といえよう。

## (2) 働き方改革で目指されるべきは「ハイブリッド・システム」の構築

さらに、今後の雇用システムの在り方を構想するにあたって、もう一つ見逃してはならない観点は、競争力の源泉はあくまで独自性・比較優位性にあり、「職能システム」の本質は残すべきだということである。その意味で、**目指すべきは、職能システムの利点を残しつつも、前提となる環境整備を行ったうえで欧米流の「職種・職務システム」を移植した「ハイブリッド・システム」**ということになろう。

では、この「ハイブリッド・システム（職能システム＋職種・職務システム）」とはより具体的にはどのようなものなのか。その一つの重要な意味合いは、企業の人材ポートフォリオの多様性を高めることである。横軸に職務限定の有無、縦軸に技能・賃金レベルをとった人材タイプ・マトリックスを作成すれば、これまでの日本の正社員の典型は「職種無限定・高技能」タイプとなる（図表11）。これがきめ細かさや高品質という日本企業の競争力の源泉であった。それを安易に捨てるべきではない半面、このタイプの人材についての一企業での雇用保障を実現するため、長時間労働がバッファーとされるとともに、調整弁として非正規労働者が位置づけられ、正規・非正規間の二重構造が生まれた。

そこで、目指すべき「ハイブリッド・システム」の実現には、職務限定で

図表11　人材タイプ・マトリックス

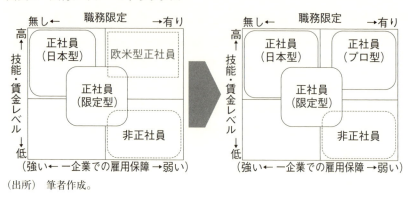

(出所)　筆者作成。

あるため一企業での雇用保障が制限される「職種限定・高技能タイプ」に分類される、特定職業でのプロフェッショナルのウェイトを増やすことが鍵になる。こうしたタイプの人材は、社会横断的な技能形成や能力認定の仕組みが整備されることで転職・再就職が容易になることを前提に、不採算事業の整理に伴う人員削減の対象になり得る。このため、企業は残業を前提にして少なく雇う必要性が低下し、正社員の雇用調整のバッファーのために非正規雇用の比率を高める必要性もなくなる。最も重要なのは、特定企業よりも自ら選んだ職業への帰属意識が高まるため、所属企業の雇用保障に過度に頼ることなく、キャリア自立意識が高まって主体的に能力形成に取り組むようになることにある。企業としては、そうした人材を外部から取り込むことで、「探索型（Exploration）イノベーション」が活発化する効果が期待できるであろう。

　では、「職種無限定・高技能タイプ」の日本型正社員を残しつつ、「職種限定・高技能タイプ」のプロフェッショナル人材を増やしていくには、具体的にはどのようなプロセスが必要になるのか。まず求められる作業は、職能システムの本質（利点）を見極め、残すべき点と変えるべき点を峻別することである。いわゆる「三種の神器」（終身雇用・年功賃金・企業別組合）が職能システム（日本型雇用）の特徴とされるが、その本質は①若手・中堅期にお

ける「職業人としての全人格的形成を促す職能型人材管理」の在り方(終身雇用・年功賃金の本質)、および、②「良好な労使関係(パイ拡大をともに目指す)を前提とした労使自治の原則」(企業内組合の本質)ということができよう。時代の変化に対応するため、これら2つの要素について以下のような修正が必要になる。

- 「終身雇用・年功賃金」について、「職業人としての全人格的形成を促す職能型人材管理」という根幹は維持しつつ、政労使および産官学の連携による企業横断的なキャリア形成の仕組みを構築することで、「特定職業でのプロフェッショナルの能力発揮を促す職務・職種型人事管理」を取り入れる「ハイブリッド・システム」を目指す。
- 「正社員中心の企業別組合」は、非正規も含めた産業別や地域別の労働組合間の連携強化等によって新たな形での「良好な労使関係」へ転換する。

ここで「職種限定・高技能タイプ」のプロフェッショナルをどう育成するかであるが、それは欧米タイプの正社員といえるが、これまでとは異なるキャリアコースを別に設けるのではなく、これまでのキャリアコースの延長線上に設ける、という発想が現実的であり、またそれが望ましいであろう。具体的には以下の通りである(図表12)。

a) 30歳代半ば頃まで…入社後3年程度の間は、計画的なローテーションによって様々な部署を経験させる。それによりチームワーク精神を体得すると同時に、複数の業務を経験することで幅広い視野と多様なスキルの基本を身につけるようにする。加えて、のちに選択する特定職務の全体における位置づけを理解することができるようにもなる。地に足の着いた発想ができるようになるという意味で、とりわけ現場経験をさせることが重要であろう。そうした時期を経たうえで、本人の希望と適性を見ながら、特定職務分野を決め、その分野におけるプロフェッショナルとなることを目指す。10年程度は職能システムのもとで雇用保障を行い、長期的な視野でプロフェッショナルとしての高い能力が形成される環境が与えられることが

図表12　ハイブリッド人事制度のイメージ

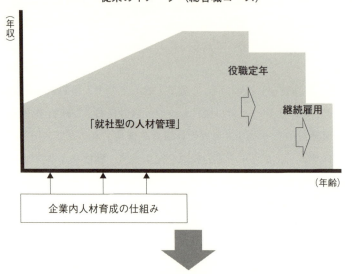

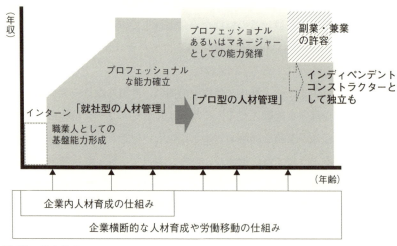

(出所)　筆者作成。

望ましいであろう。

b) 30歳代後半〜40歳代以降…職務・職種システムのもとで、特定分野でのプロフェッショナルとして能力を発揮する。こうした新たなキャリアコースは、日本の良さを活かしつつ欧米の利点を取り入れるハイブリッドの在り方といえる。賃金制度だけみれば、いわゆる成果主義の流れ以降、形式的にはここで述べたような形で企業人事の変化は進んできている。しかし、欧米型のプロフェッショナルが育たないのは、雇用契約の形態が異なることが大きく影響している。賃金制度だけ職務給に近づけても、雇用契約が無限定型のままであり、依然として企業に対する雇用保障の期待が強く、個人が主体的にキャリアを形成していこうというインセンティブが湧かない。端的に言えば、雇用契約を一定年齢以上は「職務限定」として、一定のルールのもとで雇用調整が可能な形にすることが、真のプロフェッショナルの登場には不可欠なのである。しかし、繰り返し強調するが、それは現実には雇用契約を見直したり、雇用調整ルールをつくればよい、という話では済まない。なぜならば、欧米では「所属企業が変わってもキャリアを継続していけるような社会的な仕組み」が様々に整備されており、キャリア自立を支える環境があるからである。

### (3) 所属企業が変わってもキャリアを継続・開発していける仕組みの整備

では、欧米における「所属企業が変わってもキャリアを継続・開発していけるような社会的な仕組み」はどのようなものか。具体的には以下の通りである[15]。

第1に、すでに身に着けたスキルや経験をもとに職業や職種、産業等を共通項にした労働者間の互助組織・人的ネットワークが形成されている。具体的には、米国の場合、専門職能別の協会組織（専門団体）が様々に存在し、

---

15 山田（2016）pp. 230-231。

専門家としてのキャリアを形成するにあたって専門団体に所属し、継続的に自己啓発を行っている[16]。加えて、古くから転職紹介会社が様々なサービスを提供しており、その仲介を背景としたプロフェッショナル労働市場が発達している。欧州では労働者の多くは職業別や産業別の労働組合に属し、職種別労働市場が形成されている。

　第2に、未経験者や他からの参入者が新たなスキルを獲得し、新規にキャリアを始める、あるいはキャリアを転換することをサポートする能力育成の仕組みがある。スウェーデンにおけるYrkeshögskolanはこうした仕組みの代表例である。米国では、専門職業を育成する大学院である「プロフェッショナルスクール」を修了することが、高給のホワイトカラー専門職に従事するためのパスポート的な役割を果たしている[17]。また、コミュニティ・カレッジという4年制大学への編入前教育や職業教育を提供する2年制の高等教育機関[18]があり、「若年層を学校から労働市場へ効率的に橋渡しする役割から、社会人を再訓練して労働市場へ戻すまでの役割を担う、まさに地域の起業や産業の人材育成の中継点（ハブ）[19]」の役割を果している。

　欧米のように職業・職種に対するアイデンティティーが強くなく、個別企業の枠を超えた産業別労働組合の伝統を持たないわが国で、上記のような「所属企業が変わってもキャリアを継続・開発していけるような社会的な仕組み」を整備するのは決して容易ではないだろう[20]。しかし、なお限られて

---

[16] 楠田（2002）p.23。
[17] 山田（1998）によれば、プロフェッショナルスクールとは「専門職業―すなわちプロフェッショナル―を育成する大学院レベルの教育を実施する高等教育機関」（p.14）と定義でき、社会人を対象としているわが国の社会人大学院に対して、「学部卒業の新卒学生や実際の社会で働いた経験があるが、違う分野での専門職業に従事することを希望するリカレント学生、現職の職業人などの多様な学生から構成されている」（p.15）。プロフェッショナルスクールが授与する修士号は産業界や専門職業団体から評価され、学位取得者の初任給も高くなっている（p.45）。
[18] 山田（1997）は「社会移動、上昇移動としての機能もコミュニティ・カレッジは維持しており、現実にコミュニティ・カレッジを通過点として上昇移動する人々は決して少なくない」（p.279）としている。
[19] 黒澤（1999）p.163。
[20] 以下の記述は、山田（2017）pp.198-200をもとにしている。

いるとはいえ、そうした仕組みの環境整備が進む分野もある。「労働者間の互助組織・人的ネットワーク」については、例えば、リクルート社出身者にはOB・OGのネットワークが形成されている。同社では中途退社を「卒業」といい、社員の独立を貴ぶ企業文化が根付き[21]、転職することが当たり前であるという企業風土がある。さらには、外資系やベンチャー企業の人事プロフェッショナルの間には、企業横断的な人的ネットワークが形成されてきている。こうした事実は、わが国では労働者の相互支援組織を形成することは不可能だという見方への反証になると言えよう。

　とはいえ、これらはまだまだ少数派であり、既存労働組合に短期のうちに自己改革を期待するのも難しい。そうした意味では、政府が旗振り役になって、政労使の枠組みのもとで仕組みづくりに着手するのが有効ではないかと考えられる。本来、2013年に創出された「政労使会議」には、そうした役割が期待されると言えるが、国家レベルで合意をするだけでは実効力はない。そこで、政労使会議の下に、主要な産業別や地域別に委員会を設け、企業横断的に、各種階層別研修の業界共有化や技能・スキル検定制度・技能スキル競技会、さらには再就職先のあっせん組織などの設置を議論することが望まれる。この点で興味深い事例は、地方銀行が業界ぐるみで乗り出した女子行員の再就職あっせんの仕組みである。

　地方銀行で働く女性行員は、配偶者の転勤や結婚などに伴う転居によって、離職せざるをえないケースが少なくない。女性活躍推進が経営課題となるなか、全国地方銀行協会全64行の地銀が連携し、2015年4月に「地銀人材バンク」を創設した。その仕組みは、ある地銀で退職者が出たとき、その退職者が属する銀行から転居先の銀行に受け入れ可能かを打診し、可能であれば紹介元銀行が紹介シートや履歴書を紹介先銀行に送付して、採用の可否が決定される、というものである。基本的には女性行員を想定しているが、男性でも利用でき、今後は親の介護のために転居を余儀なくされるケースも展

---

21　日本経済新聞社（2015）p. 97。

望している。この仕組みは、「輝く女性の活躍を加速する地銀頭取の会」を通じて経営トップが関与する形でスタートしたもので、各行で活躍している女性の様々なタイプのロールモデルブック作りも行っている[22]。

「未経験者や他からの参入者が新たなスキルを獲得し、新規にキャリアを始める、あるいはキャリアを転換することをサポートする仕組み」については、実は政府もすでに取り組みを開始している。中央教育審議会の答申(「個人の能力と可能性を開花させ、全員参加による課題解決社会を実現するための教育の多様化と質保証の在り方について」2016年5月30日)を受けて、2019年度より、実践的な職業教育を行う新たな高等教育機関として「専門職大学」「専門職短期大学」が創設される。

卒業単位のおおむね3～4割程度以上を実習等の科目とするとともに、適切な指導体制が確保された企業内実習等を、2年間で300時間以上、4年間で600時間以上履修する、とされている。修業年限については、専門職大学を4年制、専門職短期大学を2年制又は3年制とし、高等学校(専門学科・普通科)卒業後の学生、社会人学生、編入学生など、多様な学生を積極的に受入れるとしている。教員については、実務家教員を教員組織の中に積極的に位置づけ、必要専任教員数のおおむね4割以上を実務家教員とし、その半数以上は研究能力を併せ有する実務家教員とする予定となっている。

これらは欧米の先進事例を踏まえた内容になっており、仕組みとしては基本的に評価される。しかし、問題はその実効性である。ポイントは、a)産業界の積極的な協力、及び、b)質の評価体制、にある。産業界の積極的な協力については、様々な側面がある。具体的には、①「適切な指導体制が確保された企業内実習」をどこまで用意できるか、②有能な「実務家教員」を十分な人数で供給できるか、③社会人学生が気兼ねなく通学できる職場環境が用意できるか、が肝要である。質の評価体制については、認証評価において、産業界等と連携した体制を整備し、専門分野の特性に応じたいわゆる分

---

[22] 日本の人事部、となりの人事部Interview、「第68回輝く女性の活躍を加速する地銀頭取の会」(https://jinjibu.jp/article/detl/tonari/1354/1/)。

野別評価を行うとしているが、当初は指導的な観点からの評価を行い、PDCAプロセスを通じて質向上を目指すというスタンスが重要である。

## (4) 価格設定の適正化と持続的賃上げの仕組みづくり

以上、「探索型イノベーション」を活発にして実質ベースの労働生産性を高めるための雇用制度や人材育成の仕組みをみてきたが、同時に進める必要があるのは**実質ベースの生産性向上を付加価値ベースの上昇につなげることのできる「適正な価格設定」が行われる条件整備**である。この点でまず指摘すべきは、企業のプライシング戦略の見直しである。製品のみならずサービスでも、日本産業の品質は高い。例えば、日本生産性本部の調査によれば、日本人にとっても米国人にとっても、多く分野の個別サービスで日本のほうが米国よりも品質が高いと認識されていることが示されている。より具体的には、米国滞在経験のある日本人および日本滞在経験のある米国人を対象に、コンビニ、地下鉄、クリーニング、病院、タクシー、ホテル、外食など様々な分野で、日本と米国のサービス品質の違いに対し、どのくらいの価格を余分に支払ってもよいかを問うことで、品質差を貨幣価値換算して定量化している。それによれば、調査対象とした28種のサービスのうち、23種について日本人、米国人とも日本の品質が高いと答えている（図表13）。

わが国では「いいものを安く」「サービスはタダ」というスタンスのもとで、実質生産性の向上を価格に反映させず、実質的な値下げで顧客に還元する傾向がある。この結果、長時間労働や低賃金という形で労働者に大きな負荷がかかってきた。これを見直し、**「根拠のある値上げ」に知恵を絞る値付け改革に取り組む必要**がある。

この点で参考になるのは、ハーバードビジネスレビューに掲載されたM.ベルテーニとJ. T. グルヒルによる「共通価値のプライシング」という論文[23]である。それは、プライシングを顧客とのコミュニケーション・ツールとし

---

[23] Bertini and Gourville（2012）.

図表13　サービス品質の日米比較

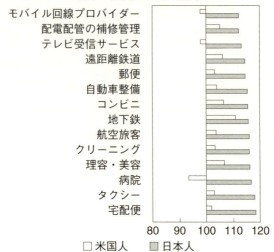

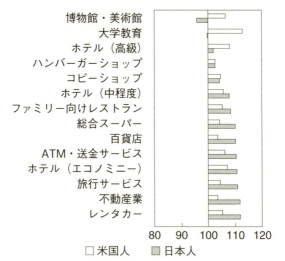

（注）日本と米国のサービス品質の違いに対し、どのくらいの価格を余分に支払ってもよいかを問うことにより、品質差を貨幣価値換算して定量化。日米で品質が同等の時＝100。米国滞在経験のある日本人、日本滞在経験のある米国人を対象。
（出所）日本生産性本部（2017）「サービス品質の日米比較」。

てとらえ、「顧客との関係に注目する」「先見性を持って行動する」「柔軟性を重視する」「透明性を高める」「市場の公平性の基準に対応する」という5つの原則を提示している。例えば、「顧客との関係に注目する」とは、モノとしての製品を売るよりも顧客ニーズへ対応すること—すなわち「顧客との取引」よりも「顧客との関係」を重視することだという。具体例として、高品質の建設用工具の製造事業者が、月額の会費を払えば必要な工具はすべて貸出し、その保守整備と修理を行うサービスを提供している事例が紹介されている。これにより、単体商品販売ビジネスに付きまとう、価格値崩れのリスクを避ける効果が期待できる。また、「透明性を高める」とは、利益を挙げている方法をオープンにすることにより、顧客との間に信頼関係を構築する戦略で、結果として顧客がより高級な製品に買い替えたり、付属品や付属サービスに出費してくれたりすることで、客単価の引き上げが期待できる。「市場の公平性の基準に対応する」とは、価格設定のプロセスを明確にし、消費者に価格が公正であると感じてもらう戦略である。イケアは巨大な店舗で商品を探し出し、顧客自らが持ち買って、自分で組み立てることを前提に、徹底的な合理化を通じて低価格を実現し、顧客の支持を得ている。逆に、組み立てや配送を依頼する顧客からはその手数料を支払ってもらい、どんぶり勘定のサービスで収益を圧迫することを避けている。

　今後はモノとサービスの融合が進み、値上げの根拠となる付加価値はサービス部分に求められることが多くなる。そうした意味で、「サービスはタダ」との発想を見直し、価値あるサービスにはきちんと値付けをしていくことが極めて重要になる。


　もっとも、こうしたミクロのプライシング行動の見直しが奏功するには、マクロ環境の整備が伴わなければならない。物価下落が続いてきた背景には、「過剰供給体質による需給悪化」と「賃金低迷による購買力低下」という要因が無視できないからである。製造業においては、賃金よりも雇用を優先する労使関係のもとで、不採算事業の撤退や産業再編が遅れて多くの産業

分野で過剰供給の状況が温存されてきた。とりわけ大手製造業は全体の賃上げの潮流を規定してきただけに、このセクターでのそうした傾向が春闘の賃上げ機能を弱め、経済全体での賃上げのトレンドが失われていったことの影響は大きい。こうした過剰供給体質と賃金低迷が同時並行的にもたらしている値下げ誘発的な環境を打破することが、ここでいうマクロ環境の整備にほかならない。

　サービス産業分野でも、ややメカニズムは異なるが、やはり過剰供給体質と賃金低迷という構図が適正なプライシングの足かせになっている。いまでこそサービスの値上げがないことが当たり前になっているが、1990年代初めごろまではサービス価格の上昇は当たり前であった。同時に、サービス産業（第3次産業）部門の平均賃金も上昇することは当然と考えられていた。この背景を経済学的に説明するものとして「バラッサ・サミエルソン理論」がある。これに依拠すれば、先進国では製造業（貿易財）での生産性が高く、賃金も国際価格でみて高くなるが、労働力の移動可能性を考えれば、サービス産業（非貿易財）の賃金は製造業と同等になる。一方、サービス産業の生産性は低いため、非貿易財の貿易財に対する相対価格は高止まりすることになる[24]。

　しかし、80年代後半以降、内外価格差が問題視され、90年代の平成バブル崩壊後の不況期には、競争制限的な公的規制の存在や非効率な流通機構がその背景にあるとされ、サービス産業部門の経済構造改革が重要政策課題に浮上した。そうしたなかで、通信分野のほか流通や物流分野で相次いで規制緩和が行われ、競争促進を通じたサービス価格の抑制・引き下げが誘導された。これを受けて、90年代を通じて、公共サービス価格が先導する形でわが国のサービス価格は全般的に値上げの動きが止まっていった。

　さらに、1990年代後半には、金融危機を契機とする経済不況の深刻化により、春闘による賃上げ機能が消滅し、サービス産業部門の賃金は下落基調に

---

[24] 馬場（1995）。

図表14　サービス物価と名目賃金

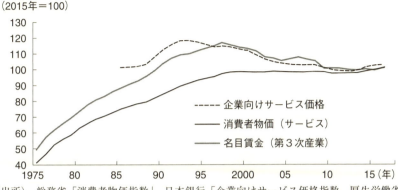

（出所）　総務省「消費者物価指数」、日本銀行「企業向けサービス価格指数、厚生労働省「毎月勤労統計調査」。

転じた（図表14）。加えて、金融危機阻止への対応から、金融の大幅緩和や資金繰り対策など企業倒産の回避に向けた流動性対策が大々的に講じられた。この結果、労働コストの面でも資本コストの面でも、未曾有の低コスト状態が生まれた。これによりコスト削減が容易になり、売り上げが減少するなかでも企業の存続が可能になり、不採算事業所が存置された。例えば、年間販売額が減少するなか小売業の販売床面積は1997年から2007年までに17％強拡大し、運賃が下落するなかトラック事業者数は同期間に25％増加した。

　こうしてサービス産業分野の多くでは、マクロでみた売上が縮小したにもかかわらず、営業所面積や事業者数が増加し、いわゆる過当競争体質が生まれており、これがサービス価格の上昇しない大きな障害になっている。このようにみてくれば、わが国でサービス価格が上昇しなくなった要因としては、①内外価格差是正には価格抑制が望ましいとの通念が広まり、それが消費者に定着してしまっていることに加え、②不採算企業が多く存置され、過当競争体質が値上げの難しい状況を生んでいること、③春闘の機能不全で賃金を押し上げる圧力がなくなり、企業のサービス価格抑制を可能にしていること、が影響していると考えられる。

このようにみれば、サービス物価が上昇する状況を取り戻し、サービス産業部門で賃上げを可能にする原資を生み出すようにするには、内外価格差はすでに是正され、高品質のサービス価格の引き上げは当然であるとの通念を、まずは企業が持つことでプライシング戦略を転換することが必要である。それに加え、製造業のケースと同様、①不採算事業の整理をスムーズに進め、産業再編によって過当競争体質を是正すること、②春闘による賃上げ機能を復活させ、企業の価格引き上げへのインセンティブと消費者サイドの購買力の向上を図ること、が必要になるといえよう。

　では、製造業、サービス産業を問わず、①②を進めるにはどうすればよいか。それには、かつてわが国の良好な経済パフォーマンスを支えてきた「**成長と分配をめぐる大原則**」**を、時代に合った新たな形へと進化させることが求められる**。その大原則とは「生産性3原則」というものであり、具体的には①雇用の維持・安定の原則、②労使協議の原則、③成果配分の原則の3つをいい、「雇用や賃金を始めとする労働条件改善の原資は、労使の努力による生産性向上の増分付加価値で賄われるべきだとする」考え方である[25]。それは、石油危機後、欧米先進国がスタグフレーションに苦しむなか、わが国がいち早く物価安定と経済成長を取り戻した秘密であり、1980年代のわが国の高い経済パフォーマンスを支えてきたわけだが、1990年代後半以降、その機能不全化が目立ってきている。しかし、それは時代の役割を終えたというよりも、従来の一企業での雇用保障を前提にした在り方が限界にきているということであって、環境変化に応じた新たな在り方で再建すべきと考える。

　まず、①雇用の維持・安定の原則については、これまでの一企業を前提としたものから、「社会全体での雇用の確保・安定」へ見直すべきであろう。もちろん、一企業が雇用を維持していくことを安易に破棄すべきではなく、企業経営者は10年先を見越したプロアクティブな事業改革に取り組む必要がある。労働組合も、不採算事業があればその採算事業化への現場ならではの

---

[25] 髙木（2015）。

提案をしていくとともに、不採算事業から高収益事業へのシフトには、新たな能力・スキルの習得に積極的に取り組むべきである。それらが前提であるが、厳しい競争環境のもとで、場合によっては、企業を跨ぐ労働移動も選択肢から排除すべきではない。労働組合はそこから逃げるのではなく、失業なき労働移動の仕組みを労使で共同して構築すべきである。

②労使協議の原則については、そもそもわが国の労働組合が企業別であるため、正社員のための組合であり、非正規労働者の処遇改善のための交渉は十分になされてこなかった。この点が、「同一労働同一賃金の導入」という政府が本来労使自治であるはずの賃金問題にまで介入するのに正当性を与えることになっている。企業別組合は企業の発展に協力するという利点があるため、基本形はそのままにするにしても、非正規も含めた労働者全体の「公正代表」として、企業と交渉することが求められる。そのためには、産業別の連携を強化することが重要である。

③成果配分の原則については、かつては生産性基準原理や逆生産基準原理ということが言われ、労使でニュアンスの違いはあるものの、生産性に見合って賃金を決めるというコンセンサスが労使間で存在した。そのコンセンサスを前提に、その時代時代の基幹産業が「パターンセッター」として、賃上げをリードするというやり方が行われきた。しかし、生産性と賃金の連動についての合意は実質的になくなり、パターンセッターのけん引力がなくなった。その意味では、新たな公正配分の仕組みづくりが求められている。私見では、中立的な有識者によって構成される第3者機関を創設し、それが客観的な経済社会情勢を分析し、賃上げの目安を公表するのが一案である。各産業・企業はこれを参考に交渉する方式を導入することを提案したい。その際、過去実績の成果配分（過年度インフレ率＋$a$）ではなく、あるべき成長経路に整合的な未来志向の成果配分方式（生産性向上のトレンド＋望ましいインフレ率）への転換も求められる。

## 4．おわりに

　以上、雇用システムの国際比較をベースに、わが国が付加価値生産性を高める方策について検討してきた。そこで明らかになったのは、長らく停滞が続いてきたわが国だが、冷静に分析すれば、「深化型イノベーション」を促進する面では日本流の雇用の在り方にはなお利点があり、「探索型イノベーション」に優れる欧米の良さを取り込めば、付加価値生産性を大きく高める余地は十分あるということである。ここで強調したいのは、一般には人口減少・高齢化は経済活性化のハードルと考えられているが、それらはわが国が海外各国に先んじて直面する課題であり、解決すればむしろ世界をリードするチャンスが訪れることを意味する点だ。近年、生産性向上のツールとしてAI（人工知能）をはじめとするデジタル技術に関心が集まっているが、人口減少に直面するわが国こそ、その恩恵を最も多く受ける可能性がある点も指摘したい。さらに、人は老いると安定性を求め生活の質に敏感になる傾向がある点を考慮すれば、日本的な特徴である「きめ細かさ」や「長期関係重視」が高齢化社会のニーズに合った事業創造にプラスに働く面もある。自らの利点を再認識してそれを磨くとともに、海外の良さを謙虚に吸収していけば、日本復活の可能性は十分にあるといえよう。

【参考文献】
入山章栄（2015），『ビジネススクールでは学べない世界最先端の経営学』，日経BP社．
楠田丘編（2002），『日本型成果主義』，生産性出版．
黒澤昌子（1999），「高等教育市場の変遷：米国における例をもとに」，八代尚宏編『市場重視の教育改革』，日本経済新聞社．
経済産業省（2013），『通商白書2013年版』．
髙木剛（2015），「労使関係の背骨は「生産性三原則」」，『日本労働研究雑誌』2015

年8月号.
藤内和公（2013），『ドイツの雇用調整』，法律文化社.
日本経済新聞社編（2015），『リクルート 挑戦する遺伝子』，日本経済新聞出版社.
日本の人事部，となりの人事部インタビューInterview,「第68回輝く女性の活躍を加速する地銀頭取の会」（https://jinjibu.jp/article/detl/tonari/1354/1/）.
野川忍（2007），『労働法』，商事法務.
馬場直彦（1995），「内外価格差について－サーベイを通じた考え方の整理」，日本銀行金融研究所『金融研究』，第14巻第2号.
濱口桂一郎（2009），『新しい労働社会－雇用システムの再構築へ』，岩波新書.
──（2013），「『労使双方が納得する』解雇規制とは何か」，『世界』2013年5月号.
本多千波（2011），「ドイツの職業教育訓練と教員・指導員の養成」，『諸外国における職業教育訓練を担う教員・指導員の養成に関する研究』，第4章.
宮本光晴（1999），『日本の雇用をどう守るか－日本型職能システムの行方』，PHP新書.
山田久（2016），『失業なき雇用流動化』，慶應義塾大学出版会.
──（2017），『同一労働同一賃金の衝撃』，日本経済新聞出版社.
山田礼子（1997），「アメリカの高等教育政策とコミュニティ・カレッジ」，北海道大学『高等教育ジャーナル』，第2号.
──（1998），『プロフェッショナルスクール－アメリカの専門職養成』，玉川大学出版部.
労働政策研究・研修機構（2011），『雇用形態による均等処遇についての研究会報告書』.
──（2013），『現代先進諸国の労働協約システム－ドイツ・フランスの産業別協約－（第1巻ドイツ編）』，労働政策研究報告書，No. 157-1.
Bertini, Marco and John T. Gourville (2012), "Pricing to Create Shared Value" *Harvard Business Review*, June 2012.（邦訳「共通価値のプライシング」，『ダイヤモンド・ハーバード・ビジネス・レビュー』，2012年8月号.）
March, James G. (1991), "Exploration and Exploitation in Organizational Learning" Organization Science Vol. 2 No. 1, February 1991.

# 第7章

# 特許からみる産業構造の変化とイノベーション

木村　遥介[1]

---

[1] 財務省財務総合政策研究所総務研究部研究官

## 要　旨

　本章では、特許を用いたイノベーションの指標と企業成長、そして産業構造の変化の関連について既存の研究をサーベイすること、また日本の特許データベースを利用して、統計的な特徴を確認することを目的としている。最初に、実証研究で利用されるイノベーションの指標を整理している。特に特許統計を用いて定義される指標の特徴をまとめている。先行研究で用いられたイノベーション指標と企業成長の間には、正の関係があることを確認している。次に特許データベースであるIIPパテントデータベースを利用して、企業の特許出願数や被引用数の分布を調べている。これらの分布は裾の厚い（ファットテール）分布であり、企業サイズと同様の特徴を持つことがわかった。また、特許出願数の産業比率を見ることで、特許においても産業構造の変化が生じているかを調べた結果、時期ごとに申請比率が高い産業が見られた。特にバブル崩壊後、情報通信機械製造業の比率が低下しているが、これは技術者や研究者の国外への移動を背景として生じた可能性が指摘される。最後に、日本や国際経済における特許活動や研究開発を踏まえて、日本経済が成長する上で必要な点について議論する。

# 1. はじめに

　本章は特許の視点から、イノベーション、企業成長、そして産業構造の関係について考察することを目的としている。特許は、発明を独占的に使用する権利を、一定期間、発明者（特許の権利者）に与える。特許は発明に関する情報を含むため、技術革新（技術的イノベーション；technological innovation）についての有益な情報を含んでいる。したがって、特許のデータを利用することで、技術的イノベーションについての情報を手に入れることができると考えられる。本章は、既存の研究をサーベイし、特許とそれに関連するデータを用いたイノベーションの指標（innovation measure）を簡単にまとめている。また、イノベーション指標と企業の成長の関係について、サーベイしている。

　日本において、特許のデータベースが利用可能である。これを利用することで、企業の特許出願や特許の被引用数などを見ることができる。日本企業の特許出願や被引用数がどのような特徴を持っているのかについて、分布の形状を調べることで分析している。さらに特許それ自体が研究開発のアウトプットであると考えられることから、産業ごとの特許出願の比率を見ることで、日本経済の研究開発活動がどの産業に集中しているのかを見ることができる。本章は特許のデータベースを利用することで、日本における特許出願の産業構造の変化を考察している。

　1990年代初頭のバブル崩壊以降、日本経済の成長率は低迷している。様々な議論の場において、イノベーションが日本経済の復活に必要であると言われている。イノベーションは経済成長の源泉である。経済成長理論の先駆けとなったSolow（1956）のモデルにおいて、定常状態での経済成長率（一人当たりGDP成長率）は技術進歩率によって決定されることが示されている。またSolow（1957）による成長会計では、経済成長率の大部分が生産性の上昇によってもたらされることが示されている。この分析で用いられている生産

性は、全要素生産性（Total Factor Productivity; TFP）と呼ばれている。

　TFPは、実際に観察されるデータによって推計するとき、資本と労働のような生産要素の投入量の変動によって説明できない部分として計測されるため、ソロー残差（Solow residual）と呼ばれる。この研究によって、Solow（1956）において外生的に与えられると仮定された技術進歩率が、経済成長において重要なファクターであることが示されたのである。このような経済成長理論の枠組みにおいて、TFPの成長は技術革新によってもたらされると考えられている。

　Solow（1957）は、経済成長の要因に関する多くの研究をもたらすこととなった。前述のようにTFPは推計の残差として計測されるため、本当に技術進歩を表しているのかはよくわからない。例えば、資本や労働の計測が誤っているため、GDPの変動をうまく説明できていない可能性があった。このような理由から、Griliches and Jorgenson（1966）やJorgenson and Griliches（1967）は、資本の計測方法を変更することで、技術進歩の貢献が小さくなることを示している。また、経済に新たな知識が蓄積することによって、効率的な生産プロセスが生み出されたり、あるいは新しい財が開発されたりすることで生産性が上昇すると考えることもできる。このような想定の下で、Grilichesらは知識資本の蓄積による生産性の上昇を計測するために、研究開発投資や特許のデータを用いた。

　ところで、マクロ経済レベルから企業レベルに視点を変えると、イノベーションはどのようにして捉えられるだろうか。Schumpeterはイノベーションを、「経済活動の中で生産手段や資源、労働力をそれまでとは異なる方法で新結合すること」と定義した。そしてイノベーションの種類として、(1)新しい財の生産、(2)新しい生産方式の導入、(3)新しい販路の開拓、(4)原料や半製品の新しい供給源の獲得、(5)新しい組織の実現、という5つを挙げている。Schumpeterによる定義は様々な意味合いを持つが、イノベーションは、主に企業によって「新たな経済的価値を生み出すこと」ということができるだろう。

またSchumpeterの創造的破壊（creative destruction）は、生産性の低い企業が淘汰される一方で、イノベーションに成功した企業が市場シェアを拡大させ生存し続けるという企業ダイナミクスを想定している。企業は、イノベーションを達成することによって、市場シェアを拡大させる、あるいは売上を成長させる。企業レベルにおいても、イノベーションは企業成長をもたらすと考えることができる。

しかしながらSchumpeterによるイノベーションのタイプは上記のように5つあるため、同時にイノベーションを考察することは難しい。また客観的に観測可能なデータを利用して、イノベーションを計測することも難しい。それゆえ、研究者達は新たな財の発明や生産プロセスの改善である、技術的イノベーションを中心に分析することが多い。

イノベーションあるいは技術進歩の計測に関わる根本的な問題は、新たな知識の蓄積やそれが技術革新に与える影響を適切に測る数値が存在しないことである。それゆえ、経済学者たちはイノベーションを測るための指標を多く提案してきた。本章は特許の視点から企業のイノベーションや成長、産業構造の変化について考察する。

本章は以下のように構成される。第2節では、既存の研究で用いられてきたイノベーションの指標について紹介する。第3節では、イノベーション指標と経済成長の関係について、先行研究をサーベイする。第4節では、本章で用いるデータを説明し、特許のデータがもつ統計的な性質について紹介する。第5節では、研究開発活動や特許に関する現状を踏まえ、日本経済について考察する。最後の第6節は本章のまとめである。

## 2．イノベーションの指標

現実の経済で、イノベーションはどのように計測されるだろうか。前述のようにイノベーションは直接計測することが難しく、それに関連するデータを用いて推計される。実際に観測されないイノベーションの程度を何らかの

データを利用して推計する場合、一部の経済学者は「知識生産関数（knowledge production function）」や「知識資本（knowledge capital）」というコンセプトをベースにする（Pakes and Griliches, 1984；Griliches, 1990；Coad and Rao, 2008）。知識生産関数は、研究・開発がインプットとして投入されたとき、新たな知識が蓄積され、アウトプットとしてイノベーションが生産されると考え、新たに生産されたイノベーションが生産性の向上を生み出すと考えるのである。

イノベーションのレベルを推計するとき、(1)研究開発費、(2)特許などのデータが用いられてきた。研究開発費は知識資本を蓄積するときのインプットとして考えられる。すなわち研究開発投資は、従来の資本蓄積に対する設備投資の役割を果たすのである。特許統計も同様に利用されている。特許は知識生産関数のアウトプットの一つとして捉えることができる。したがって、特許のデータを用いて、知識資本の蓄積やイノベーションの程度を推計することが提案されている[2]。また、より直接的にそれぞれの発明品によるインパクトをイノベーションとして考えることもある。

それでは実際に用いられるイノベーション指標について、簡単に紹介しよう。本章は実証研究で用いられたものの一部を取り上げる。また、図表1において、それぞれのイノベーション指標をまとめている。

まずHsu et al.（2014）が用いているイノベーション指標を説明する。Hsu et al.（2014）は、金融市場の発展とイノベーションの関係を分析するために、5つのイノベーション指標を用いている[3]。一つ目は、「事後的に登録された特許数」である。出願された特許のうち実際に登録されたものは、新しい技術（技術的イノベーション）の情報を含んでいると想定される。したがって特許出願数ではなく、事後的に登録された特許数はイノベーションの指標となりうるだろう。

---

[2] 特許統計を用いた分析について、Griliches（1990）が詳細にまとめている。
[3] Hsu et al.（2014）の分析は、産業レベルでのイノベーションに注目しているため、企業レベルとは取り扱いが異なる点で注意が必要である。

図表1　イノベーション指標

| 特許申請数 | Schmookler（1966） |
|---|---|
| 特許登録数 | Hsu et al.（2014） |
| 被引用数 | Trajtenberg（1990），Hall et al.（2005），Hsu et al.（2014） |
| 独創性 | Hall et al.（2002），Hsu et al.（2014） |
| 一般性 | Hall et al.（2002），Hsu et al.（2014） |
| 研究開発費 | Griliches（1979），Hsu et al.（2014），Yasuda（2005） |
| 株価へのインパクト | Kogan et al.（2017） |
| 主成分分析 | Coad and Rao（2008） |

　二つ目の指標として用いられているのは、「特許の被引用数」である。一つ目の指標では、全ての登録された特許が等しいインパクトを持っていると解釈されるため、それぞれの特許が革新的な開発であるか否かが区別されない。言い換えると、特許の中には、大きな経済的な価値を生み出すものもあれば、そうではないものも存在し、発明の質における異質性が大きい。これを区別するために、ある特許がその他の特許によって事後的に引用された数を利用して、イノベーションの指標を定義している。この被引用数によるイノベーション指標は、多くの実証分析において利用されている。

　次に彼らは、Hall et al.（2002）に基づいて、特許の引用関係の分布による特性を捉えるために、「独創性（originality）」と「一般性（generality）」を用いている。より多くの技術分野の特許を引用している特許を、独創性が大きいと定義する。逆に、より多くの技術分野の特許に引用されている特許を、一般性が高いと定義している。

　特許の引用情報を用いたイノベーション指標は、技術革新や企業成長との関連で優れたパフォーマンスを示すことが知られているが、引用のタイミングに関して注意が必要である。すなわち、特許の引用はその特許が出願・登録された後で生じるため、その特許情報が公開された時点では、イノベーションの程度を測ることができない。

　五つ目のイノベーション指標は、「研究開発費」である。前述のように知

識資本の蓄積過程においてインプットとして考えられる。企業・産業レベルでのクロスセクションにおいて、研究開発費は特許数と正の相関を持ち、イノベーションの指標として同様に用いられることが多い（Griliches, 1990）。しかしながら、研究開発費が大きいからといって、必ずしも大きなイノベーションを生み出すわけではないことに注意しなくてはならない。

Hsu et al.（2014）は、以上の5つの指標を用いている。特に特許の登録数、被引用数、研究開発費は多くの研究によっても用いられている。これらに加えて、複数のデータを組み合わせた指標を紹介する。

Lanjouw and Schankerman（2004）は、被引用数やパテント・ファミリーの情報を用いて特許の質を調整している。Coad and Rao（2008）は、ハイテク部門におけるイノベーションと企業成長との関係を分析するために、R&D投資と特許出願数に関するデータを用いて、主成分分析により"innovativeness"を計算している。すなわち二つの変数における共通のファクターを主成分分析によって取り出し、そのファクターをinnovativenessとして定義している。この主成分分析によるイノベーションの測定は、Pakes and Griliches（1984）やGriliches（1990）の知識生産関数のアイディアに基づいている。つまり、知識生産関数のインプットである研究開発費とアウトプットである特許のデータを同時に用いることで、知識資本の増分を計測しようとしている。

Kogan et al.（2017）はイノベーション指標を、「特許が登録された時点での株価の反応」で定義している。彼らは、特許の引用情報が事後的にしか得られないことなどを理由に、株価の反応によって定義している。同時に、事後的に優れたパフォーマンスを示す特許の被引用数と正の相関を持つため、高い予測性を持つことを確認している。

以上のように、イノベーションを計測するために、様々な指標が提案されてきた。イノベーションそれ自体を計測することは難しいため、それを生み出す研究開発や新たな発明の情報を含む特許の情報を利用して、イノベーションの程度を引き出すことが試みられてきた。このイノベーション指標が

実際にイノベーションを捉えることができるのかを検証することは、それ単独では不可能である。次節で説明するように、イノベーション指標と企業の成長率の関係を調べることによって、その指標がイノベーションを捉えることができるのかを考察することができる。

# 3．イノベーションと企業成長

　企業サイズの成長に関する研究は、古くから非常に多くの関心を集めてきた。既存の研究において、(1)売上、(2)従業員数などの変数が企業サイズとして一般的に用いられる（Coad, 2009）。また、企業サイズの成長率の分布はラプラス分布（図表2）に従うことが知られている（Stanley et al., 1996）。ラプラス分布は、正規分布よりも裾の厚い分布であり、正規分布ではほとんど発生しない大きな成長が無視し得ない確率で生じる。ラプラス分布が現れるメカニズムは、正規分布が現れるメカニズムと異なる（Bottazzi and Secchi, 2006など）。Arata（2014）は企業成長のダイナミクスが満たすべき仮定を特定した上で確率過程を導いている[4]。それによると、企業成長は大きなジャンプによって記述され、それはラディカル・イノベーション（radical innovation）に対応していると結論している。ラディカル・イノベーションは、非常に革新的で従来の技術と連続性を持たないようなイノベーションを指す[5]。すなわち企業の成長は、革新的なイノベーションによって生じるのである。

　内生的経済成長モデルのような理論的なモデル（Klette and Griliches, 2000; Klette and Kortum, 2004）からも、研究開発によって生じる技術的イノベーションが企業の成長をもたらすことを導くことができる。以上のような研究

---

[4] Arata（2014）は、ジブラの法則（Gibrat's law）などの企業の成長率が満たすべき統計的法則を仮定した上で、その分布がラプラス分布になるとき、確率過程はVariance-Gamma過程であることを示している。この確率過程はジャンプ過程である。企業サイズのダイナミクスについては、Sutton（1997）も参照されたい。

[5] 従来技術と連続的なイノベーションは、インクリメンタル・イノベーション（incremental innovation）と呼ばれる。

図表2　企業サイズ成長率の分布

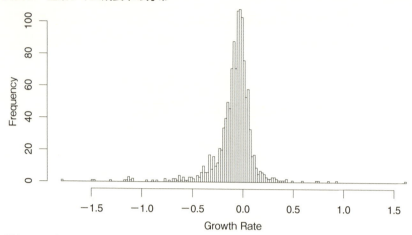

（注）　2000年から2001年における企業サイズ（売上高）の成長率の分布をプロットしている。企業サイズの変数を$S_{it}$とするとき、企業の成長率を以下のように定義する：
$$g_{it} \equiv \log S_{it} - \log S_{it-1}$$
（出所）　NEEDS FinancialQUEST.

から、イノベーション指標と企業成長が正の相関を持つことが予測される。

特許統計や研究開発費などで表されるイノベーション指標と企業の成長率との関係については、様々な実証研究が存在する。例えば、Yasuda（2005）は、日本の製造業の成長率に対して、労働者一人当たりのR&D支出が、正の影響を持つことを示している。

Coad and Rao（2008）は、R&D投資額と特許申請数を利用して主成分分析を行うことによって、"innovativeness"という指標を計測し、企業サイズ（売上高）との関係を分析している。彼らは、ハイテク産業においては、innovativenessが高成長企業にとって重要であり、少数の企業のみがイノベーションによる高成長を享受できると結論づけている。彼らの研究から導き出されるインプリケーションとして、イノベーションは企業成長を必ずしももたらさないが、イノベーションは成長速度を上昇させる効果がある。

多くの研究がイノベーション指標と企業成長率の正の関係を確認している

一方で、それらの間にほとんど関係がない（Bottazi et al., 2001）、あるいは負の関係が存在すること（Freel and Robson, 2004）を主張している研究も存在する。これらの研究結果は、企業成長と技術的イノベーションの関係が市場競争に依存していることを示唆している。

例えば、競争の激しい産業では、特許の生み出す利潤は一時的であることが知られている（Greenhalgh and Longland, 2005）。すなわち市場シェアを獲得することを目的とした、研究開発活動の激化や、プロダクト・ライフサイクルの短期化により、特許による持続的な利益の獲得は一時的なものとなっている[6]。

## 4．データと統計的性質

### (1) データ

本項では、本章で扱うデータについて説明する。特許に関するデータは、知的財産研究所によるIIPパテントデータベースから取得した。このIIPデータベースには特許の出願日、登録日、出願人、発明者、権利者、引用情報、国際特許分類等の情報が収録されている。このIIPパテントデータベースの作成や日本の特許活動について、Goto and Motohashi（2007）が詳しくまとめている。

しかしながらこのデータベースだけでは、どの企業がどの特許を出願したのかわからない。したがって、このデータベースと同時に、科学技術・学術政策研究所が提供する『NISTEP企業名辞書と外部データベースとの接続テーブル』を使用することで、企業が保有する特許の数を得ることができる。

特許は、発明を独占的に使用する権利を、一定期間、発明者（特許の権利

---

[6] Cohen and Levin（1989）は、イノベーションと市場構造に関する実証研究をサーベイしている。

者）に与える。発明の独占的な使用によって得られる利潤は、発明者に研究開発を行うインセンティブを与えると想定されている。また、特許は発明に関する情報を含むため、技術的イノベーションについての有益な情報を含んでいる。したがって、特許データベースはイノベーションについての情報を含んでいると考えることができる。特許データベースを何らかの方法で加工することで、イノベーションの指標を作成することが可能である。

　国際特許分類（International Patent Classification; IPC）は、特許をそれが属する技術分野によって分類している。IPCの大分類は特許を、A）生活必需品、B）処理操作；運輸、C）科学；冶金、D）繊維；紙、E）固定構造物、F）機械工学；照明；加熱；武器；爆破、G）物理学、H）電気のように分類している。これは企業の産業分類とは大きく異なっているので、後に特許出願の産業構造について考察する際には、企業を日本標準産業分類（JSIC）によって分類した上で、その企業が出願した特許を数えるという手法をとっている。

## (2) 特許の分布

　次に、特許データベースを用いて、企業や産業の特許に関する統計的な性質を調べる。図表3は、2001年に企業が出願した特許数の分布である。両軸共に対数軸である。プロットした曲線が直線になっているとき、この分布関数はベキ分布を示す。ベキ分布は正規分布と比べて厚い裾をもつため、正規分布では発生する確率を無視しうるような非常に大きな値を示す確率がベキ分布では無視できない。したがってこの図は、少数ではあるが非常に大きな数（1000のオーダー）の特許を1年間に申請する企業が存在する一方で、大部分は少数の特許を申請するに過ぎないことを意味している。

　これは企業サイズの分布を考慮すると自然なパターンと考えられるだろう。企業サイズに関する実証研究では、企業サイズは企業の売り上げや従業員数で定義される。そしてその企業サイズの分布は、ベキ分布を示すのである。例えば、従業員数が大きな企業を考えると、特許を生み出すために研究

図表3　特許出願数の分布

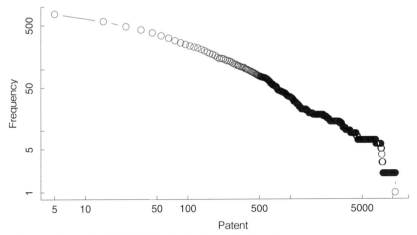

（注）　2001年における特許出願数の分布をプロットしている。
（出所）　IIPパテントデータベース、NISTEP企業名辞書より作成。

開発活動を行う従業員もそれだけ大きくなり、出願される特許数も大きくなる可能性がある。あるいは、売り上げが大きければそれだけ研究開発投資に配分するだけの資金が大きいと考えられるので、同様に特許の出願が大きくなると考えられるだろう。それぞれの分布の形状の関係について、詳しく分析することは企業のイノベーション活動がどのようにして行われているかを理解する上で重要であろう。

また、2001年に企業が出願した特許の2013年時点での被引用数を企業ごとに足しあげた数を、図表4にプロットしている。被引用数は第2節で紹介したイノベーションの指標であり、被引用数が大きければそれだけ大きなイノベーションがあったと捉えられる。この図表4が示すように、この分布も同様にベキ分布を示している。すなわち、大きなイノベーションを達成した企業が少数存在する一方で、大部分の企業のイノベーションは小さいと解釈することができる。もちろん企業サイズが大きければ特許出願数も大きいので、被引用数をそのままイノベーションとしてとらえることには注意が必要

図表4　特許被引用数の分布

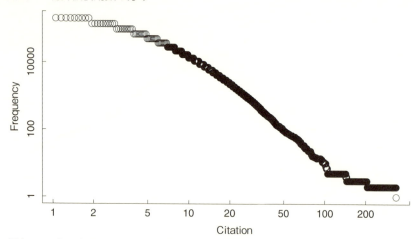

（注）　2001年に出願された特許の被引用数の分布をプロットしている。
（出所）　IIPパテントデータベース、NISTEP企業名辞書より作成。

である。

### (3) 特許の産業構造の変化

次に特許データを利用して、産業構造の変化を捉えてみよう。特許と企業を関連させたとき、それぞれの企業が属する産業を調べることで、各産業に属する特許の数を定義した。ここでは日本標準産業分類の中分類を用いている。

図表5は、1年間に日本で申請された特許の総数に対する、化学工業、業務用機械器具製造業、電気機械器具製造業、情報通信機械器具製造業[7]、輸送用機械器具製造業に属する企業が出願した特許数の比率を1971年から2010年までプロットしている。時期ごとに比率が大きい産業が存在することは、

---

7　情報通信機械器具製造業は2002年の日本標準産業分類改定以降用いられている産業分類である。本章では、2013年時点で企業がどの産業に属するかによって、サンプル全体の産業を定義している。

図表5　特許出願数の産業比率の推移

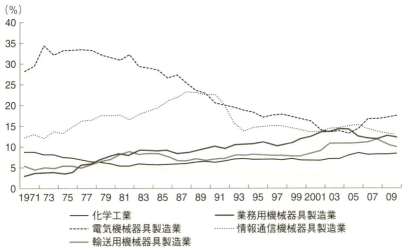

(注)　1971年から2009年までの特許出願数の比率を産業ごとにプロットしている。
(出所)　IIPパテントデータベース、NISTEP企業名辞書より作成。

経済が成長するにつれて産業構造が変化することから容易に想像できる。例えば、電気機械器具製造業は1970年代後半をピークにして、徐々にその比率を低下させてきたが、2000年代後半には再びその比率を上昇させている。

ここで注目すべきは、情報通信機械器具製造業[8]の特許申請比率がバブル崩壊後に大きく低下していることである。この比率は1970年代から1980年代の間、一貫して上昇しているが、バブル崩壊直後に急激に比率を低下させた後、ほぼ一定の比率を維持している。この背後にはどのようなプロセスがあったのだろうか。

藤原（2016）は、特許の発明者データを利用して、日本企業から東アジア諸国の企業へと技術者が移動していると指摘している。彼女は主に電気機械産業において、研究開発を担う人材が流出したと述べている。

---

8　当時の分類では、電気機械器具製造業に分類される。

# 5．日本経済の課題

本節では、日本経済とイノベーションに関わる課題について、近年の技術革新や研究開発という視点から確認する。

## (1) イノベーションと特許

近年の情報技術（Information Technology; IT）は、驚くほどのスピードで進展している。例えば、AI（Artificial Intelligence）やIoT（Internet of Things）などのような新たな技術が生み出されてきた。それに伴い、IT関連投資が大きい米国や中国のIT企業は、いまや世界の株式市場において非常に大きな存在感を持っている。世界の時価総額ランキングの上位には、Apple、Amazon、MicrosoftやAlphabet（Google）といったIT企業が並び、電気自動車を生産するTeslaはGeneral Motorsと並ぶ時価総額となりつつある。

これらの企業の株価には、イノベーションによって将来生み出されると予想される価値が大きく含まれている。すなわち配当成長率が高いと予想されている。産業革命以降、様々な技術が生み出され、経済を牽引する産業（リーディング・インダストリー）は時代ごとに移り変わってきた。日本では、繊維産業から重化学、造船、電気機械製造業、自動車産業のように主要産業が変化してきたと言える。他方、世界に目を移すとIT産業が経済を牽引する産業となっていると言えるだろう。

特許庁（2017）によると、近年の分野別の特許出願件数・登録件数において、「コンピューターテクノロジー」における件数が圧倒的に多いことがわかる。出願人の国籍に注目すると、米国籍出願人によるコンピューターテクノロジーの特許出願・登録件数が多い。登録件数を見ると、2006年から2015年の10年間で、約45万件の米国籍出願人による特許が登録されている。中国籍出願人によるコンピューターテクノロジーの特許出願件数は、2005年から2014年の9年間で23万件である一方、登録件数は、2006年から2015年の10年

間において約8万件である。日本国籍出願人による登録件数は、2006年から2015年の間で約31万件であった。これらの情報を見ると、コンピューターテクノロジーにおける研究開発が盛んに行われている米国・中国と比較して、日本のコンピューターテクノロジー分野の研究開発活動は十分に行われているという印象を受ける。それでは、日本国籍出願人による特許登録数が多いにも関わらず、日本企業のプレゼンスがそれほど大きくないのは何故なのだろうか。

原因の一つとして考えられるのは、日本企業の特許戦略の非効率性である。日本企業の特許出願・登録件数が多いことはすでに述べた通りであるが、その使用率は高くない。この事実は、企業が特許の質を選別しないまま申請していることを示している可能性がある。当然特許の質・価値を事前に評価することは難しいが、特許の申請・維持において生じるコストとリターンのトレードオフを考慮に入れて、知財戦略を立てることが必要である。実際に日本企業の特許戦略が効率的かを確認するために、日本企業の特許戦略の効率性について分析することが、将来の課題となるだろう。

### (2) 日本の研究開発活動

特許は、研究開発のアウトプットの一つであり、企業の特許に関わる活動は、研究開発費と大きく関連している（Griliches, 1990）。図表5のように、バブル経済崩壊後、日本の情報通信機械製造業の特許出願比率が大きく減少した。これは日本から当該産業の技術者が流出したために生じたと考えられる。またバブル以降、研究開発費の成長スピードが低下したことも大きく関連していると予想できる。

戦後しばらく、日本の研究開発は、欧米の先進技術に対するキャッチアップ型であった。欧米から技術を輸入して改良し、自己技術として国産品化する形の研究開発スタイルであった（森口、1988）。技術レベルは欧米の企業に追いつき、研究開発活動はキャッチアップ型からトップランナー型へと移行した。新しい価値を生み出すために行われる研究開発は、そのリターンに不

確実性を伴うが、トップランナーとして研究開発を行う企業が直面する不確実性は、以前と比べて大きくなっていると言える。したがって、企業が研究開発に伴う不確実性あるいはリスクを適切に管理することが重要である。

研究開発に関わるリスク管理の方法として、研究開発の分散が挙げられる。企業が複数の研究開発をすることによって、それぞれのプロジェクトの個別リスクを分散するという考え方である（Lin et al., 2005）。もちろん一つのプロジェクトに集中することによる利点もあるため、どちらが優れた方法かを判断することは難しいが、企業の研究開発投資におけるリスク管理は注視されるべきだろう。

また、研究開発投資はリスクを伴うので、十分な資金がファイナンスされるかどうかが問題となる。非常に革新的なアイディアがあっても、資金が不足している経済主体（若手研究者など）は、十分な資金を得られずに研究開発ができない可能性がある。このような主体に対して、十分な資金を融通するシステムが必要であることは言うまでもない。このとき、資金を供給する主体が、研究開発の実現可能性について判断することが課題となるだろう。

以上のように、研究開発を取り巻く環境は変化しつつある。近年では、AIのような先進技術が生まれ、関連する技術者や研究者に対する需要が大きくなっている。日本においても、先進技術を研究・開発することができる人材を育成することが重要である。

また、米国や中国のような大きな市場を視野に入れた研究開発を行うことは、日本にとって大きな利益を生む可能性がある。かつて電気機械産業において「オーバースペック」や「ガラパゴス化」と呼ばれた製品開発のように、日本の国内市場のみをターゲットにしていると、海外の市場におけるシェアを獲得できないことが容易に想像できる。人口が減少しつつある日本の市場は、数量で見れば小さくなっていくだろう。したがって、日本経済が成長するためには、海外の市場においてシェアを拡大させることが必要になってくるだろう。そのために外国の需要を視野に入れた製品開発を考慮すべきであろう。

# 6. 結　論

　本章は、特許という観点から企業のイノベーションや企業サイズの成長、そして産業構造の変化について考察した。イノベーションは様々な方法で定義される。しかしながら、実際に観測されるデータを利用してイノベーションを計測・推定することは難しく、研究開発費や特許データを用いて計測する方法が提案されてきた。これらの方法は知識資本の推定に対応している。

　第2節では、既存の研究においてイノベーションがどのように計測されているかを簡単にまとめている。研究開発費や特許データを用いたものを中心に説明している。これらのイノベーション指標は、直接観察されないイノベーションのレベルを、観測可能なデータを用いて計測しようとする工夫によって生み出されてきた。例えば、単なる特許数とは異なり特許の被引用数は、その特許の生み出した技術的なインパクトを捉えることができるため、優れたイノベーションの指標であることが示されてきた。また、引用されるまでの時間的なラグという事前の観測不可能性を克服するために、特許登録の株価へのインパクトによってイノベーションを定義する方法も提案されている。これらの試みは、イノベーションが企業あるいは経済の成長にとって非常に重要であることから、絶えず行われてきたと言えるだろう。

　第3節では、企業成長とイノベーションの指標の関係について、サーベイした。多くの実証研究は、これらの二つの変数の間に正の関係があることを見出している。しかしながら、その関係は企業が直面する市場の環境によって異なることが示唆されている。

　第4節では、実際に日本の特許データベースであるIIPパテントデータベースを利用して、企業レベルの特許出願数あるいは特許被引用数の分布について調べている。企業が1年間に出願する特許の数の分布の形状をみると、裾の厚い（ファットテール）分布であることがわかる。これは非常に多くの特許を出願する企業が少なからず存在する一方で、大部分の企業は少数

の特許を出願することを示している。被引用数についても同様の分布が確認される。前述のイノベーション指標のように、特許の被引用数によってイノベーションが捉えられているならば、日本企業において、非常に大きなイノベーションを達成する企業が少数存在する一方で、大部分の企業のイノベーションのインパクトは小さいのかもしれない。

　また、企業の出願した特許の産業比率の変化についても確認した。産業比率の変化を見ると、電気機械器具製造業や情報通信機械器具製造業の比率が顕著に変化していることが確認できる。特に後者の比率は、1990年のバブル崩壊直後に著しく低下しており、それは研究開発に従事する技術者・研究者が国外へと流出したことと関連していると予想できる。

　研究開発を取り巻く環境は変化しつつある。近年では、AIのような先進技術が生まれ、関連する米国・中国の企業の存在感が大きくなっている。米国・中国と比較しても、日本の特許出願件数は劣っていない。しかし、日本の特許件数は多い一方で、特許の質が高くない可能性があり、経済的価値を生み出していない可能性がある。その点を確認するために、日本企業の特許戦略の効率性について分析することが、将来の課題となるだろう。

　また、イノベーションを生み出す研究開発はリスクを伴う活動である。リスク管理や資金調達の観点から、研究開発を効率的に行うことは重要である。同時に、拡大する海外の市場を見据えた研究開発は、企業の成長を通して、日本経済が成長するために必要である。

【参考文献】

特許庁（2017）,『特許行政年次報告書2017年版～知をつなぎ時代を創る知的財産制度～』http://www.jpo.go.jp/shiryou/toushin/nenji/nenpou2017_index.htm

藤原綾乃（2016）,「人材流動化とイノベーション－新興国に移動する発明者の分析－」Transactions of the Academic Association for Organizational Science, 5(2), pp. 26-32.

森口親司（1988）,『日本経済論』,創文社。

文部科学省　科学技術・学術政策研究所,『NISTEP企業名辞書と外部データベースとの接続テーブル』http://www.nistep.go.jp/research/scisip/data-and-information-infrastructure

Arata, Y. (2014), "Are There Any Empirical Regularities of Firms' Growth Patterns? The importance of large jumps", RIETI Discussion Paper, 14-E-033, 2014.

Bottazzi, G., G. Dossi, M. Lippi, F. Pammolli and M. Riccaboni (2001), "Innovation and Corporate Growth in the Evolution of the Drug Industry", *International Journal of Industrial Organization*, 19(7), pp. 1161-1187.

Bottazzi, G., and A. Secchi (2006), "Explaining the distribution of firm growth rates", *RAND Journal of Economics*, 37(2), pp. 235-256.

Coad, A. (2009), *The Growth of Firms: A Survey of Theories and Empirical Evidence*, Edward Elgar Pub.

Coad, A., and R. Rao (2008), "Innovation and firm growth in high-tech sectors: A quantile regression approach", *Research Policy*, 37(4), pp. 633-648.

Cohen, W. M., and R. C. Levin (1989), "Empirical Studies of Innovation and Market Structure", in R. Schmalensee and R. D. Willg, (Eds.) *Handbook of Industrial Organization*, Vol. 2, pp. 1059-1107.

Freel, M. S., and P. J. A. Robson (2004), "Small Firm Innovation, Growth, and Performance: Evidence from Scotland and Northern England", *International Small Business Journal: Researching Entrepreneurship*, 22(6) pp. 561-575.

Goto, A., and K. Motohashi (2007), "Construction of a Japanese Patent Database and a First Look at Japanese Patenting Activities", *Research Policy*, 36(9) pp. 1431-1442.

Greenhalgh, C. and M. Longland (2005), "Running to Stand Still?—The Value of R&D, Patents and Trade Marks in Innovating Manufacturing Firms", *International Journal of the Economics of Business*, 12(3) pp. 307-328.

Griliches, Z. (1979), "Issues in Assessing the Contribution of Research and Development to Productivity Growth", *Bell Journal of Economics*, pp. 92-116.

Griliches, Z. (1990), "Patent Statistics as Economic Indicators: A Survey", *Journal of Economic Literature*, 28(4) pp. 1661-1707.

Griliches, Z. and D. W. Jorgenson (1966), "Sources of measured productivity change: Capital input", *American Economic Review*, 56(1/2) pp. 50-61.

Hall, B. H., A. Jaffe and M. Trajtenberg (2002), "The NBER Patent-Citations Data File: Lessons, Insights, and Methodological Tools", A. Jaffe and M. Trajtenberg (Eds.) *Patents, Citations & Innovations*, The MIT Press.

Hall, B. H., A. Jaffe and M. Trajtenberg (2005), "Market Value and Patent Citations", *RAND Journal of Economics*, 36(1) pp. 16-38.

Hsu, P. H., X. Tian and Y. Xu (2014), "Financial Development and Innovation: Cross-country Evidence", *Journal of Financial Economics*, 112(1) pp. 116-135.

Jorgenson, D. W. and Z. Griliches (1967), "The explanation of productivity change", *Review of Economic Studies*, 34(3) pp. 249-283.

Klette, T. J. and Z. Griliches (2000), "Empirical Patterns of Firm Growth and R&D Investment: A Quality Ladder Model Interpretation", *Economic Journal*, 110(463) pp. 363-387.

Klette, T. J. and S. Kortum (2004), "Innovating Firms and Aggregate Innovation", *Journal of Political Economy*, 112(5) pp. 986-1018.

Kogan, L., D. Papanikolaou, A. Seru and N. Stoffman (2017), "Technological Innovation, Resource Allocation, and Growth", *Quarterly Journal of Economics*, 132(2) pp. 665-712.

Lanjouw, J. O. and M. Schankerman (2004), "Patent Quality and Research Productivity: Measuring Innovation with Multiple Indicators", *Economic Journal*, 114(495) pp. 441-465.

Lin, B. W., C. J. Chen and H. L. Wu (2006), "Patent Portfolio Diversity, Technology Strategy, and Firm Value", *IEEE Transactions on Engineering Management*, 53(1), pp. 17-26.

Pakes, A. and Z. Griliches (1984), "Patents and R&D at the Firm Level: A First Look", In Z. Griliches (Ed.) *R&D, Patents, and Productivity*, University of Chicago Press, pp. 55-72.

Schmookler, J. (1966), *Invention and Economic Growth*. Harvard University Press, Cambridge.

Solow, R. M. (1956), "A Contribution to the Theory of Economic Growth", *Quarterly Journal of Economics*, 70(1) pp. 65-94.

Solow, R. M. (1957), "Technical Change and the Aggregate Production Function", *Review of Economics and Statistics*, 39(3) pp. 312-320.

Stanley, M. H., L. A. Amaral and S. V. Buldyrev (1996), "Scaling Behaviour in the Growth of Companies", *Nature*, 379 (6568) pp. 804-806.

Sutton, J. (1997), "Gibrat's Legacy", *Journal of Economic Literature*, 35(1) pp. 40-59.

Trajtenberg, M. (1990), "A Penny for Your Quotes: Patent Citations and the Value of Innovations", *RAND Journal of Economics*, 21(1) pp. 172-187.

Yasuda, T. (2005), "Firm Growth, Size, Age and Behavior in Japanese Manufacturing", *Small Business Economics*, 25(1) pp. 1-15.

## 第 8 章

# （講演録）ブロックチェーンと生産性向上

### 高木　聡一郎[1]

---

1　国際大学グローバル・コミュニケーション・センター准教授／主幹研究員、研究部長

## 要　旨

　ブロックチェーンとは、インターネット技術上に構築される価値（資産）交換の分散型インフラ技術である。ブロックチェーンには3つの要素があり、①データの連結によりデータ改ざんが困難、②情報資産とエンティティ（主体）の紐付けによる情報の所有、流通、用途の管理、③P2Pでのデータ管理・合意形成による信頼性向上と中央管理者が不要となることである。ブロックチェーンのようなリーダーなき分散型台帳の世界では、いかに台帳間の合意（コンセンサス）を取るかが最も難しい点になる。ビットコインでは、報酬を組み込んだインセンティブ付けが設計されている。近年は仮想通貨に注目が集まっているが、海外では政府が社会保障給付や不動産登記・売買を対象に実証実験を行う動きがある。また、電力、モバイルペイメント、地域通貨等、実生活に近いところでブロックチェーン技術が使われ始めている。

　ブロックチェーンはマクロレベルでの経済的変容をもたらす。情報の信頼性が組織に依存しないことから、誰もがミクロな経済圏を生み出す可能性がある。個人あるいはスタートアップ企業でも簡単にサービスを立ち上げることが可能となるため、例えばIoTと決済の融合など、よりミクロな経済取引を実現できる可能性が高まる。それにより、今まで顕在化していなかった価値を獲得することが可能となる。ブロックチェーン技術によってミクロの経済取引を底上げし、さらにマクロ経済のプラス寄与につながるような使い方の研究が今後重要である。

# 1. ブロックチェーンとは：仮想通貨を中心に

　仮想通貨は、判明しているだけで約1,300種類、仮想通貨全体の時価総額は約30兆円にも上り、中小規模の国のGDPに匹敵する時価総額となっている。その時価総額の約半分をビットコインが占めているといわれている。ブロックチェーンを定義するのは非常に難しいといわれているが、通常ブロックチェーンと呼ばれるものには以下の3つの要素が含まれる（図表1）。1つ目はデータの連結によりデータ改ざんが困難になるという特性、2つ目は情報資産とエンティティ（主体）の紐付けによる情報の所有、流通、用途の管理への適応、3つ目はP2Pでのデータ管理・合意形成による信頼性向上と中央管理者を必要としない性質である。

　上記3つの要素から考えると、ブロックチェーンとは、インターネット技術上に構築される価値（資産）交換の分散型インフラ技術といえる。現在のインターネット上でも企業が仲介する形で資産の移転は簡単に行われているが、ブロックチェーンはそのような仲介者が不在であっても資産の移転の履

図表1　ブロックチェーンの3大要素

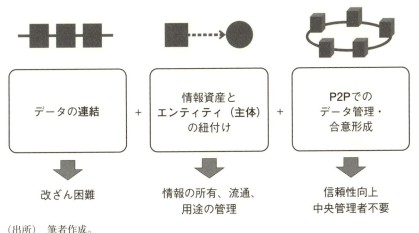

（出所）　筆者作成。

歴を管理することができる点が、現状のインターネットとの相違点である。

　また、もう一つ重要なのがスマート・コントラクトという概念である。ブロックチェーン上のプログラムとしてのスマート・コントラクトという仕組みは、静的データの保存を行うデータベースとしての機能だけでなく、その上でソフトウェアが動作するプラットフォームとしての機能も持ち合わせている。具体的には、自分で作成したソフトウェアを不特定多数のコンピュータに分散しておいて、条件が整えば自動的に起動し、処理を実行することが可能となる。基本的にはどのような処理も記述可能（チューリング完全）であり、外部API（Application Programming Interface）との連携も可能となりつつある。ブロックチェーンは、スマート・コントラクトの仕組みにより、分散されたネットワーク型のコンピュータとして、誰もが使えるインフラへと変化している。

　ブロックチェーンのデータ更新は台帳の更新という形で処理される。リーダーなき分散型台帳の世界では、いかに台帳間の合意（コンセンサス）を取るかが最も難しい部分となる。この問題を解決する方法として、分散型台帳の更新は自由競争の中で参加者が新規ブロックを作成し、最速で作成した参加者がそのブロックを共有することで行われる仕組みとなっている（図表2）。例えばビットコインを取り上げると、ビットコインの台帳の更新は、コンピュータの中に溜まっていく世界中のビットコインの取引データを10分おきにブロックという形で固めて台帳の最後に付け足すことで行われている。その最後のブロックを参加者に送る前にProof of Work処理（ハッシュ処理）を行うが、最速でこの処理を解き、新しいブロックを提供した参加者には報酬としてビットコインが付与される仕組みとなっている[2]。ビットコインには中央銀行のような機能や決済サービスのような機能もあるが、それを組織ではなく分散化された参加者の間で分担して行うという特徴がある。

---

2　ビットコインは全くの無から発行されるコインだが、ビットコインの量は4年毎に半分減る設計になっているため、どこかの時点で総発行量は頭打ちになる仕組みとなっている。

図表2　新規ブロックの作成

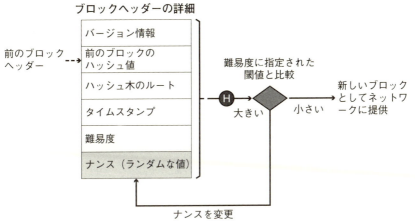

（出所）　筆者作成。

　このブロックを作る作業（マイニング）には大きな課題が存在する。マイニングは単純な計算処理を膨大に行う必要があるため、電気代は重要な問題である。また、マイニングには処理に適した専用のハードウェアがあり、それを所有しているかどうかで競争力に差異が生じる。こうした環境がマイニングの競争を激しくし、従来は不特定多数のコンピュータで分散的に行うことを想定していたが、徐々に寡占状態に陥ってきている。現在マイニング事業は上位5社が全体シェアの約半分を占めているといわれている。最近では日本でもこのマイニング事業に参入する企業が増えてきている。

　現在非常に問題になっているのは、このマイニングがエネルギーを非常に浪費しているという点である。ビットコイン価格が高騰し、マイニングへの参入者が増加し競争が激化することで、マイニング難易度が調整され上昇し、計算処理に伴う消費電力が増加し電気代が上昇するという事象を招いている[3]。現在、ビットコインのマイニングに係る電力消費量は35TWh[4]で、

---

[3] 逆方向のループもあり得る。
[4] 出典：https://digiconomist.net/bitcoin-energy-consumption

電気代は年間約17億ドルに上るとも言われている。これはデンマーク等の年間電気消費量を超えている。最終的にはハードウェアの価格を除くと、このビットコインの価格と電気代が結果的に釣り合うようになる（図表3）。これは当初より意図されていたわけではないが、エネルギー価格をベースにビットコインが発行されている状態になっている。

　もう一つの問題は、ブロックチェーンには決定事項を強制するメカニズムがないため、仕組みの改善を行う際に合意形成できず、常に分裂のリスクがあるという点である。ビットコインの世界は完全に分散化されており、リーダーが存在しないため、ビットコインの仕組みを改善・バージョンアップする際に参加者の合意形成がスムーズに出来ず、ある提案に対して賛成する者と反対する者に分裂することが起きる。つまり、ブロックチェーンには合意形成の落とし穴がある（図表4）。例えば、2017年8月にはビットコインからビットコイン・キャッシュが分裂した。しかし、分裂後にビットコインの値下がりはみられなかった。例えば、株式分割を考えると時価総額は一定で、中身だけを分割することになるが、ビットコインの分裂の際は、全体の相場が上がっている中で分裂すればするほど全体の時価総額が上がる状況になり、さらに分裂が進んでいった。ビットコインを預かっている取引所は、分裂の度に新たに発生したコインを自動的に保有者に付与させるように管理

図表3　価格と電力消費の関係

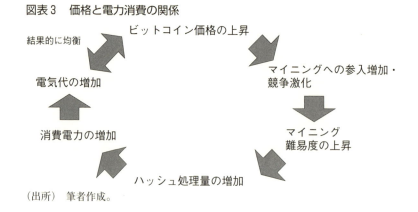

（出所）　筆者作成。

図表4　合意形成の落とし穴

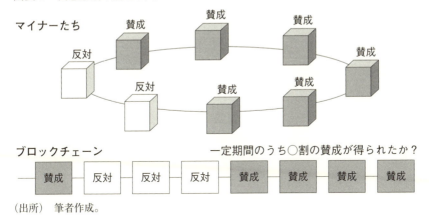

(出所)　筆者作成。

する必要が出てくるため大変な負担となっている。この点については決済サービスにおける生産性という観点から注意すべき点と考えられる。なお、仮想通貨そのものは価値がなく、何と交換するかで価値は決まるのであり、仮想通貨そのものは交換媒体に過ぎない。

## 2．ブロックチェーンとは：様々な用途への展開

### (1) 様々な用途への展開可能性

　ブロックチェーンという技術は当初はビットコインを実現させるために生まれてきた技術であるが、より汎用的な用途への活用が検討されている。例えば、ブロックチェーンの改ざんが非常に難しい特性を使って、学歴の修了証書やダイヤモンドの所有、食品やチケットの転売や偽装防止などの用途への活用がある（図表5）。また、スタートアップ企業が資金調達をする際、株式を新規公開するように、当該企業が行っているサービスのコインを売り出して資金調達するICO（Initial Coin Offering）という方法もある。あるい

図表5　ユースケースの展開

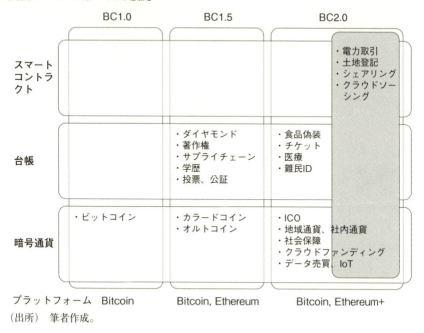

（出所）　筆者作成。

は、地域通貨、社内通貨、生活保護の支払いに暗号通貨を用いるというアイデアも出てきている。ブロックチェーンが持つ、分散型組織への期待は高いが、実際は暗号通貨機能を別の用途で使うことが多い。

さらには、上述のスマート・コントラクトの機能を用いて電力取引や土地の登記に係る運用をある責任組織が行うのではなく、ブロックチェーン上にばら撒かれているソフトウェアで全て処理する仕組みを作ろうとする試みもある。このように「自律的分散組織」の特性を活用した、新しい組織の作り方やビジネスのやり方を試す動きが出てきている。

(2) **用途事例**

① **イギリスの生活保護費の支給の事例**

　イギリスの労働年金省（Department of Work and Pensions）が、マンチェ

スター市において生活保護費の給付に仮想通貨を使う実証実験を行っている。生活保護の目的に合致しない支出を制限するために、ポンドと固定レートで交換するGovcoinという暗号通貨を既存のビットコインのブロックチェーン上に新たに発行して生活保護費で購入できる対象を限定している。

この事例で重要なのは、イギリス政府が新しいブロックチェーンを立ち上げてGovcoinを作成するのではなく、図表6のように既存のビットコインのブロックチェーン上に相乗りする形で発行するという形態をとっている点である。よって自分たちのコインを発行するためのインフラを新規で作らなくとも、既存のビットコインのブロックチェーン上で自分たちのオリジナルのコインを発行できる部分が新しい。

② スウェーデンの不動産登記・売買の事例

スウェーデン土地管理局では、スマート・コントラクトによる土地売買・登記システムを検討している。売り主のリードのもとスマート・コントラクト利用を開始し、売買の交渉・価格決定・銀行によるコミット・登記所によ

**図表6 暗号通貨の応用：社会保障給付**

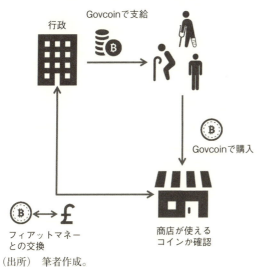

・ポンドと固定レートで交換する仮想通貨（Govcoin）を用いて生活保護費を支給
・生活保護費で買える対象を限定し、制度の目的に合致しない支出を抑制
・Bitcoinベースのカラードコインで実装

（出所）筆者作成。

る登記変更までカバーするシステムを想定している。対象となるプロパティの指定については公的なIDを利用する。これは不動産取引において幅広いステークホルダーのシームレスな連携を実現することを目的としているシステムである。またこの不動産登記に関するシステムについては、ホンジュラス、ジョージア、ガーナ等の国々でも検討している。

### ③　APIのマネタイズ化の事例

暗号通貨は完全にデジタルなものでありIoTとの親和性が高い。IoTはデバイス同士が通信するので、人が介在しなくても仕組みの中に課金処理が可能なため、既存のAPIに課金を埋め込む仕組みの提供が可能となる（図表7）。このアイデアをもとに、温度、湿度などを測定する環境センサーのデータは、従来であればそれを設置した人しか使えなかったが、ある決められた手順に従って一定のビットコインを支払えば、そのデータを利用することができる仕組みを提供する企業も現れている。つまり、微少のお金を支払うことで、世界中にある様々な環境にあるセンサーのデータをもらうという新しい使い方もある。

図表7　21.coのMachine Payable Web

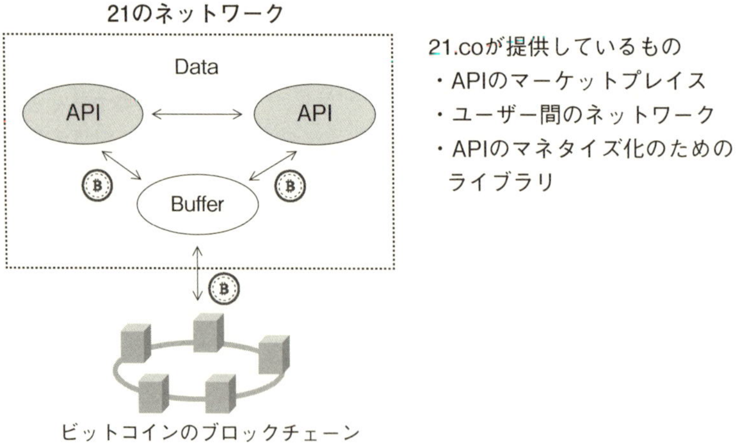

21のネットワーク
Data
API
API
Buffer
ビットコインのブロックチェーン
21.coが提供しているもの
・APIのマーケットプレイス
・ユーザー間のネットワーク
・APIのマネタイズ化のための
ライブラリ


（出所）　筆者作成。

④ 電力のユーザー間取引の事例

　別のIoTの使い方として、電力のユーザー間の直接取引がある。これは電力にIDをつけてどこで発電されたものか仮想的に分かる仕組みを作ることで、電力会社を通すことなくユーザー間で直接売買するという取引方法が検討されている。これはブロックチェーンを使うことで、生み出される価値を記録して売買していくことが可能となる。この取り組みはもともと東京大学において、デジタルグリッドという名で研究されているものである。現在同様の試みはEV充電（ドイツ、アメリカ）、地域グリッド（日本・会津若松、アメリカ・ニューヨーク）でも検討されている。

⑤ モバイルペイメントの事例

　ブロックチェーンの不特定多数の人々の情報を共有しても非常に改ざんしにくいという特性を活かし、縦割りになっていたモバイルペイメントの異なるサービスをつなぐ役割としても期待されている。例えばAlipay、WeChatPay、ApplePayなど様々なサービスが存在しているが、ApplePayの会員でなくともApplePayを受け入れているお店でも支払い可能にするなど、ブロックチェーンを媒介することで異なるサービス同士をつなぐことが課題となっている。こうした課題を解決する仕組みとして、例えばスタートアップ企業のCircleはCENTREというサービスにおいて、モバイルペイメント間の送金を行えるようにする仕組みを検討している[5]。また、同様にUBSが検討しているユーティリティ・セトルメント・コインは、株や債券などの価値を金融機関の間で交換することのできるものである[6]。

　また、日本では、福島県会津若松市で地域活性化を目的とした地域通貨「萌貨」の実証実験を行った。地域を活性化するためには、まず居住者が知り合い会話することが重要と考え、参加者間のコミュニケーションによりコ

---

[5] 出典：https://www.coindesk.com/circle-building-master-mobile-payments-network-ethereum/

[6] 出典：https://www.ccn.com/six-global-banks-join-ubs-digital-currency-project-aims-go-live-2018/

インが新規発行される仕組みを作った[7]。従来の地域通貨は、円と1対1での交換か、自治体が税金で補填をしてプレミアムを出す仕組みであったが、この「萌貨」は0円の価値からスタートさせ、その地域である決済手段としてユーティリティを持てば持つほどその価値が徐々に上昇し、その結果地域の活性化に繋がっていくとの意図で行われた。長期的には、住民がその通貨の価値を高めるインセンティブを有するステークホルダーとなる仕組みにより地域内のコミュニケーションを活性化し、「萌貨」が地域の中での交換媒介として利用されることが期待される[8]。

⑥ ICO

スマート・コントラクトを使ってサービスを構築する場合、サービスは成り立っているが運営者は不在であるため、結局は誰かが仕組みの開発や維持管理をしなければならないという問題が出てくる。自立分散型組織（DAO）の開発等を行う者へインセンティブを持たせる手段としてICOが注目されている。ICOは自律分散型組織による資金調達方法であり、あるサービスの中で使うトークンを売り出すことで資金調達を行い、その調達資金でサービスの開発を行うことが可能となっている。

実際にそのサービスが多く使われるようになれば、そのコイン（トークン）の値段が将来上昇するとの期待から、ICOへの投資が行われている。ICOによる資金調達は活発化しており、世界中で資金調達が行われている。しかし、ICOの仕組みとして何の責任も負わずに資金を調達できるようになってしまっているが故に、資金を集めたものの何もサービスが生まれなかったといった詐欺的な事例も散見されるようになってきた。そのため昨今各国において規制の是非が議論されるようになっている。

---

[7] ビットコインの例であれば、マイニングのような台帳管理をする貢献に対してトークンを発行する。「萌貨」の場合は住民が互いに会話をしたことに対してトークンを発行し、片方の人がスマートフォン振ることで出現するQRコードをもう一人が読み込むことで互いに一定の萌貨を獲得できる仕組み。

[8] この実証実験は1日限りのイベントであったため、今後継続的な実証が期待される。

## (3) 用途展開に係るブロックチェーンの特性

ブロックチェーンを様々な用途へ活用していく上で注目されている特性は如何なる点であろうか（図表8）。最大の特徴は、情報の信頼性が組織に依存しないという点であろう。すなわち、アルゴリズム上改ざんされない、情報がなくなるといったことはほぼないために、情報の信頼性が組織に依存しなくても担保できる点に新規性を見出せる。通貨でいえば、中央銀行の信頼性に依存しない形で提供されるということになる。この点が従来と異なる部分である。

図表8　一般的な活用法からみるメリット・デメリット

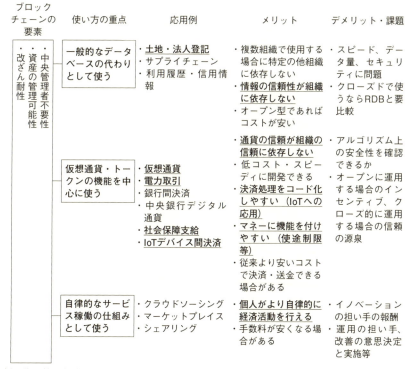

（出所）　筆者作成。

企業がブロックチェーンを活用する場合においては、現在大半がクローズドなブロックチェーンである「パーミッションド」と呼ばれる類型となっている。これは不特定多数の人が参入できるブロックチェーンではなく、企業の中だけで利用可能で、情報が外部から見えないブロックチェーンである。一方、上述のイギリス政府がビットコイン上で独自のコインを発行しようとしている試みは、公開されているインフラの上で自分たちのサービスを作っていくというサービスに該当する。様々な種類のブロックチェーンがそれぞれ互換性がない状態で乱立しているため、これが標準化されたインフラのような形で将来統一されていくかどうかが課題と言えよう。

## 3．マクロレベルでの経済的変容

　ブロックチェーンの新規性は、上述したように情報の信頼性が組織に依存しない形になる点にある。例えば、通貨の信頼性が中央銀行の信頼性に依存しない形で提供されるということも可能である。組織を運用するコストがかからなくなるため、個人あるいはスタートアップ企業でも、ある決済サービス等を簡単に立ち上げることが可能となる。それにより多様でミクロな経済圏を生み出す可能性がある。今まで顕在化していなかった価値を獲得し、取引を成立させるといったことができるようになり得るという点も新しい動きとして注目している。

　また、ブロックチェーンは分散化されたインセンティブに基づく仕組みとなっている。すなわち、トークンの発行により、契約関係のない相手にインセンティブを生じさせて業務を運営することになる。よって、何に対してトークンを発行するかという観点からインセンティブの設計ができるため、組織の在り方が今後変化していく可能性がある。

　加えて、IoTやAIが普及していく中、マシンとマシンのやり取りの中に、仮想通貨・トークン、スマート・コントラクトの仕組みに基づく決済サービスが組み込まれることで、自動的・自律的に経済活動が回っていくようにな

る可能性もある。

## 4．生産性を巡る論点

　最後にブロックチェーンと生産性を巡る論点として、上述した内容への補足を含め以下に3点述べる。
　1点目は、企業体としての組織を不要とするブロックチェーンの特性に係る論点である。ブロックチェーンは雇用契約に係る取引費用や組織運営のための制度設計にかかるコストなど、組織運営にかかる様々なコストを削減し得る可能性を秘めている。仮想通貨を例に挙げると、フィアットマネーと仮想通貨の比較が挙げられる。フィアットマネーと仮想通貨では特徴が異なるため単純な比較はできないものの、フィアットマネーの場合は中央銀行が相当の運営費用を負担している一方、仮想通貨の場合はマイニングに係る電気代を始めとするコストが発生している。ただし、仮想通貨の場合、マイニングの方式次第で、上述した電気代のようなエネルギーコストを改善する余地はある。
　2点目は、企業という組織体の中でブロックチェーンを利用する企業の生産性に係る論点である。日本取引所が証券取引システムにブロックチェーンを使うという実証実験を行ったところ、一部のハードウェアやミドルウェアのコストを低下させる可能性が指摘された。現状では、ブロックチェーンの持つ情報の改ざん耐性の強さから情報セキュリティ対策費の一部削減には貢献し得るが、クローズドでオリジナルなブロックチェーンを使って立ち上げたとしても、従来型のシステムと比較して生産性が向上するとは言い切れない。
　最後に3点目は、ブロックチェーンの活用が新たな経済活動を促進させる可能性を秘めている点が挙げられる。多様なコイン、トークンを誰でも発行できるようになれば、新たな価値を顕在化し、それを取引可能とすることで媒介手段として提供できる可能性がある。また、IoTと決済の融合など、よ

りミクロな経済取引を実現できる可能性が高まる。

　ブロックチェーンの技術を用いた研究が、経済全体の底上げにどのようにつなげることができるのか、さらに国全体でみた場合マクロの生産性の上昇にプラス寄与になる使い方ができないかについての研究が今後重要である。

# III

## イノベーションを通じた価値の収益化

# 第9章

# （講演録）専門家を無力化させる「個別化」時代の衝撃

森　正弥[1]

---
1　楽天株式会社執行役員、楽天技術研究所代表、楽天生命技術ラボ所長

## 要　旨

　AI（人工知能）の活用なしには、企業、特に小売りは生きていけなくなっている。「ロングテールの発展」により顧客が個別化され、企業と顧客の間の新しい「情報の非対称性」が今まで以上に生じている。もはやAIなしに企業は顧客のことがわからない状況になっており、AIに「専門家が負けていく」現象が起きている。他方で、新しい枠組みを作るという点はAIの弱点であり、人間がやるべき領域である。人間の強みである創造性と、AIの強みであるロングテール・ビッグデータ処理の組み合わせが今後重要である。企業は、AIを中心に業務プロセスを再構築する必要がある。

## 1．AIネイティブ

　AIに関する記事は多数あるが、なぜAIを使わなければいけないのかという話は少ない。我々には「AIを使わないと生きていけない」という課題が目の前にあり、ゆえにAIの活用を進めている。マシンラーニングやディープラーニングは、どのようなデータを学習させるかによって飛躍的に精度が異なる。そのため、どのようにディープラーニングやマシンラーニングを捉えるかにより活用法が変わってくる。

　楽天技術研究所では、「ロードマップを提示しない」というコンセプトを持っている。なぜなら、過去にはウェブ2.0やクラウド等、ビジネスやサービスにおける技術活用を大きく変えるトレンドがあったが、それらの到来を予測できた企業はなかった。そういった予測ができないのであれば、ロードマップを作ることにあまり意味はないのではないかという問題意識を持っている。ロードマップを作るのではなく、自らディスラプティブ（破壊的）なソリューションを生み出していくことで、トレンドを生み出すという発想を持っている。

　従来のデータを使った業務では、ノイズの除去等のデータの前処理に8割以上の時間を充てていた。しかし、ディープラーニングを活用した結果、特にコンシューマー領域では、前処理を行うことでかなり精度が下がる一方、生データを入力した方がむしろ精度が高いという衝撃的な結果を得た。これによりディープラーニングには従来の業務プロセスを大きく変えるポテンシャルがあることがわかった。それ以降、業務プロセスを大きく変えていく試みを行っている。

　例えば、シンガポール科学技術庁とAIに関するデータサイエンティストの人材育成プログラムを行い、スタンフォード大学、マサチューセッツ工科大学、筑波大学ともAI関連の研究を行っている。なお、AIの捉え方がAIに携わる研究者の中でも40歳前後を境に世代が分かれている。上の世代は

ディープラーニング等を非常に効果があるツールとして捉え、従来の枠組みの中に収めようとする。一方で、若い世代はディープラーニング等を中心としてプロジェクトやシステム構築しなければならないと考えており、軽やかに開発して、サービス展開やスタートアップを運営している。このジェネレーションギャップを超えるのは非常に難しいと感じている。

## 2．「専門家が負けていく」という問題

### (1)　AIの性能・精度が高くなっている

　今はAIの性能・精度が非常に高くなっており、AIを活用することなしには、もはや企業、特に小売り企業は生きていけない。その象徴が「専門家が負けていく」という問題である。それだけAIの性能・精度が非常に高くなっているのである。例えば、競馬のことを全く知らないチームがAI予想で1位を的中させた例や、化合物の活性化予想のコンペティションで、活性化予測を行ったことのないチームがAIの活用によって優勝した例などがある。専門知識のない人でもデータが与えられ機械学習を活用することで、高い精度の予測をすることができるようになってきている。

### (2)　ロングテールの発展

　さらに注目しているのが「ロングテールの発展」という現象である。統計は基本的に正規分布をベースにして考えたり、パレートの法則では2割の商品が8割の売上を構成するといった考え方をする。しかし、インターネットにおける小売りの世界ではこれらの捉え方ではうまく当てはまらず、テール部分が全体を構成する、いわゆる、べき乗分布をしている。
　例えば、図表1のように、横軸に商品の売り上げ順位、縦軸に販売量をとると、インターネットの小売販売は右にロングテールで伸びた図となる。非常に重要なのはテール部分であり、年間を通して僅かしか売れていないが、

図表1　ロングテール

・ロングテール現象はインターネットの様々に見られる
・もはやどの商品が売れるかというのは誰にもわからなくなった
・人手で分析するのには限界がある。

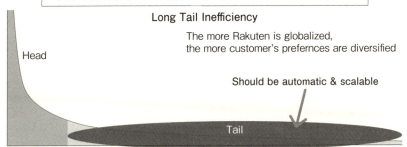

(出所)　筆者作成。

　これらの商品を集約すると売上全体の9割を占める。このロングテール現象を実証研究したところ、商品販売だけでなく、対象分野や対象期間・時間を問わず、ユーザーにまつわる行動情報の分布は全てロングテールで表現されうることが明らかになった。テール部分が全体を占める場合、ビッグデータの処理はAIを使うことでしか解決できない。
　さらに現在は、どの場所にいても常に世界とつながり、世界の知識ともつながることが可能であるため、人の行動はロングテール部分に加速度的に進展している。例えば、営業担当者が売上に疑問を持っていた地方の特産物がネット上で爆発的に売れたという事例がある。他にも、高額の甲冑（かっちゅう）が、6ヶ月先まで予約で埋まるという事例もある。従来のように、営業担当者が個別に判断していた時には商品として企画されることがなかったようなものが、現実には消費者が購入したくても買えなかっただけであったことがわかった。ロングテールの発展により、従来のマーケティングの概念が大きく変わったのである。
　今までは、小売り企業が物理的制約のある来店客をセグメンテーションやクラスタリング等で分類していたが、それは単に店舗に押し込められた顧客

を分析しているに過ぎない。物理的制約が解き放たれ、顧客が一人ひとりの判断に従い商品を購入している現在では、こうした顧客を分類するマーケティング手法は無力化しているのである。

　商品の価格帯にも、変化が現れてきている。クラウドファンディングが出てきた中で、新しいプレイヤーがものを作り始め、高級品と安い品の価格帯が分野によって出来つつある。ユーザーは「安ければ買う」というわけではなく、可処分所得と支払ったお金が満足度と関係しており、その中でちょうどいい価格帯が開拓されている。また、価格感応性は個々人によって異なる。例えば商品によってクーポンを出し分けたとき、そのディスカウントの多寡によって買う人もいれば、ディスカウント額が高過ぎるとかえって買う行為をやめる人もいる。つまり、価格は個別化できるとも考えられる。

　楽天技術研究所では、潜在顧客を見つけるソリューションを提供している。例えば、自動車や家を購入した顧客を、保険の購入する潜在顧客として抽出できる。従来は、機械学習の手法を用いて一定のファクターを元に潜在顧客を特定していたが、現在はディープラーニングに切り替えた。それによってファクター層を何倍にも増やすことができ、直接的に根拠となるファクターは不明ながらも、より精度の高い潜在顧客の特定ができるようになった。ビジネスニーズによるが、ファクターが説明できなくともトライをしたい、というクライアントに対しては、ディープラーニングの活用を提案している。

### (3)　新しい「情報の非対称性」の登場

　さらに、インターネットの時代は、関心のレベルが情報量を決めているため、新しい「情報の非対称性」が顕著になってきている。古典経済学では、アダム・スミスの「見えざる手」において、需要と供給の一致によって価格が決まり、マーケットが均衡するとされていた。これに対し近代経済学では、「情報の非対称性」の問題が指摘され、売り手のほうが買い手より情報を持っているという前提でどうなるのかという分析が行われてきた。

ところが、2000年以降、買い手が売り手より情報を持っている、逆の「情報の非対称性」が見えてきた。例えば、ある人が100万人に1人しか罹らないような重病になった時、インターネットやSNSを活用して治療法等の様々な情報を集める。その一方で、医者はそういった患者にはめったに遭遇しないため、その病気の情報を得るための時間はかけない。こうした新しい「情報の非対称性」が出てきている（図表2）。つまり、関心のレベルが、個人の保有する情報量を決めている。こうなると企業は顧客のことを把握するのが難しく、顧客が有する情報に追い付かないという状況になる。我々はこうした大きな問題意識に則って、AIの技術開発を行ってきた。

### (4) ロングテール現象や情報の非対称性の克服

ロングテール現象や情報の非対称性を克服するため、我々はAIを活用している。具体的には、膨大にある商品データを自動的に全て適切に理解させる試みや、顧客のレビュー情報を入力し、顧客がどのような観点で商品を評価しているかを理解させることで、単純な価格等だけではなく、顧客から見た商品の価値等をAIに理解させて顧客のニーズを発見していくという試みを行っている。

また、顧客が求めている商品ジャンルは存在していないものの、顧客はこの商品を求めているといったニーズをAIが抽出し、抽出したニーズに基づいた商品企画やキャンペーン企画を行っている。例えば、多様化したユー

図表2　新しい形で登場してきた「情報の非対称性」

| |
|---|
| ●アダム・スミスの「見えざる手」<br>●近代経済学による「情報の非対称性」<br>　―中古車市場での指摘、レモンの原理<br>●インターネットによる逆転 |
| →人工知能の活用なしには、もはや（企業は）生きていけない |

（出所）　筆者作成。

ザーのクラスタリングと最適化として、ユーザーの求めていると考えられるファッションスタイルをAIが複数パターン抽出し、それらにマーケターが後から名前を付けて販売を行った。つまり、マーケターが仮説を作るのではなく、AIが隠れたニーズから仮説を作るというように業務プロセスの変更をしたところ、売上がかなり上昇した。この前提になっているのは、企業は顧客のことをわからないという大きな問題意識である（図表3）。

この他にも、AIを使ってイベントキーワードの時系列データを分析することで商品の隠れたニーズを発見するといったことを行い、隠れたニーズも発見している。このように、AIを使った高度なターゲティングや、マーケット予測では、非常に高い精度を出している。

なお、楽天技術研究所では、楽天の持つ様々なビジネスデータ（楽天市場の全商品データやレビューデータ等）を大学や公的研究機関が利用できるように公開し、研究などに活用してもらっている。レビューデータを解析する技術は、大学の研究室と一緒に共同研究を行った際の非常に重要なソリュー

**図表3　多様化したユーザーのクラスタリングと最適化**

- LDAによる人手を介しないユーザーの嗜好の発見
- Bandit Algorithm のUCBアルゴリズムによる損失量上限の範囲内で最適化

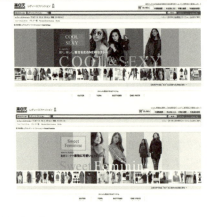
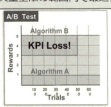
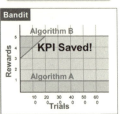

（出所）　筆者作成。

ション技術となっている。

## 3．AI時代に人間がやること

では、人間は何をやるのか。新しい枠組みを作るという点はAIの弱点であり、人間がやるべきところである。例えば、アルファ碁に人間の囲碁プレイヤーは負けたが、アルファ碁が囲碁に代わる面白いゲームを作れるわけではない。新しい枠組みを作るのが人間の仕事であり、枠組みが設定された後はAIが行う。人間は創造性を持っており、トレンドを作り出す、最新のものに反応できるという強みがある。一方AIは、ビッグデータの処理ができ、ロングテールを解析できるという強みがある。この組み合わせが今後重要である（図表4）。そのためにも、企業は業務プロセスの再考に着手していくべきである。

図表4　人とAIの新しい関係

- AIの高度化により、様々な職能がAIに置き換わることで、雇用は収奪されていくのではないか。
- 人は創造性を持っている。機械はロングテールとビッグデータを処理できる力を持っている。

人の知と機械の力を統合する
新しい関係へ

（出所）　筆者作成。

# 第10章

## (講演録) "シン・ニホン" AI×データ時代における日本の再生と人材育成

安宅 和人[1]

---
1 ヤフー株式会社CSO(チーフストラテジーオフィサー)

## 要　旨

　現在は、情報産業革命が起きている歴史的局面、世界経済の重心がアジアに戻るダイナミックな局面にあり、大半の人が思っているより遥かに早く変化が起きる。その中で、国富を生むメカニズムが質的に変容しており、富を生み出すのは会社の規模よりも夢を描いて形にする力である。AIとデータを使う戦いで重要な要件として、①デバイス・領域を超えたマルチビッグデータ、②圧倒的なデータ処理力、③質と量で世界レベルの情報系サイエンティストとICTエンジニアがあるが、いずれも日本は勝負になっていない。しかし、データとAIを使う産業化において、データ×AI化の二次的応用とインテリジェンスネット化のフェーズでは、日本にも勝機がある。

　社会を生き抜くための基礎教養が変化しており、データの持つ力を解き放つためのスキルセットを持った上で、見立てる力・決める力・伝える力が重要になっている。そうした人材を生み出すために、次世代は、データリテラシーを持つ人材、専門家、リーダー層の３層での育成が必要である。加えて、エンジニア及びミドル・マネジメントのスキル刷新も必要であり、さらに世界の才能を取り込んでいくべきである。

　日米の大学の資金力の差は大きく、日本の大学は国際競争力を失いつつある。人材開発に向けた国家的な寄付基金（endowment）を立ち上げるとともに、主要研究大学には国の戦略的研究機関の運営委託も検討すべきである。それらの実現に向け、国家全体のリソース配分を過去から未来への舵を切るべきである。

# 1. 現在のrecap

現在は、産業革命から200年続いた後、情報産業革命が起きている歴史的局面にある。これまではモノ・カネを主たるアセットとしたハードよりの産業とデータやAIを主たるアセットとした情報系産業とに分かれていたが、今後は産業分野にかかわらず、両方の経営資源を持つことが当然になっていく。また、我々は世界経済の重心がアジアに戻るダイナミックな局面にいる（図表1）。長期間の一人あたりGDPの推移をみると、産業革命が起こるまでの2000年にかけては生産性が2倍ほどしか変わっていなかったが、それ以後は50倍、100倍に上がってきており、変化が非常に早くなっている[2]。

図表1　世界の重心がアジアに戻るダイナミックな局面

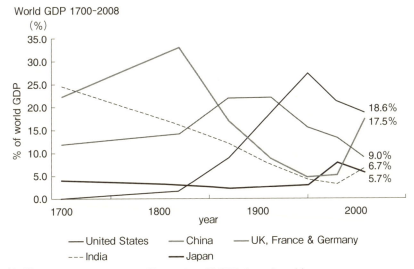

（出所）https://infogram.com/Share-of-world-GDP-throughout-history

---

2　J. Bradford DeLong（1998）

## 2．大半の人が思っているより遥かにはやく変化は起きる

　世界企業の時価総額ランキングのトップ企業は10年前と比べ様変わりしており、現在はデータやAIを使い倒している企業がトップを占めている（図表2）。これらの企業の特徴は、利益よりもはるかに大きな事業価値を持っており、「世の中を変えている感」を持てることが大きな事業価値につながっている。

　このように技術革新が急速に起きている今、国富を生むメカニズムが質的に変容しており、富を生み出すのは、会社の規模よりも、夢を描いて技術とデザインをテコに形にする力である。新しいメカニズムの下では、①未来への期待感や寄与度、②既存の枠組みを超えICT、技術革新をテコに世の中をアップデートすること、③ジャングルを切り開きサバイバルすることが重要であり、非常にワイルドな時代である。

　主要先進国は人口調整局面に突入しており、大きな市場は縮んでいくとい

図表2　時価総額ランキング（Global 2017）

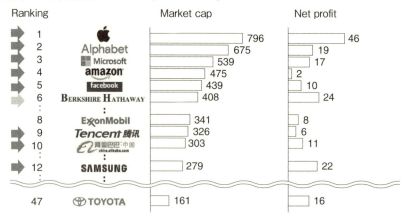

（出所）　World Stock Market Cap by Think 180 around（May 2017）、各社決算資料。

う議論や、このような時代は経験したことがなく困難であるという議論があるが、果たしてそうだろうか。人類は、飢饉や疫病や戦争等で、年に1〜2割の人口が減るという経験をしてきた。例えば、100年前のスペイン風邪では、第一次大戦の戦死者の倍近い人数が死亡したとも言われている。そういった人口減に比べれば、我々が現在直面している人口減は誤差の範囲であり、後ろ向きになる必要はないと考えられる（図表3）。

## 3．日本の現状

　AIとデータを使う戦いで重要な要件は3つあり、①デバイス・領域を超えたマルチビッグデータ、②圧倒的なデータ処理力、③質と量で世界レベルの情報系サイエンティストとICTエンジニア、である。日本の現状をみると、①データ量はアメリカや中国のプレーヤーと比べると1桁以上少なく、使用するにも既存産業の保護的な規制のため大半の用途で使えない（図表4）、②処理コストも電気代1つとってもアメリカとは5〜10倍、中国とは

図表3　これまでの人口減に比べれば誤差
**人類史の3大死因とインパクト**

| | | |
|---|---|---|
| Famine 飢饉 | ・太陽王ルイ14世が愛人と戯れている1692-1694の3年間で総人口の15%（280万人）のフランス人が飢餓で死亡 | |
| Plague 疫病 | ・1330年代：ユーラシア全体の4人に1人（7500万から2億人）が黒死病で死亡<br>・1520年：スペイン人上陸後9ヶ月間でアステカ人の36%（800万人）が天然痘により死亡<br>・1918年：5千万〜1億人がスペイン風邪（the Spanish Flu）で死亡 | 人類はつい60〜70年前まで、年に1〜2割のヒトが簡単に減るような環境の中で生き延びてきた |
| War 戦争 | ・石器時代から近代になるまで死の15%は戦争および暴力によるもの | |

（出所）　Yuval Noarh Harari "Homo Deus—A brief history of tomorrow"（Penguin Random House 2015）.

**図表4　データの巨人たちとの戦い**

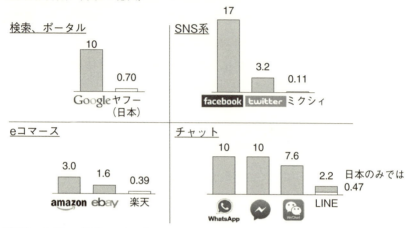

（出所）　各種Web記事、日本の各サービス利用者数はYahoo! Japan調べ（2016年11月）。

50～100倍の差があり、国力の差になっている（図表5）、③人材もビッグデータやAIを実装できるようなエンジニアが少なく、日本はICT系エンジニアの総数では世界で米中インドに次ぐ4番目だが、ビッグデータ、AI系のエンジニア数では7～8番目の可能性すらある（図表6）。

　今、必要なのは、新しく利用可能になった技術の力をテコに、世の中をアップデートしようとするハッカーやギーク（geek）であり、このようなTech-geekたちを生み出さなければならない。しかし、この時代のビッグウェーブが生じているにもかかわらず、ミドル層・マネジメント層をみるとチャンスと危機を理解している人が少ない。スキルを新たに変えないと生き延びることができないにも関わらず考えてもいない。今の日本は、この新しいゲームの視点で見ると、ペリーの黒船来航の時代の日本と同様といえる。

図表5　データ処理コスト比較

cost of industrial electricity（yen/kwh）

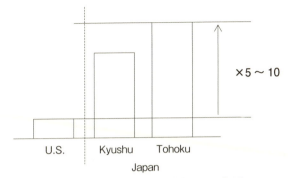

（出所）　IEA Energy Prices and Taxes（OECD為替レート使用）ヤフー実績値。

図表6　人材数自体に大きな課題

ICTエンジニアの数の国別比較：万人

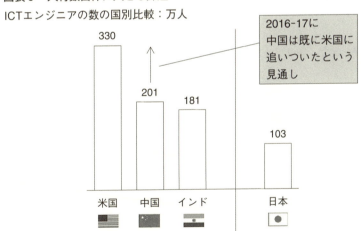

（出所）　IPA（情報処理推進機構）「グローバル化を支えるIT人材確保・育成施策に関する調査」2009年。

## 4．日本のキボウは？

ただ、日本にも希望がある。産業革命を俯瞰すると3段階あり、新エネルギーと技術が生まれる段階（フェーズ1）、高度な応用が広がる段階（フェーズ2）、これらが更につながりあうエコシステム構築的な段階（フェーズ3）である。日本は産業革命ではフェーズ1には参加せず、フェーズ2、3で世界に打ち破ってきた。

今後は、データとAIを使う産業化に関しては、データ×AI化（フェーズ1）、データ×AI化の二次的応用（フェーズ2）、インテリジェンスネット化（フェーズ3）、の3フェーズとなる（図表7）。

今後はあらゆるものが賢くなっていく時代が来るはずで、全てのサービスがスマート化し、これらがつながり合っていくインテリジェンスネット化の時代が来る。フェーズ2、フェーズ3が勝負である。そこで大事なのは、夢

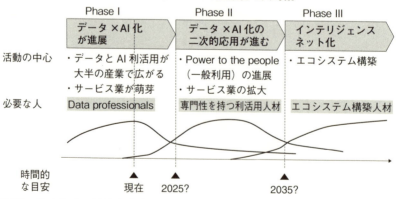

図表7　第2、第3フェーズが勝負

（出所）安宅和人　経済産業省　産業構造審議会　新産業構造部会　第5回資料（2016.1）。http://www.meti.go.jp/committee/sankoushin/shin_sangyoukouzou/005_haifu.html

を形にする力である。

## 5．どんな人が必要になるのか？

　よく「AI対人間」という話があるが、これから起きる本当の競争は、「『自分とその周りの経験だけから学び、AIやデータの力を使わない人』対『あらゆるデータからコンピューティングパワーを利用して、その力を活用する人』」の戦いである。仕事がなくなるのではなく、要る人と要らない人に分かれるのである。

　この変化を受け、社会を生き抜くための基礎教養が変化している。現代のリベラルアーツは、母国語と世界語でモノを考えて伝える力、さらに問題解決能力の3つと考えることが出来るが、ここに、データリテラシー、すなわち、データやAIの力を解き放つ力が加わってくる。そのためには、データサイエンス力、データエンジニアリング力、ビジネス力といった3つのスキルセットが必要であり、これらが使え、具体的なドメイン知識を持つ境界・応用領域の人材をどれだけ生み出せるかが勝負である（図表8）。これまでとは似て非なるデータ・プロフェッショナル人材が必要になる。

　データやAIを使えば、情報の識別や予測・実行は自動化されるため、人間の仕事は、見立てる、決める、伝える、ということが中心になる。なお、このような革新期において10代後半から30代前半の若者によって多くの変革は行われてきた。こうした人材をどれだけ生み出せるかが我々の未来に向けての勝負である。

　そのために、大学の教育レベルで理文を問わず理数の素養、データリテラシーを持つ人間の育成、大学・大学院での専門家層の育成、国力を支えるリーダー層の育成といった3層の育成が必要である。加えて、ICTエンジニアやミドル・マネジメント層のスキル刷新のための再教育が必要である（図表9）。しかし、現在の変化の時間軸では10年以内にゲームの流れが決してしまう可能性があるため、専門家層やリーダー層は海外から輸入するしか打

図表8　データの力を解き放つための3つのスキルセット

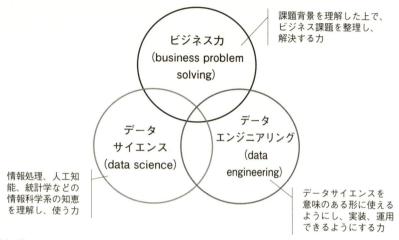

（出所）　データサイエンティスト協会プレスリリース（2014.12.10）。http://www.datascientist.or.jp/news/2014/pdf/1210.pdf

図表9　3層＋2で育て、加えて世界の才能を取り込むべき
AI×データ時代に向けた人材の増強イメージ

（出所）　安宅和人　経済産業省　産業構造審議会　新産業構造部会　第5回資料（2016.1）を元に安宅和人改変。http://www.meti.go.jp/committee/sankoushin/shin_sangyoukouzou/005_haifu.html

ち手がない。今は世界の才能を取り込む千載一遇のチャンスでもある。

## 6．専門層・リーダー層の育成について

　アメリカや中国がこの革新期における主導権を握るべく政府が大きく力を入れている中、このままでは米中と戦うのは非現実的となる。国力に見合った大型プロジェクトを複数掲げるべきである。リーダー層は大型プロジェクトの中で育つのは世界共通である。しかし、科学技術予算は米中が額で突出しているのに、日本は明らかに国力に比して少ない。

　データやAIが世の中をこれだけ変えている中で、これらをメインで研究する日本の国の機関は3つぐらいしかない。しかしながら、運営交付金は減っており、研究に支障が生じている状況である。これらの影響は数字に出ており、各国の論文シェアを見ると、日本は元々2位だったのが5位に落ち、インパクトのある論文で見れば、6位まで落ちている（図表10）。

　日米の大学の資金力の差は大きい。日本の大学は国際競争力のない給与、スタッフ不足の環境にいる。教員の給与は半分以下、次世代を担うPhD学生もアメリカは実費ゼロだが、日本は国立大でも生活費含めておよそ年340万円かかる状態である。世界で才能を奪い合う状況において、教員、学生ともにワールドクラスの人材を集めうるとは言えない状況である。このギャップを解析すると、圧倒的に大きいのは投資・運用益で、次が国のR&D委託となっている。大学別運用基金をみると、アメリカの大学の数兆円に対し、東大は110億円、京大に至っては無い可能性すらある（図表11）。一過性の予算ではなく、人材開発に向けた国家的な運用基金を作り上げなければ対抗するのは難しい。

　一つの提案として、トップ研究大学の強化費用の運用基金として10兆円程度準備し、運用プロを任命して7％程の運用益を出し、その利益の半分程を予算化していく（図表12）。それにより、大学の人件費や施設、PhD学生の費用問題など、多くの点が改善できる。アメリカにある大学や研究機関に直

図表10　Impactは既に6位…あと数年で韓国に抜かれる見込み
各国の論文シェア

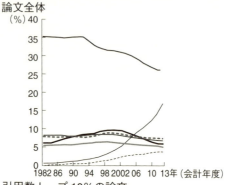

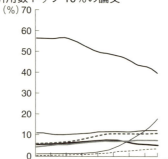

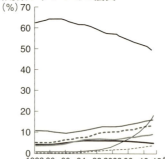

※文部科学省科学技術・学術政策研究所『科学技術指標2016』をもとに作成。

（出所）日経サイエンス　2017/7　p 47。

図表11　人材開発に向け国家的な寄付基金（endowment）を立ち上げるべき

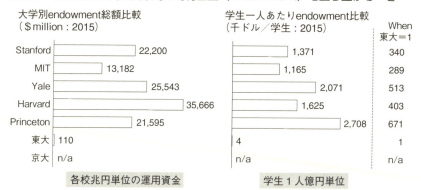

| 大学別endowment総額比較<br>（$million : 2015） | 学生一人あたりendowment比較<br>（千ドル／学生 : 2015） | When<br>東大=1 |
|---|---|---|
| Stanford　22,200 | 1,371 | 340 |
| MIT　13,182 | 1,165 | 289 |
| Yale　25,543 | 2,071 | 513 |
| Harvard　35,666 | 1,625 | 403 |
| Princeton　21,595 | 2,708 | 671 |
| 東大　110 | 4 | 1 |
| 京大　n/a | n/a | n/a |
| 各校兆円単位の運用資金 | 学生1人億円単位 | |

（出所）　各校financial report、学生数（学部、院のenrollment）に基づき安宅和人分析（簡便のため$1＝¥100で換算）。

図表12　国力強化に向けた国家endowment構築（案）

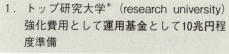

1. トップ研究大学*（research university）強化費用として**運用基金として10兆円程度準備**
2. 世界トップクラスの運用professionalを任命…**平均7％以上の運用益創出を目指す**
3. 基金の3.5％程度（運用益の半分）を予算化。基本1/2を教員・サポートスタッフの人件費、1/4を人材育成グラント**、1/4は施設のリノベーションに
4. 大学などの教育研究機関***への寄附に対する免税措置（education gift）
5. 企業が従業員や配偶者のこれらの寄附にマッチして寄附することも免税（matching gift）

*希釈を避けるため10校以下が望ましい。世界的な研究力、優秀なPh.D.を生む能力、施設の老朽化などの必要性を鑑み指定
**学費補助のスカラーシップ、生活費（stipend）支給など（米国同様、日本国民、永住権保持者を優先）
***幅広く対象

（出所）　Harvard University financial report FY16, https://ces.commerce.yale.edu/givingtoyale/gifts.cgiをもとに安宅和人試案。

接寄付する、勤務先が更にマッチアップすると税的に考慮される仕組みは日本も学ぶべきである。また、アメリカでは、連邦政府が大学や研究機関にかなりの研究開発を委託している。ここからスタートアップが数多く出て、ノーベル賞受賞者も輩出している。

これらの実現に向け、日本は国家全体のリソース配分を過去から未来へとかじを切るべきである。現状では、勤労層は産業が痩せている中で生産性が上がらない。最もかわいそうなのは未来を担う層である。国全体を家族と捉え、あるべき姿を考えるタイミングである。

最後に、人工生命の分野ではコンピューター上で進化や競争のシミュレーションができるが、仮に初期値や条件が同じでも、同じ進化は起きないということがわかっている。つまり、未来は予測できるものではなく、我々が20年後、50年後、100年後にどういった未来を残したいか、という思いを持って行動していくことが大事だ。

## 【参考文献】

J. Bradford DeLong（1998）, "Estimating World GDP, One Million B.C.-Present"

# 第11章

## （講演録）イノベーションに挑む日本のロジスティクス

小笠原　渉[1]

---

1　元財務省財務総合政策研究所総務研究部研究員

## 要　旨

　日本のロジスティクスは4つの問題を抱えており、それは①「Logistics 4.0」への対応、②物流量の増加と人手不足への対応、③グローバル化及び越境EC（E-Commerce）の拡大に対応したプラットフォームの提供、④サプライチェーン全体の効率化・見える化・標準化への対応である。

　現在の新技術（IoTやAI等）を活用した「Logistics 4.0」のフェーズは日本企業にも挽回のチャンスがあり、挽回するためには日本企業は生産性と国際競争力を高める必要がある。新技術の開発・活用に取り組み、保有する経営資源を最大限に活用することで、プロセス・イノベーションに加え、プロダクト・イノベーションを継続的に起こしていかなければならない。さらに、業界や国の枠にとらわれないプラットフォームを構築し、それを世界で標準化することが重要となる。そして、価値に見合う値付けをすることで収益向上を図ることも重要である。

# 1. 日本のロジスティクスの課題

ロジスティクスとは、物流全体をマネジメントするものである[2]。日本のロジスティクスは業界全体が厳しい環境の中にあり、イノベーションを通じて生産性を向上することで企業価値を高めていくことができるのかが重要になっている。具体的な課題としては、①「Logistics 4.0」への対応（具体的には、IoTやAI等の先端技術の導入等）、②物流量の増加と人手不足への対応、③顧客や物流のグローバル化及び越境ECの拡大に対応したプラットフォームの提供、④サプライチェーン全体の効率化・見える化・標準化への対応がある。

# 2. ロジスティクスにおける日本の特徴

## (1) 生産性の比較

世界銀行が発表した国際的な貿易・物流の効率性を評価するLogistics Performance Index[3]（2016年度版）によると、世界における日本のランキングは12位となっている。米国と比較した日本の運輸・倉庫業の生産性指標をみると、労働生産性及び全要素生産性（TFP）ともにその差は拡大する傾向にあり、2009年時点で双方とも米国の60％前後となっている（図表1）。その要因の一つに事業所の規模の違いが考えられる。運輸・倉庫業の大規模事業所数を日米で比較すると、100人以上の事業所数割合は、米国の22％に対

---

[2] より具体的には、サプライチェーン管理の一部であり、顧客の要求に適合させるために、商品、サービスとそれに関連する情報の発生地点から最終消費地点に至るまでのフローを効率的、効果的に統制すること。

[3] 税関の効率性、インフラの質、輸送の適時性など、開発面で重視される貿易の諸要素に着目して160か国をランク付けしている。このデータは1,000人以上の物流事業者を対象とする調査から導き出されたもので、世界銀行グループの国際貿易ユニットは2007年以降、ほぼ2年に一度発表している。

図表1　日本の運輸・倉庫業における労働生産性・TFP水準対米比

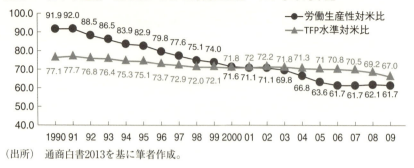

（出所）　通商白書2013を基に筆者作成。

して日本は僅か4％である。大規模で効率的な事業所の比率が高いことが、米国が日本よりも労働生産性が高い一因となっている（図表2）。

### (2)　物流のオペレーションの比較

　日本と欧米の物流企業では、物流のオペレーションにも違いがある。日本企業は、何でもカスタム化するのが特徴で、質の高いサービスと現場力と改善力が強みである。一方で日本企業の弱みは、非常に曖昧な契約でオーダーメードなサービスを行っており、時に過剰サービスになりがちなことである。問題が生じると個別改善を行い、運賃料金については値引きが前提となっている上に、受け身の営業になっている。また、荷主は日系荷主が多いことが特徴である。

　それに対して欧米企業は、自分のビジネスモデルを標準化して広めることを得意としている。強みは、提案力と人材育成、ITを駆使したサービスとなっている。サービス範囲は契約に明記されており、まずはプラットフォームを適用させ、全体最適を図った上で適正な運賃を課している。営業スタイルは提案型営業で、標準化が進んでいることから他国での国際入札の際にも強い。日本型なりの良さもあるが、日本企業が国際競争力を高めていくには欧米型のようなプラットフォームを標準化するスタイルに転換することが求められている（図表3）。

図表2　運輸・倉庫業の日米事業所規模対比（2012年）

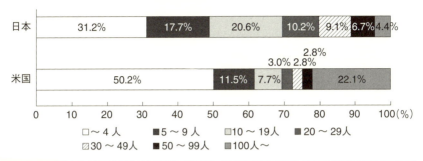

| | 事業所の規模 | ～4人 | 5～9人 | 10～19人 | 20～29人 | 30～49人 | 50～99人 | 100人～ | 総数・合計 |
|---|---|---|---|---|---|---|---|---|---|
| 米国 | 事業所数 | 107,589 | 24,665 | 16,567 | 6,429 | 5,993 | 5,918 | 47,331 | 214,492 |
| | 事業所数総数に占める割合 | 50.2% | 11.5% | 7.7% | 3.0% | 2.8% | 2.8% | 22.1% | 100.0% |
| 日本 | 事業所数 | 42,055 | 23,845 | 27,741 | 13,723 | 12,292 | 9,039 | 5,946 | 134,641 |
| | 事業所数総数に占める割合 | 31.2% | 17.7% | 20.6% | 10.2% | 9.1% | 6.7% | 4.4% | 100.0% |

（出所）　㈱日本政策投資銀行　地域企業部レポート2015年7月を基に作成。

図表3　日本型物流と欧米型物流の違い

〈日本型オペレーション〉
契約範囲：あいまい
オーダーメード、過剰サービス
個別改善・値引き受け身営業
（提案力不足、現場力依存）日系荷主
　に依存

〈欧米型オペレーション〉
契約範囲：はっきり
プラットフォーム適用
全体最適・適正料金提案型営業
（客観的指標と知識の裏付け）国際入
　札に強い

（出所）　筆者作成。

### (3) グローバルな事業規模の拡大の比較

#### ① 日本と海外の大手物流企業の比較

　日本とアメリカの大手物流企業の業績と海外売上高比率を比較する。1990年代後半については、FedExと日本通運の業績は同水準であった。しかし、

2013年度のFedExの売上高は日本通運の2倍、ヤマトHDの3倍であり、営業利益は日本通運の7倍、ヤマトHDの3倍と差が広がっている。なお、同年度の海外売上高比率は、FedEXは29％、日本通運は21％、ヤマトHDは2％と日本企業の海外展開は遅れているといえる[4]。

　日本はこれまでグローバルなロジスティクスにおける競争で欧米勢の後塵を拝していたが、新技術等を導入することによるLogistics 4.0で巻き返しを図らなければならない。そのためには、なぜ欧米の企業が成功したのかを分析する必要がある。

　日本企業と比較してFedExやDHLが事業規模の拡大に成功できた理由の1つ目は、ネットワーク構築の速さに違いがあることである。FedExやDHLは荷主企業と共に、グローバルなサプライチェーンを構築し、下請を脱し、荷主の理解を得て価格決定力をもつプライスメーカーとなった。それに対して日本企業は、荷主の下請けに甘んじて品質とサービスの向上にいたずらに注力してしまい、流通業界の価格破壊に代表される値下げの圧力の板挟みに苦しみ、グローバルな市場の変化に対する迅速な対応ができなかった。値下げ圧力と国内競争による採算性の悪化に翻弄され、日系荷主のグローバル展開に対応できず、海外荷主の獲得に出遅れてしまった。そして、宅配便に代表されるように品質は高いが、日本企業のサービスは海外での汎用性が低く、ガラパゴス化し、標準化が遅れてしまった。

　2つ目の理由は、欧米企業がM&Aによる事業領域・規模の拡大とプラットフォームの標準化を進めたことである。FedExやDHLは、大規模なM&Aによりネットワークを拡大して円滑に事業統合を実施した。一貫したITシステムを持ち、全て自社の輸送手段で輸送できるため、輸送品質・納期で有利なインテグレーターでもある。FedExはアメリカ政府のオープンスカイ政策という施策の後押しを受け、ハブ&スポーク[5]というプラットフォームを生み出し、政府とともに全世界で標準化することに成功した。それに対して

---

4　みずほ銀行産業調査部（2014）p.186。

日本企業は、M&Aや統合に失敗して再編が進まず、中堅企業が群雄割拠して日系荷主の荷物を奪い合っているのが現状である。海外進出についても日系荷主任せで、現地企業のM&Aを行わず自前で賄うため、かなり非効率的な状況となっている。また、航空機を持たないフォワーダーが中心となっており、フォワーダーなりのメリットはあるものの、欧米企業のようなインテグレーターが育っていない。

② 海運業界の苦境とコンテナ港湾の競争力強化の必要性

日本の海運業界の最近の動向を見ると、最大手AP・モラーマークスに対抗し、2017年4月から日本郵船、商船三井、川崎汽船の国内大手3社とハパックロイド、陽明汽船がアライアンスを設立した。共同運航で、供給過剰と過当競争を回避し、収益改善を目指すべく取り組みを進めている。

日本の港湾の現状をみると、特に日本のコンテナ港湾の国際競争力の低下が目立っている。コンテナ船のサイズが大きくなったにも拘わらず、それに比例した日本の港湾の整備がされてこなかったことがその理由である。アジア諸国の港湾との競争力を向上させることは重要であり、そのためには大型船への対応等のハード面での改善が不可欠である。さらに、港湾運営の民営化による効率化、港湾業務の24時間化等のソフト面での強化、地方港の振興や国際コンテナ戦略港湾の重点的な強化も必要となる。また、トランシップ貨物（積み替え貨物）をアジア諸国の港湾から奪還することも課題である。現状、トランシップ貨物は釜山や香港などで積み替えをしてから日本各地の港湾に入ってくるため、国内の京浜港等の国際コンテナ戦略港湾に取り戻す取組みが求められる。

③ アジア（ASEAN）での日本企業の展開

日本企業も欧米企業が世界で行っている標準化の手法と同様に、日本国内や中国進出で培ったノウハウを世界で標準化、水平展開をしている。特に

---

5 　従来は、各拠点を結ぶポイントtoポイントシステムで対応していたが非効率だったため、中心となる空港を設け、車輪のハブとスポークのように結び、輸送回数の無駄を減らして効率的にしたものがハブ&スポークシステムである。

ASEANは欧米の大手物流企業の進出が遅れている地域であるがゆえに、成長市場のシェアの取り合いが生じている。現地では、プラットフォームの標準化に加え、例えばイスラム教に対応したハラール物流のように現地の事情に合わせつつ、日本の物流の強みである高効率、高付加価値、環境対策を組み合わせて売り込み、利益を上げていくことが、アジアのロジスティクス・プラットフォーマーになるための道といえる。障壁を打開するためには荷主や現地企業との連携、規制等の制度面では官民連携が不可欠である。

## 3．ロジスティクス・イノベーションの変遷とLogistics 4.0に挑む日本企業

### (1) ロジスティクスにおけるイノベーションの変遷

　ロジスティクスにおけるイノベーションの歴史を振り返ると、ロジスティクスは今までに3つの革新的変化を遂げてきた[6]。第1の革新は19世紀後半から20世紀にかけてのトラックや鉄道による陸上輸送の高速化・大容量化などの輸送の機械化（Logistics 1.0）、第2の革新は1960年代からの自動倉庫・自動仕分けの実用化等の荷役の機械化（Logistics 2.0）、第3の革新は1980年代からのWMS[7]等の物流管理のシステム化（Logistics 3.0）である。そして現在は、IoTの進化による省人化・標準化（Logistics 4.0）の段階にあり、倉庫ロボットや自動運転等の普及による省人化と、サプライチェーン全体で物流が繋がることでの標準化への取組みが柱になっている。

---

6　コンサルティング会社ローランド・ベルガー社の定義を用いた。
7　Warehouse Management Systemの略。物流センター内の一連の作業、具体的には入荷・在庫・流通加工・帳票類の発行・出荷・棚卸などを効率化し、一元的に管理するソフトウェア「倉庫管理システム」のこと。

## (2) 近年の日本企業の取り組み

　日本企業は、Logistics 2.0や3.0で欧米企業に先を越されたが、現在の新技術等を活用したLogistics 4.0のフェーズは日本企業にも挽回のチャンスがある。一つ目は、Industrie 4.0、IoT、ビッグデータ、オムニチャネルなど、現在のロジスティクスのありかたを大きく変える動きである。二つ目は、製造業など他の産業で注目されている（他の産業より導入が遅い）新技術の導入である。たとえば、コンピュータの処理能力の向上、通信技術・センサー技術の高度化、ビッグデータの取得、AI、物流の可視化、スマートグラス、パワードスーツなどである。三つ目は、自動運転、隊列走行、ドローンなどの輸送の自動化を実現する技術である。そして四つ目は、AI、ロボティクス、クラウド、自動搬送、センサー技術、需要予測の精度の向上・共有化等、倉庫内の自動化を実現する技術である。知見をデータ化して分析・活用し、かつIoTの新技術のトレンドを的確に先んじて捉えて、実用化・標準化できる体制を整えた企業が生き残ると考えられる。

　Logistics 4.0の柱の一つである「倉庫ロボットや自動運転等の普及による省人化」への取組みとして、例えば、日本通運では、最先端技術の研究・開発、輸送・荷役の自動化・省力化・効率化による生産性向上のために、組織を改編し専任部署を新設することで、無人倉庫の開発、トラック隊列走行[8]と求貨求車システム[9]の組合せの実用化、ドローン等の技術を活用した独自サービスの開発等の促進を行っている。また、ヤマト運輸では、非効率な再配達解消のために、宅配ボックスを積んだ自動運転自動車を使った配達の実証実験を行っている（図表4）。

　物流は、データ活用効果が高い産業である。AIやIoT、ロボット等の新技

---

8　先頭車両にはドライバーが乗車し、有人でトラックを運転し、先頭車両と後続車両を電子的に連結することで隊列を形成する。後続車両は自動走行システムを使って無人走行する。
9　車両情報（求貨）と荷物情報（求車）それぞれの情報をマッチングするシステム。

**図表4　倉庫ロボットや自動運転等の普及による省人化にかかる実験**

ドローンを棚卸し業務に活用する実験
（出所）日本通運。

トラック隊列走行の実証実験（NEDO/エネルギーITS推進事業）
（出所）　豊田通商。

術を導入して活用することで、新技術をプロセス・イノベーションに留まらず、新商品を生み出すプロダクト・イノベーションにつなげていくことが今後の課題となる。そして、日本企業の強みは蓄積したノウハウである。それらを集めたリアルデータやAIやIoTを活用し、いかに課題の解決に活用するかが、日本企業の国際競争力強化の要である。

　AIを活用した事例としては、日立製作所の取り組みが挙げられる。同社はビッグデータから需要変動を予測することや、業務現場の改善活動に対して適切な指示を行うAIを開発し、物流業務効率を8％向上させることを実現した。

　また、Logistics 4.0のもう一つの柱として、サプライチェーン全体を効率化するためにプラットフォームを構築する取り組みが行われている。日本企業でも近年のグローバル化に伴う越境EC需要の拡大に対応するために、新しいプラットフォームの提供を行っている。例えば、日本通運は、輸出へのハードルが大きい中小企業の製品を中小企業に代わって、貿易事務を代行し、まとめて輸送を行い、海外に在庫を持つことによって、容易に海外販路の開拓ができるような「海外展開ハイウェイ」というサービスを構築している。アマゾンやイーベイ、アリババ等に代表されるEC市場の拡大に対して積極的に取り組みも進めている（図表5）。また、共同配送のようにライバ

図表5　越境EC需要の拡大に対応する新しい取り組み例

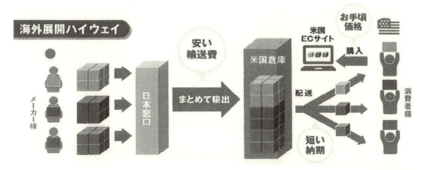

（出所）　日本通運。

ル企業のしがらみや業界の枠を超えた協業による新たな業界共通プラットフォームの構築も盛んに行われている。また、物流においても物流業界全体が抱える人手不足の問題を解決すべく、シェアリング・エコノミーの取り組みが既に始まっている。今後は顧客ニーズを的確に把握し、業界のしがらみや慣習にとらわれずに業界のくくりを超えて構築した新しいプラットフォームをいかにして世界で標準化、定着させていくかが重要である。

　さらに、ブロックチェーン技術を活用した事例として、貿易情報連携基盤の実現に向けた事例を紹介する。これまで貿易実務では、各社のシステムが連携しておらず、企業や業態を跨ぐ手続きを書面に頼っており非効率であった。そこで、貿易のサプライチェーン全体（銀行・保険・総合物流・輸出入）から13社が参加し、ブロックチェーン技術を活用することで、企業や業態を跨ぐ貿易情報連携を円滑に実現し、事務手続きの効率化・迅速化・利便性向上を図っている。現状の輸出入・港湾関連情報処理システム（NACCS）はベトナムやミャンマーで導入され、海外での標準化が進んでいる。今後はブロックチェーンを活用して、タイムラグ無くリアルタイムに各業界のシステムを連携させ、より使いやすく港の24時間稼働等の時代のニーズに応え続けられるように改良を継続的に加えることで、さらなる国際競争力強化を図る必要がある。

## 4．日本企業はどこに向かうべきか

　日本はLogistics 3.0までは後塵を拝したが、イノベーション（従来から得意とするプロセス・イノベーションに加えて、新技術や経営資源のフル活用によるプロダクト・イノベーション）を継続的に起こすことで、生産性と国際競争力を高め、Logistics 4.0で勝ち抜かなければならない。業界や国の枠を超えてプラットフォームを構築し、プラットフォームの世界での標準化に成功した企業が今後のロジスティクス業界で生き残るのである。

【参考文献】
秋葉淳一・渡辺重光（2016），「IoT時代のロジスティクス戦略」，幻冬舎。
石井徹郎（2014），「ロジスティクスの論点　図表でせまる現状と展望」，生産性出版。
苦瀬博仁（2016），「江戸から平成まで　ロジスティクスの歴史物語」，白桃書房。
齊藤実（2016），「物流ビジネス最前線」，光文社新書。
杉山雅洋・浅野光行・苦瀬博仁・国久荘太郎（2003）「明日の都市交通政策」，成文堂。
みずほ銀行産業調査部（2014），「米国の競争力の源泉を探る―今，米国の持続的成長から学ぶべきことは何か―」，みずほ産業調査／45　2014　No.2。
株式会社ローランド・ベルガー（2015），「視点109号」。

# 第12章

# 「価値の創出」と「価値の収益化」による生産性向上[*]

奥　愛[1]、橋本　逸人[2]

---

[*] 本章の作成に当たっては、「イノベーションを通じた生産性向上に関する研究会」の座長及び委員の先生方に加え、一橋大学イノベーション研究センターの延岡健太郎センター長、筑波大学大学院の立本博文教授、東京大学大学院の楡井誠准教授から貴重なご意見を伺った。また、事例として取り上げたコマツ及びランドログ、ウェザーニューズ、日本通運の各社から事業について詳細な説明をいただいた。記して感謝したい。なお、本章における誤りは全て筆者の責任による。
[1] 財務省財務総合政策研究所総務研究部総括主任研究官
[2] 財務省財務総合政策研究所総務研究部主任研究官

## 要　旨

　日本企業が力強い成長を果たすためには、イノベーションを生み出す要素である「価値の創出（Value Creation）」のさらなる取り組みに加え、イノベーションを市場価値に転換する「価値の収益化（Value Capture）」が重要である。この2つが両輪となって循環し、拡大していくことが生産性の向上につながる。「価値の収益化」につなげている企業の事例を分析したところ、顧客のニーズに関する情報を捉え、新しい技術を活用しながら収益に結びつけるビジネスモデルへと移行していることがわかった。

　企業が「価値の収益化」をこれまで以上に達成することができれば、その恩恵は当該企業だけでなく、雇用の増加等を通じて社会全体に広がる。日本企業の成長は、高齢化や人口減少、財政問題と課題が多い日本の成長に直結する。イノベーションを生産性向上に結びつけるために、「価値の収益化」の達成にこれまで以上に取り組み、「価値の創出」と「価値の収益化」をつなぎ合わせていくことが重要である。そのためには、企業の経営者がこれまで以上に「価値の収益化」に深くコミットしていくことが求められる。

# 1．イノベーションの収益化が弱い日本

　日本企業は人手不足感の強まりもあり、生産性の向上に取り組んでいる企業が多い。財務省財務局が2017年12月から2018年1月にかけて実施した人手不足の現状と対応策に関するヒアリング調査によれば、業務環境改善に向けた取組みにおいて設備投資を行っている企業259社のうち205社（約80％）が省力化・効率化投資を行っている[3]。労働生産性の算式の分母は投入量（インプット）、分子は付加価値（アウトプット）となっているが、日本企業が行っている労働生産性の向上策をみると、分母の投入量に関連する取組みが中心となっていることがうかがえる。日本企業は、労働投入量（インプット）の効率化に着目した生産性の向上には取り組んでいても、企業が提供するモノやサービスに見合う付加価値（アウトプット）の引上げを通じた労働生産性の向上という観点が足りない可能性がある。

　収益の増加によって付加価値の引上げを図る場合、既存のモノやサービスを単に値上げして収益を上げれば、消費者余剰を減少させて生産者余剰に付け替えるだけとなる。需要の減少によって全体としての付加価値は十分高まらないかもしれない。そのため、消費者の満足度を高めながら価値に見合う収益を上げる必要がある。その鍵となるのがイノベーションである。しかしながら、日本企業は多額のR&D投資を行ってきたが、米国、ドイツの企業と比べて収益性等に結びついていないとの指摘があるように[4]、日本企業はイノベーションの創出とその収益化が分断している可能性がある[5]。日本企業のイノベーションを創出する取組みを収益に結びつけていくことは、日本

---

3　財務省（2018）「財務局調査による「人手不足の現状及び対応策」について」（http://www.mof.go.jp/about_mof/zaimu/kannai/201704/hitodebusoku088.pdf）
4　内閣府（2017）pp. 94-96。
5　シュンペーターは「新結合」という言葉を用いて超過利潤を目指してイノベーションを競う企業家こそが資本主義発展の原動力だと述べているが、この場合イノベーションは価値の収益化までを含んだものとなっている。

企業のイノベーションを促進させ、生産性向上を達成するためにも重要な課題となる。

そこで本章では、「価値の創出（Value Creation）」と「価値の収益化（Value Capture）」の概念を用いた「イノベーションを通じた生産性向上のフレームワーク」を示し、この課題を分析する（図表1）。なお、本章で示すフレームワークは、「イノベーションを通じた生産性向上に関する研究会」で提示された論点を踏まえて、まとめている。

図表1　イノベーションを通じた生産性向上のフレームワーク

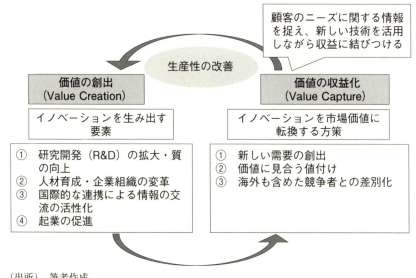

（出所）　筆者作成。

## 2．イノベーションを通じた生産性向上のフレームワーク

### (1)「価値の創出（Value Creation）」と「価値の収益化（Value Capture）」に関する先行研究

　企業のイノベーション活動が収益に十分結びついていない点をとらえ、イノベーションを2つの要因に分けて分析した先行研究がある。延岡（2006）は、もの造りを利益に結びつけるためには、「価値創造（value creation）」と「価値獲得（value capture）」の2つが必要と述べている[6]。

　軽部（2017）は、「イノベーションの実現に必要な活動は、新しい価値自体を創造する活動（価値創造）と創りだした価値を自分のものにして利益化する活動（価値獲得）の2つの活動から成り立っている」と説明し、価値を創造する主体が常にその他の主体に対しても高い交渉力が発揮できれば2つに分ける必要はないが、技術的革新の実現に成功しても、生み出される経済的価値や名声を自分のものとして利益化することが必ずしも保証されているわけではないと指摘している[7]。

　これらの先行研究は、企業の利益化が十分図られていないとの問題意識から"Value Creation"と"Value Capture"の2つの活動を分けて議論して

---

[6] なお、延岡（2011）では、「価値創造」と「価値獲得」の考え方をさらに発展させ、「ものづくり」、「価値づくり」という概念を導入している。延岡（2011）は「価値づくり」という概念を導入した理由として、「価値獲得」の概念は獲得という言葉が意図するように、創造された価値を企業間（供給企業や競合企業）や顧客との間で取り合う点を強調しているが、「価値づくり」とは、企業が利益を奪い取ることを目的とするものではなく、企業が新しい価値を創りだし、関連企業も恩恵を受け、顧客は喜んで大きな対価を支払うような商品をつくりだすことであると指摘している。さらに、創りだされた価値から雇用を創出し、税の支払いで福祉や教育等の政策を支え、基礎研究等を通じて社会の技術発展に寄与するといった社会全体が潤うものづくりが価値づくりであると説明している。（pp. 24-25）

[7] 軽部（2017）pp. 220-221。

おり、本章もこれらの先行研究を踏まえて分析する。ただし、本章では「価値の創出（Value Creation）」と「価値の収益化（Value Capture）」との言葉を用いる。それぞれの定義は、軽部（2017）の定義を参考に、「価値の創出」は新しい価値を創造する活動、「価値の収益化」は創り出したモノやサービスの価値を収益化する活動とする。

(2)　「価値の創出」と「価値の収益化」の関係

次に、「価値の創出」と「価値の収益化」の関係を整理する。先行研究をみると、延岡（2006）では、もの造りにおいて、日本企業が優れた商品を優れた組織プロセスで開発・製造しても利益には結びつきにくい事例が増えてきたと述べ、価値獲得の重要性が増したと指摘している。ミシェル（2015）は、企業は価値獲得型イノベーションよりも価値創造型イノベーションに多大な時間、資金、労力をかけており、このアンバランスさが是正されれば大きなメリットを得られると指摘している。軽部（2017）は、新しい製品やサービスが誕生し、新しい産業として成長する過程で、価値創造という活動の重要性は相対的に低下し、逆に価値獲得という活動の重要性が高まっていくと指摘している。これらの先行研究から、日本企業は「価値の創出」に注力しているが、「価値の収益化」の観点が十分ではない可能性が考えられる。

延岡（2006）は、価値創造と価値獲得の両輪が揃わなければ真の付加価値創造はできないと指摘している。「価値の創出」と「価値の収益化」は両輪であり、「価値の創出」が「価値の収益化」に結び付き、実現した収益が研究開発や人材育成など投資につながることで「価値の創出」が促され、そこからさらに「価値の収益化」が達成されるといった、経済活動が拡大していく循環が生じることが生産性の向上のために重要である。

(3)　「価値の創出」と「価値の収益化」について

ここで、「価値の創出」や「価値の収益化」には何が必要かを検討するために、本研究会での指摘を踏まえ、それぞれをまとめたものが以下である。

「価値の創出」につながるイノベーションを生み出す要素（図表1左側）
① 研究開発（R&D）の拡大・質の向上
　国内のR&D投資の拡大のみならず、海外でもR&Dを展開することや、質の高い特許を生み出すようなR&Dによってイノベーションが生まれる。
② 人材育成・企業組織の改革
　企業に革新的なアイディアを生み出す人材がおり、能力を発揮できる組織であることがイノベーションを生み出す。
③ 国際的な連携による情報の交流の活性化
　自社内や国内だけにとどまらず、直接投資や輸出を通じた海外展開がイノベーションの実現につながりやすい。
④ 起業の促進
　スタートアップ企業は新たなモノやサービスを伴って市場に参入することから、市場でのイノベーション活動において重要な役割を果たす。

「価値の収益化」に向けたイノベーションを市場価値に転換する方策（図表1右側）
① 新しい需要の創出
　潜在的に需要はあるが、市場に供給されていないモノやサービスがあることに気づき、それを供給していくことが新しい需要の創出につながる。
② 価値に見合う値付け
　需要者のニーズをくみ取ったモノやサービスが提供され、需要者が得る効用が高ければ、価値に見合う値付けが可能となる。
③ 海外も含めた競争者との差別化
　国内・海外を問わず、競合する企業が提供するモノやサービスとの差別化が図れれば、それだけ価値の収益化につながる。
　次節では、具体的な企業の事例を用いて分析する。

## 3. 「価値の収益化」につなげている事例分析とその共通点

### (1) 「価値の収益化」につなげている企業の事例分析

　日本企業が「価値の収益化」が十分できていないとすれば、「価値の創出」を「価値の収益化」につなげるために、どのような取り組みをすればいいのか。企業の事例として、「製造業のサービス化」を図っているコマツとランドログ、「情報のビジネス化」を図っているウェザーニューズ、「物流の最適化」を図っている日本通運を取り上げ、上記で整理した「価値の収益化」のための3つの方策（①新しい需要の創出、②価値に見合う値付け、③海外も含めた競争者との差別化）が企業でどのように取り組まれているのかを明らかにする。

〈事例1〉　製造業のサービス化—コマツ、ランドログの事例（図表2）
　製造業が従来どおり質の高い製品を作るだけでなく、さらに製品を使う現場で最適化が図られるような情報を提供する事業に進出することで収益化を図っている、コマツ、ランドログの事例をみる。
　コマツは1998年より、開発した機械稼働管理システム（「コムトラックス」）を同社の建機に標準装備することで世界中の同社の建機の稼働状況をリアルタイムで把握し、故障前にメンテナンスを実施する保守サービス等の事業を展開することで高い収益を確保してきた。しかし、建機を使うのは建設現場の作業工程の一部であった。
　現在コマツは建設プロセス全体の最適化の実現を目指し、他社と共同で合弁会社ランドログを立ち上げた。ランドログは、コムトラックスで収集したデータだけではなく、他社の建機やダンプトラックの稼働状況、ドローンで撮影し三次元化した地表データ、測量や設計のデータなどをIoTプラット

図表2　コマツ、ランドログの「価値の収益化（Value Capture）」に関する3つの方策

|  | ① 新しい需要の創出 | ② 価値に見合う値付け | ③ 海外も含めた競争者との差別化 |
|---|---|---|---|
| これまで | ・全世界の自社製建機のリアルタイムの稼働状況を把握し、建機が故障する前にメンテナンスを実施。【機械の見える化】（「コムトラックス（KOMTRAX）」）<br>・建設現場に携わるすべての人、機械、土の情報をICTでつなぎ、解析やシミュレーション、提案まで行い、現場の最適化を実現。【施工の見える化】（「コムコネクト（KomConnect）」）<br>・数百万か所の測量が、ドローンで10〜15分で実現。1日以内に現場の3次元データを自動生成。【工事現場の見える化】 | ・ハイブリッド油圧ショベルの価格は、既存商品よりも50%高いが、燃費改善や稼働時間増加等、顧客価値向上を具体的に提案することで、競争優位を達成。 | ・競合企業を上回るサービス能力（故障前のメンテナンス）を構築することで、競合企業のサービス能力（キャタピラーの迅速修理）よりも上回る戦略を実行。 |
| 進行中 | ・コムトラックスで収集したデータだけでなく、地形情報や他社・異業種のデータなど、建設生産プロセス全般にかかるデータを集め、現場の効率化に活用できる形式に加工した上で一元管理する。現場で必要な情報をAPIを通じて提供を行うオープンなIoTプラットフォーム「LANDLOG（ランドログ）」を構築。（2017年10月より運営会社設立、正式スタートは2018年2月から）。<br><br>**プラットフォーム戦略** | ・建設生産プロセスに関わるあらゆるデータを蓄積していくことに集中。<br>・アプリケーションがランドログのAPIを通じてデータを取得した際に課金する。<br>・アプリケーション利用者の収益の一部を収益とする見込み。 | ・オープンなIoTプラットフォームの提供を通じ各社のデータが「ランドログ」に集まることで、データを比較して効率性を判断したり、互いにリソースを貸し借り可能となる。それにより、利用企業の利益最大化が図れる。 |

（出所）コマツ、プレスリリース2017年07月19日 https://home.komatsu/jp/press/2017/others/1193601_1593.html

（出所）　筆者作成。

フォームに取り込み一元管理を行う。そして、AI等を活用して一元管理された大量なデータの分析を行い、建設現場の事業者が、自らの事業に必要なデータを利用しやすい形で入手できるようにした。さらに多くの関係者を巻き込むために、参加しやすい金額に設定することで、現場に関係するすべてのデータを取り込んでいる[8]。

　コマツによれば、建設技能労働者は大幅に減少しているため、工事現場の生産性向上は待ったなしの課題となっており、自分たちがその解決に乗り出さなければ、違う業界から新たなプレイヤーが入ってきて、同じようなことを始めてしまう可能性があり、仮にそうなった場合、コマツは単に建機を売るだけのサプライヤーになってしまうという危機感を持って、こうした取り組みを行っているという[9]。

　製造業が技術向上にとどまらずサービス化を図るためには、自社の技術だけでは世の中の技術革新のスピードについていくことは困難である。コマツは、米モジュラーマイニングシステムズ社の通信機器や、ドローンを使って建設現場の測量データを分析する技術を持つ米スカイキャッチ社、IoT・AI等の活用に関するノウハウを提供するオプティム社といった国内外のベンチャー企業と組むなど、オープンイノベーションを進めている。そしてランドログの設立でもみたように、プラットフォームを構築するため、とにかくスピードを上げて事業展開を進めている。

〈事例2〉　情報のビジネス化―ウェザーニューズの事例（図表3）

　次に、顧客ニーズに応じた形で情報を提供することで、顧客満足を獲得し収益化に結び付けているウェザーニューズの事例をみる。

　気象情報は、気象庁が情報を提供しており、いわば天気情報は対価を払わ

---

8　活用の一例としては、建設現場では、複雑なプロセスの管理や追跡などを人間の監督者がすべて行っているが、掘削の進行度合いや資材の搬入予定など、工程に関する様々な情報を一元化し、スケジュール管理に必要な情報だけをこのプラットフォームから受け取ることで効率的に進行管理を行うことができるというものである。
9　大橋（2018）p. 90。

ずとも入手できる。ウェザーニューズは、気象庁の情報に加え、さらには独自の衛星や観測機といった観測インフラ、全国のサポーターからの天気情報をAIや独自の解析モデルを使って分析することで、メッシュの細かい地域の特定の時間帯の天気を予測することが可能となっている。こうした強みを活かし、他の気象情報との差別化を図り、ビジネスを展開してきた。

　ウェザーニューズが関わっている市場は、設立されたきっかけとなった船乗りの命を守る船舶気象から、道路気象、イベント気象、農業気象など、44もの市場に広がっている。顧客には気象情報だけでなく、気象リスクへの対応のアドバイスを行うビジネスも展開し[10]、投資利益率（ROI）10％以上を基に料金を設定して収益化を実現してきた。気象情報は同じ情報であっても市場によって気象被害がもたらす被害の大きさや緊急性が異なり、顧客によって情報の価値が異なる。現在は、顧客の業務上必要となるビジネスデータを使用してそれぞれ顧客ニーズに沿ったサービスを提供することで、精緻に価格設定できるよう価格付けを進化させている。顧客は自分のリスク回避に見合う金額を支払うことで、双方にとって利益のある関係を築いている。

　ウェザーニューズの事例をみると、顧客が必要とする天候情報を提供することで、顧客は安全性の確保や経済損失を回避することができ、ウェザーニューズは顧客が天候情報により得た効用から収益を得ているビジネスモデルとなっている。

　本事例では、気象リスクを回避したいという顧客ニーズを捉え、情報を蓄積し、AIで解析して精度を高めることで、さらに顧客満足につなげている。気象情報は蓄積されるほど精度を増す。よって、多様な地域の大量の気象情報を収集し、解析をすることで精度を上げて、価値の高い情報に転換していくことが重要になっている。気象リスク回避ニーズは世界中にあり、日本での蓄積をベースに、海外展開につなげるべく、スピードを伴って事業を拡大

---

10　例えば、船舶気象であれば、航海中の貨物船舶に対して、今後予想される天候や海流等の変化から、どのルートを進めば最も安全で、かつ燃料を節約して目的地に到達できるかといったアドバイスを行っている。

図表3　ウェザーニューズの「価値の収益化（Value Capture）」に関する3つの方策

| | ① 新しい需要の創出 | ② 価値に見合う値付け | ③ 海外も含めた競争者との差別化 |
|---|---|---|---|
| これまで | ・気象庁＋独自観測＋サポーター（小型気象観測機を3.5万人に配布し観測。サポーターから天気リポート平均18万通/日）の情報により、細かいメッシュ単位の気象情報を収集。<br>・独自のモデルやAIで解析。<br>・気象リスクへの対応についてのアドバイスをビジネス化（リスクコミュニケーションサービス）。<br><br>【事業例】<br>・船舶の安全航海の他、燃料節減による経済性・環境保全を見据えた航路推薦サービス。<br>・コンビニに、消費者の嗜好変化や体感を反映させたウェザーマーケティングサービスを提供、売上・利益増に貢献。 | ・市場又は顧客により、①定額制、②従量制、③費用対効果額算定の上、投資収益率（ROI）10倍以上となる料金など、用途や効果、影響を加味した費用設定。<br><br>【44市場に展開するリスクコミュニケーションサービス】<br>〈SEA Planning〉<br>航海気象　石油気象　海上気象　水産気象<br>〈LAND Planning〉<br>道路気象　鉄道気象　輸送気象　物流気象　防災気象<br>流通気象　イベント気象　農業気象　通信気象　施設気象<br>エネルギー気象　建設気象　河川気象　ダム気象　工場気象<br>コミュニティ気象　動気候　地象　空気気象　保険気象<br>〈SKY Planning〉　　〈SPORTS Planning〉<br>航空気象　　スポーツ祭典気象　サッカー気象　山岳気象<br>　　　　　　モータースポーツ気象　スカイスポーツ気象　ボート気象<br>〈LIVING Planning〉<br>モバイル　My Weather Station　放送気象　トラベル気象　健康気象<br>植物気象　童理気象　栽培気象　減災　星空気象<br>写真気象　宇宙天気　スマート生活気象<br>（出所）ウェザーニューズ・パンフレット | ・世界21カ国34拠点24時間365日サポート。<br>・自ら観測機器を開発・設置し、観測を行う。<br>・観測のみならず従来価値とされていなかった「感測」に価値を見い出す。 |
| 進行中 | ・日本で培ったスキルを活用して、アジア、ヨーロッパ、アメリカなど、世界市場へ進出。 | ・市場毎に、顧客ビジネスデータと気象の相関性を元に高付加価値化を進行中。 | ・独自の超小型衛星の打ち上げ。<br>・環境気象※への取り組みを開始（フランスの気象会社Metnext SAS）を子会社化。<br>※太陽光や風力など自然エネルギーの発電量想定や、天候と連動する電気・ガスなどのエネルギー需要予想などを提供。 |

（出所）　筆者作成。

している。競争者と差別化するためには、やはり新しい技術を積極的に活用しながら情報量と精度を高め、一早くカバーしていない分野、地域を押さえていくことが重要である。

〈事例3〉　物流の最適化―日本通運の事例[11]（図表4）

　最後に、経済活動の基盤を支える物流を最適化することで、収益化を図っている事例として日通を取り上げる。

　価値に見合う値付けに関し、日通はこれまで、契約書に明記されていない作業や採算の合わない業務について、個別の顧客ごとに適正料金収受の協議を重ねてきた。2017年7月には、業界に先駆け、企業向け小口貨物輸送商品（アロー便）で、待機時間料・積込料・取卸料・日祝日配達料等を設定した。

　最近では、顧客の荷動きをビッグデータにより分析することによって、顧客の物流拠点の最適な配置を有料にて提案するようなビジネスモデルも開発している。そして、物流の最適化の提案によって、本業の物流の受注獲得に結びつけている。ここでも、顧客獲得につながるあらゆる情報を集め、ビッグデータを分析し、最終的に受注につなげていることが確認できる。

　物流は、EC（電子商取引）というインターネット上の取引が多くなる中で、モノを動かす根幹を担っている。多くの関係者が利用できる物流プラットフォームを構築することで、自社のプラットフォームを世界で標準化、定着させる取組みを行っている。

## (2)　企業の取組みの共通点

　「価値の創出」を「価値の収益化」につなげている企業をみると、顧客ニーズに関する情報を捉え、AIやIoTといった新しい技術を活用しながら「価値の収益化」につなげていることが共通している。

---

11　日通の取組みの詳細については、第11章（講演録）「イノベーションに挑む日本のロジスティクス」も参照されたい。

図表4　日本通運の「価値の収益化（Value Capture）」に関する3つの方策

| | ① 新しい需要の創出 | ② 価値に見合う値付け | ③ 海外も含めた競争者との差別化 |
|---|---|---|---|
| これまで | ・中小企業の商品の貿易実務の代行、まとめての輸送、海外在庫をもつことで、中小企業の輸出を促進する新しいプラットフォームを提供（海外展開ハイウェイ）。<br>・中国のアリババと連携し、同グループの「ビッグデータ物流プラットフォーム企業」と日本発の物流プラットフォームを構築。<br>・アサヒ、キリン、サッポロ、サントリーのビール大手4社の道東地区での共同配送を開始。トラックドライバー不足による運賃コストの上昇等、共通の課題を抱えるライバル企業間を連携した業界共通プラットフォームを構築。 | ・これまで、契約書に明記されていない作業や採算の合わない業務について、顧客と適正料金収受を協議。<br>・2017年7月、業界に先駆け、企業向け小口貨物輸送商品で、待機時間料、日祝日配達料等を設定。 | ・世界最大級のネットワーク（日本をはじめ米州、欧州、さらなる発展が見込まれる東アジア、南アジア・オセアニアの5極体制を展開。44カ国266都市、698地域）。<br>・陸海空のあらゆる輸送サービスの提供。<br>・安全、高品質なサービス。<br>・顧客ごとの個別改善提案。 |
| 進行中 | ・上海～シンガポール約7,000kmを結ぶ陸路輸送ルート「SS7000」、カナダ～アメリカ～メキシコ約3,300kmを結ぶ陸路輸送ルート「XB3300」を整備し、トラック輸送のノウハウを海外展開。<br>・上海と広州を結ぶ混載トラック輸送開始。<br>・インドにおいてミルクランを実現。<br>・中国欧州間クロスボーダー鉄道輸送サービスの取扱い可能な都市と輸送ルートを大幅拡大、鉄道を利用した新規ルート開発中。 | <br>・物流拠点の最適配置をデータ分析する機能を提供。顧客のビッグデータを科学的観点で分析し、現地法人の営業担当が連携し、現地事情を加味した提案、物流改善を実現。有料で提案を行うビジネスを開始したところ。 | ・1万台のトラックの運行を可視化する「オペレーション支援システム」を2014年にクラウド化し運用中。物流の最適化・効率化を進めている。<br>・最先端技術の研究・開発や輸送・荷役の自動化・省人化・効率化による生産性向上に向け検討中。<br>【検討中案件】<br>隊列走行、ドローンの活用、倉庫の先進化等。 |

（出所）　筆者作成。

具体的には、①製造業のサービス化を図っているコマツとランドログは、自社の機械以外からのデータ（他社機械のデータ、地形データなど）も取り込み、生産現場で必要な情報を引き出せるIoTプラットフォームを提供している。また、②情報のビジネス化を図っているウェザーニューズは、膨大な気象データの解析にAI等を活用し、従来手法にこだわらない着眼・技術応用に積極的に取り組んでいる。さらに、③物流の最適化を図っている日通では、物流の最適化・効率化を目指し、ビッグデータを活用し科学的に分析を行うサービスや物流プラットフォームを提供している。

　これらの企業の事例をみると、海外企業を含めた競合他社よりも先駆けて情報を「価値の収益化」に結びつけるには、現在使えるあらゆる手段を活用する必要性を理解するだけでなく、実際に実行に移すことが重要であることがわかる。ここで、日本企業が実際に新しい技術にどこまで積極的に対応しているかを知るため、財務省財務局が全国各地の企業にヒアリングしたAIの活用状況を確認したものが図表5である。

　AIのビジネスへの活用については、森（2018）、安宅（2018）でも、もはやAIを使わざるを得ないことを強調している。しかし、図表5をみると、ヒアリング回答のあった935社のうち、AIの活用を実施している企業は全体の5％、実施する予定の企業も5％にとどまっている。情報収集を行っているところと回答している企業は全体の3分の1になる33％であり、他社が実施すれば実施するという追随型企業も2％存在する。半数以上の企業がAI活用を実施する予定はないと回答している。もちろん、企業の業種や特性によってAI活用についてはバラつきがあると考えられる。しかし、世界的にも多くの企業がAIの活用にしのぎを削る状況下において、国内同業者の様子を見ながら横並び行動をとっていれば海外同業者や異業種からの新規参入者に負けてしまう。スピードを上げて、現状で使える新しい技術を活用し、「価値の収益化」につなげることに取り組む必要がある。

図表5　全国企業のAIの活用状況

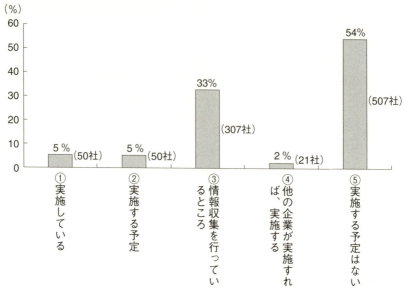

（注）　企業ヒアリング対象1,113社のうち、回答のあった935社の回答を集計。調査期間は2017年9月〜10月時点。
（出所）　全国財務局による企業ヒアリング。

## 4．「価値の創出」と「価値の収益化」を目指して

　本章では、企業がイノベーションを通じて生産性を向上させるためには、「価値の創出」にさらに取り組み、「価値の収益化」につなげ、得た収益を原資として再び研究開発や人材育成など「価値の創出」への投資に循環させるといった一連の流れを作ることにより、経済活動を拡大させることが重要であることを示した。具体的には、「価値の創出」につながるR&Dの拡大・質の向上や人材育成・企業組織の改革、国際的な連携による情報の交流の活性化、起業の促進にさらに取り組み、これらを「価値の収益化」につなげるた

めには、新しい需要を創出し、価値に見合う値付けを行い、海外も含めた競争者と差別化していくことに挑戦することが必要であることを指摘した。

日本企業が「価値の収益化」を目指すには、顧客のニーズに関する情報を捉え、新しい技術（AI、IoTなど）を活用しながら収益に結びつけることが鍵となる。本章で事例として紹介した企業をみると、従来のコア事業を強化しつつ「価値の創出」を生み出し、さらにAIやIoTなど現状使える手段を用いてデータを分析し活用することで「価値の収益化」につなげている。より高い価値の収益化を目指すには、他社に先駆けて取り組み、市場を制することが重要であることがわかる。

企業が「価値の収益化」をこれまで以上に達成することができれば、その恩恵は当該企業だけでなく、雇用の増加等を通じて社会全体に広がる。日本企業の成長は、高齢化や人口減少、財政問題と課題が多い日本の経済成長に直結する。イノベーションを生産性向上に結びつけるために、「価値の収益化」の達成にこれまで以上に取り組み、「価値の創出」と「価値の収益化」をつなぎ合わせていくことが重要である。そのためには、企業の経営者がこれまで以上に「価値の収益化」に深くコミットしていくことが求められる。

【参考文献】

安宅和人（2018），「（講演録）"シン・ニホン" AI×データ時代における日本の再生と人生育成」，『イノベーションを通じた生産性向上に関する研究会報告書』，財務省財務総合政策研究所。

大橋徹二（2018），「経営者ならば、技術の目利きであれ」（［インタビュー］社会的ニーズを満たすための技術経営），『DIAMOND ハーバード・ビジネス・レビュー』，2018年1月号，ダイヤモンド社。

軽部大（2017），「イノベーションと企業戦略」，一橋大学イノベーション研究センター編著『イノベーション・マネジメント入門（第2版）』，日本経済新聞出版社。

ステファン・ミシェル（2015），「Capture More Value 価値創造をキャッシュに変

える5つの方法」,『DIAMOND ハーバード・ビジネス・レビュー』, 2015年6月号, ダイヤモンド社。

内閣府(2017),「日本経済2016—2017」。

延岡健太郎(2006),『MOT［技術経営］入門』, 日本経済新聞社。

延岡健太郎(2011),『価値づくり経営の倫理—日本製造業の生きる道』, 日本経済新聞出版社。

森正弥(2018),「(講演録)専門家を無力化させる「個別化」時代の衝撃」,『イノベーションを通じた生産性向上に関する研究会報告書』, 財務省財務総合政策研究所。

（参考）
## 「イノベーションを通じた生産性向上に関する研究会」開催実績

(役職は研究会開催時)

第1回会合　2017年9月28日（木）15：30 - 17：30
　　研究会開催にあたっての問題意識等
　　　　奥　　　愛　　財務省財務総合政策研究所総務研究部総括主任研究官
　　各委員等からの報告内容の紹介
　　報告「日本の生産性の現状、サービス産業の生産性向上に向けた取組み」
　　　　滝澤　美帆　　東洋大学経済学部教授
　　特別報告「イノベーションに挑む日本のロジスティクス」
　　　　小笠原　渉　　財務省財務総合政策研究所総務研究部研究員

第2回会合　2017年10月5日（木）13：00 - 15：00
　　講演「専門家を無力化させる「個別化」時代の衝撃」
　　　　森　　正弥　　楽天株式会社執行役員、楽天技術研究所代表、楽天生命技術
　　　　　　　　　　　ラボ所長
　　報告「スタートアップ企業の拡大」
　　　　加藤　雅俊　　関西学院大学経済学部准教授
　　報告「企業の海外展開と生産性、イノベーション」
　　　　清田　耕造　　慶應義塾大学産業研究所教授

第3回会合　2017年11月9日（木）13：00 - 15：00
　　報告「生産性向上のための働き方改革～国際比較からのインプリケーショ
　　　　ン～」
　　　　山田　　久　　株式会社日本総合研究所理事／主席研究員
　　報告「生産性・イノベーション関係指標の国際比較」
　　　　酒巻　哲朗　　財務省財務総合政策研究所副所長

報告「特許からみる産業構造の変化とイノベーション」
　　木村　遙介　　財務省財務総合政策研究所総務研究部研究官

第4回会合　2017年12月21日（木）10：00 - 12：30
　講演「ブロックチェーンと生産性向上」
　　高木聡一郎　　国際大学グローバル・コミュニケーション・センター准教授／主幹研究員、研究部長
　講演「"シン・ニホン" AI×データ時代における日本の再生と人材育成」
　　安宅　和人　　ヤフー株式会社CSO（チーフストラテジーオフィサー）
　講演「生産性向上に向けた需要創出」
　　吉川　洋　　立正大学経済学部教授／財務省財務総合政策研究所名誉所長

第5回会合　2018年1月10日（水）14：00 - 15：00
　報告「生産性向上の光と陰」
　　大橋　弘　　東京大学大学院経済学研究科教授
　報告「「価値の創出」と「価値の収益化」による生産性向上」
　　奥　愛　　財務省財務総合政策研究所総務研究部総括主任研究官
　　橋本　逸人　　財務省財務総合政策研究所総務研究部主任研究官
　総括としての質疑応答・意見交換

## イノベーションの研究
──生産性向上の本質とは何か

2018年11月9日　第1刷発行

編著者　大　橋　　　弘
　　　　財務省財務総合政策研究所
発行者　倉　田　　　勲

〒160-8520　東京都新宿区南元町19
発　行　所　一般社団法人 金融財政事情研究会
企画・制作・販売　株式会社きんざい
　出版部　TEL 03(3355)2251　FAX 03(3357)7416
　販売受付　TEL 03(3358)2891　FAX 03(3358)0037
　　　　　URL https://www.kinzai.jp/

校正：株式会社友人社／印刷：株式会社太平印刷社

・本書の内容の一部あるいは全部を無断で複写・複製・転訳載すること、および磁気または光記録媒体、コンピュータネットワーク上等へ入力することは、法律で認められた場合を除き、著作者および出版社の権利の侵害となります。
・落丁・乱丁本はお取替えいたします。定価はカバーに表示してあります。

ISBN978-4-322-13413-1